10
18
12, AVENUE D'ITALIE. PARIS XIIIe

Sur l'auteur

Elizabeth Crane a grandi à New York. Avant de devenir écrivain, elle se consacre à l'opéra, mais sur scène le trac l'empêche de chanter. Elle quitte New York pour Chicago et débute l'écriture de nouvelles qui paraissent dans des revues. Elles sont publiées ensuite dans le recueil *When the Messenger Is Hot*, dédié à l'amour. La critique américaine est unanime. Après *Banana Love : et autres nouvelles*, elle signe *Une famille heureuse*.

ELIZABETH CRANE

UNE FAMILLE HEUREUSE

Traduit de l'anglais (États-Unis)
par Bruno Boudard

10/18

PHÉBUS

Titre original :
We Only Know So Much

ISBN 978-2-264-06211-6

À papa, qui m'a répété tant de fois
de devenir écrivain que j'ai fini par l'écouter.
Oh, tu me manques !

Et à Lois, pour toute ton attention,
ton amour et tes encouragements.

UN

En ce moment, il y a quelques tiraillements dans la famille Copeland.

Tout d'abord, Priscilla est une garce. Ou du moins une peste. Une super peste. Écoutez, nous ne faisons que rapporter ce qui nous a été raconté. Peut-être que « garce » est un peu trop fort. Disons plutôt que son attitude est la plupart du temps déplorable. Dans l'état actuel des choses, les raisons n'en sont pas claires. Déjà, ses parents auraient été mieux inspirés de repenser ce prénom. Pas vrai ? Il n'est pas très moderne. Et puis il a un je-ne-sais-quoi de garce. Il se peut qu'elle s'en soit rendu compte quand elle était petite. Elle est ainsi depuis sa naissance et – elle a aujourd'hui dix-neuf ans – ça n'a été qu'en empirant avec le temps. Comment réagir quand votre fille se conduit de cette manière ? Personne ne veut croire que son gosse n'est pas la personne la plus charmante du monde, mais à bien y réfléchir, les gamines comme ça ne jaillissent pas de nulle part. Jean et son mari, Gordon, l'ont punie, évidemment, lui ont dit non, l'ont réprimandée, ce genre de trucs, mais rien n'a marché. Ils ont fini par en conclure que c'était tout simplement inné. Peut-être est-ce exact ou peut-être est-ce faux. Il est possible qu'elle tienne cela de son arrière-grand-mère. Par transmission génétique ou autre. C'est juste une supposition. Et Priscilla se comporte partout de la sorte. À la maison, au travail, à l'école, partout. Si vous êtes serveur ou serveuse, espérons pour vous qu'elle ne s'assoira jamais à la table dont vous êtes en charge. Si cela se produit, elle renverra ceci ou cela en cuisine et, si vous avez le malheur de vous plier à ce rituel de serveur qui veut que vous vous présentiez, vous le regretterez amèrement, parce qu'elle vous interpellera si souvent par votre prénom que, lorsqu'elle s'en ira enfin, vous aurez envie d'en changer. Jean et Gordon ne l'emmènent presque plus jamais au restaurant. Dîner à la maison est déjà suffisamment pénible.

De façon étonnante, Priscilla a des amis – en réalité, c'est quelqu'un d'assez sociable, mais même ses copines savent qu'elle est caractérielle et ne se privent pas de jaser à ce sujet dans son dos. Priscilla voit ça différemment : elle est *honnête*, c'est tout. Bien sûr, sa mère lui a maintes fois fait remarquer qu'être honnête ne signifie pas forcément être impolie. Priscilla est jolie, pas la plus jolie fille du monde, mais jolie, et elle a du style, et puis elle espère faire de la télévision un jour. Pour l'heure, c'est un projet un peu nébuleux, en ce sens qu'elle ne sait pas précisément à quel titre elle aimerait apparaître à la télévision. Elle habite toujours le domicile familial et elle est employée depuis un an – depuis son bac – chez *Express*[1]. Une longue année. Être actrice l'intéresserait plus ou moins, mais pas réellement : ce qui l'intéresserait réellement, c'est juste d'être Priscilla à la télé.

1. Chaîne américaine de prêt-à-porter. *(Toutes les notes, sauf mention contraire, sont du traducteur.)*

Le fils, Otis, est un gentil garçon de neuf ans, qui s'attelle à tous ses devoirs de maths aussitôt qu'il reçoit son nouveau manuel scolaire à la rentrée, juste parce qu'il aime ça. Une habitude contractée en CP ; il est en CE2 à présent. Otis aime les maths, aime résoudre des problèmes, trouver des solutions ; il est en quelque sorte incapable de s'empêcher d'attaquer un autre exercice dès qu'il en a fini un et, en moins de temps qu'il n'en faut pour le dire, il a terminé tous ceux proposés. Du coup, évidemment, il s'ennuie ferme le reste de l'année, mais personne dans sa famille ne s'en soucie, alors il s'occupe soit en concevant des grilles de mots croisés, soit en arrachant les pattes des insectes, des chenilles en particulier. Otis culpabilise un peu d'avoir cette manie, mais les jours où il est d'humeur à s'y adonner, c'est plus fort que lui. C'est pour cette raison que depuis quatre ans, Priscilla n'appelle plus son frère autrement que « le Taré », « Bébé taré » ou « Taré junior ». Otis doit son prénom à la société d'ascenseurs. Enfin, pas tout à fait : Jean ne l'a pas baptisé en référence à celle-ci ou dieu sait quoi d'autre, c'est juste qu'elle avait remarqué la plaque dans un ascenseur alors qu'elle était enceinte de lui et que la sonorité lui avait plu. Gordon n'a jamais su l'origine du prénom de son fils. Jean a appris à éviter les discussions.

Gordon n'est pas un mauvais bougre, mais c'est une espèce de Monsieur Je-sais-tout. Il aime parler des choses qu'il connaît. Souvent et longuement. Il n'y a là nulle condescendance de sa part, même si ses commentaires sont parfois interprétés ainsi. Loin d'être pontifiant, c'est au contraire quelqu'un qui sait toujours se montrer chaleureux et gai. À l'âge de dix ans, il avait passé un été à parcourir l'Europe avec ses parents, ce qui lui avait fourni une réserve inépuisable d'informations sur tout ce qui touche à ce continent. Il a un certain charme, dans le genre présentateur météo de chaîne locale. Il est bien peigné. Gordon a un diplôme en hôtellerie et une longue expérience de gérant de restaurants ; il prétend également avoir travaillé pour le FBI, avoir été détective privé et assistant hospitalier (ce dernier statut lui conférant l'autorité nécessaire pour débattre de divers aspects de la médecine et de la façon de diriger un hôpital, presque comme s'il était docteur en médecine). Au besoin, si la conversation le réclame, il convoquera le souvenir d'autres carrières et domaines d'études tout aussi brefs, qui remontent soit au temps du lycée soit à des périodes d'intérim entre deux emplois de plus longue durée. Ce n'est pas tant qu'il soit impossible qu'il ait exercé tous ces métiers, même si cela ne semble guère probable, c'est plutôt que le champ de ses responsabilités est grandement exagéré, et qu'il se trouve juste qu'il a pris beaucoup de notes au cours de ses expériences. Mais depuis qu'il est marié, Gordon est cadre moyen au sein d'une chaîne de supermarchés régionale, poste qui lui offre une vaste connaissance de tous les produits, sans exception, vendus dans ces magasins ainsi que dans les enseignes concurrentes – en plus de son savoir en matière de marketing, de publicité et de service clientèle. Bref, pour résumer : on a pigé, Gordon, tu connais plein de trucs.

Autrefois, Jean avait *un potentiel énorme*. C'était ce que disait sa conseillère d'éducation, ce que disaient beaucoup de gens. C'était une élève qui obtenait les meilleures notes partout (encore qu'elle travaillait dur pour cela) et elle adorait la lecture plus que tout, mais ignorait à quoi pouvait servir une telle passion côté débouchés professionnels. À l'université, elle avait d'abord pris la bibliothéconomie comme matière principale, mais, trouvant les cours ennuyeux, elle avait changé pour les arts libéraux, puis avait décroché un poste d'assistante administrative au département d'anglais de la fac locale, qu'elle avait gardé jusqu'à la naissance de Priscilla. Elle était plutôt jolie fille – longue chevelure châtaine avec une raie au milieu, silhouette élancée –, mais de ces filles qui passaient un peu inaperçues. Pour vous donner une idée : photo de seconde, période années soixante-dix, imprimée sur une brique de lait avec, en rouge, la mention DISPARUE. Sauf qu'elle n'a pas disparu. Elle n'avait jamais vraiment eu le sens du style ; elle observait les autres filles de l'école, avec leurs pattes d'ef en velours côtelé et leurs blouses en polyester aux couleurs assorties, mais au moment de courir les boutiques, elle était déroutée par l'éventail des possibilités et finissait généralement avec ce que lui avait choisi sa mère : jeans Lee coupe droite et chemisier à col Claudine ou lavallière. Du coton. De l'écossais ; très fréquemment.

Jean s'est mariée jeune. Gordon avait, et a toujours, quelques années de plus qu'elle et Jean était excitée que quelqu'un avec autant de savoir puisse s'intéresser à elle. À l'époque de leur première rencontre, Jean n'avait jamais voyagé hors du pays, sa destination la plus exotique ayant été le parc de Yellowstone, alors elle trouvait incroyablement romantiques les anecdotes de Gordon sur les passages secrets des châteaux bavarois ou les parties de polo en Sardaigne. (En réalité, il n'avait jamais mis les pieds dans ces endroits ni assisté à ces événements ; il se contentait de raconter des histoires là-dessus.)

C'est juste après avoir obtenu sa licence que Jean avait fait la connaissance de Gordon, chez des copains communs à l'occasion d'une auberge espagnole. Leurs hôtes, son ancienne camarade de chambre Margot et son petit ami Paul, qui vivait avec elle, avaient préparé des spaghettonis accompagnés de sauce en bocal et de pain à l'ail, le genre de plat typique de ces soirées-là ; une autre avait apporté une salade et un flacon de vinaigrette Wish-Bone à l'italienne, alors qu'un autre encore était venu avec une bonbonne de vin de table fermée par une capsule à vis. À la vision de la piquette qui coulait dans les verres une fois la capsule dévissée, Gordon avait serré les dents : il avait pour sa part sélectionné deux bouteilles, du chianti pour le dîner – un sangiovese (Gordon est incapable de dire un mot étranger sans s'efforcer d'avoir la meilleure prononciation possible, habitude qui lui vaut les taquineries de ses amis, mais à laquelle il est attaché) –, et de la sambuca (avec des grains de café) pour accompagner l'entremets (« Voilà qui devrait parfaitement s'accorder avec les différentes notes du dessert »), un tiramisu confectionné par ses soins, aux bords mouchetés de mousse de chocolat blanc en volutes et à la surface saupoudrée de fleurs de poudre de cacao réalisées avec un pochoir, le tout nappé d'un coulis de fruits de la passion versé en arabesque. « Un jour, j'ai mangé quelque chose qui ressemblait à ça chez *O'Neal's Baloon* à New York. » Le spectacle de ce dessert était tellement surprenant que toute la tablée en était restée sans voix, tout en réprimant néanmoins une furieuse envie de rire. Au centre de chacune des huit parts étaient fichées de hautes gaufrettes cylindriques enrobées de chocolat blanc et couronnées par une violette. « La décoration est de mon cru. » Jean, en revanche, était absolument éblouie. Ce n'était pas censé être une soirée rencontres, seulement un repas entre jeunes étudiants fauchés fraîchement diplômés qui fêtaient leur nouvelle vie, mais Margot avait veillé à ce que Jean et Gordon soient assis côte à côte, au cas où. Et Jean avait été ravie, jugeant Gordon plutôt beau gosse, et encore plus avec ses histoires captivantes et ses avis éclairés sur une foule de sujets. Âgé de quelques années de plus que le reste du groupe, Gordon, après avoir enchaîné divers emplois « passionnants, mais aux perspectives limitées », venait d'être promu à un poste de rêve : sous-assistant du gérant d'une petite chaîne de supermarchés. « Pas en magasin. » En fait, Gordon avait beaucoup aimé travailler « en magasin », tant pour approfondir sa connaissance des produits que pour le contact avec les clients. Gordon s'était toujours considéré comme une personne de contact, même si beaucoup de gens ne partageaient pas cet avis. Mais il avait sans cesse voulu grimper les échelons, principale raison pour laquelle il avait pris ce travail au départ.

Ce premier soir, pendant le dîner, Gordon avait passé une heure à parler exclusivement à Jean, à évoquer sa toute nouvelle promotion et son intérêt pour la cuisine. Il ne lui avait posé que quelques questions élémentaires (« Qu'est-ce que tu fais ? » lui avait-il demandé, ce à quoi elle avait répondu qu'elle travaillait à la fac, mais, alors qu'elle allait développer, il avait déjà repris la parole pour discourir sur son amour de la lecture et sur ses auteurs favoris – tous deux admiraient Vonnegut). Mais il l'avait regardée droit dans les yeux durant toute leur discussion, avait ri à son unique blague (« Virginia Woolf entre dans un bar… »), lui avait affirmé qu'elle ressemblait à Katharine Ross, « en plus jolie, même », flatterie qui lui avait mis le rouge aux joues et qui était sa façon de lui dire qu'elle lui plaisait, puis il lui avait proposé de lui préparer un repas un de ces quatre, si « le cœur lui en disait ». Jean avait donné son numéro à Gordon, qui l'avait appelée le soir même en prétextant avoir trop envie d'entendre de nouveau sa voix, ce qui la fit littéralement tomber en pâmoison. Après cela, Jean avait téléphoné à Margot pour avoir son avis. Margot avait flairé qu'il pourrait y avoir des étincelles entre eux, mais était réservée quant à la capacité de Gordon à pouvoir s'assortir avec qui que ce soit ; elle pensait que c'était un mec plutôt bien qui n'avait pas encore eu le cœur brisé, ce en quoi elle avait raison. Elle dit à Jean que c'était « Super ! » parce qu'elle croyait secrètement que, Jean étant quelqu'un d'un peu effacé, Gordon était peut-être ce qu'elle pourrait espérer de mieux.

Avant cela, Jean n'était jamais allée chez un homme pour un premier rendez-vous. Elle n'avait pas été entièrement convaincue que ce soit une bonne idée et savait qu'il aurait été légitime de sa part de refuser, mais elle ne voulait pas non plus que Gordon se sente éconduit. Elle l'aimait bien. La soirée se déroula pourtant sans anicroches et, même si Gordon ne manqua pas de citer chaque ingrédient ou étape du repas sans en oublier un seul, il s'appliqua au cours du dîner à poser plus de questions à Jean sur elle-même et en apprit davantage sur son amour des livres – encore qu'il apparût au fil de la conversation que, parmi leurs ouvrages de prédilection, ils n'avaient pas grand-chose en commun et Gordon fut étonné de découvrir le nombre de classiques que Jean ne connaissait pas. « Tu n'as pas lu *L'Adieu aux armes* ? Ni *Madame Bovary* ? Ni *Emma* ? » Qu'une femme qui aime la lecture n'aime pas Jane Austen le déroutait ; il supposa d'abord qu'elle devait être une mordue de romans sentimentaux ou pire encore, mais en réalité elle préférait tout simplement des histoires et une langue plus modernes aux bals de village et aux échanges policés. Elle était fan de Carver, d'Oates et de Paley, lui expliqua-t-elle, même de Pynchon, qu'elle admettait pourtant tenir pour ardu, et elle avait de tout temps adoré Salinger. Gordon s'était également plongé dans certains de ces auteurs et il appréciait que Jean s'intéresse à un tel éventail d'œuvres complexes, mais il dut rassembler toute sa volonté pour masquer sa déception à la mention de Salinger, qu'il avait toujours estimé surfait. Il fut tout aussi étonné, et impressionné, qu'elle ait lu et aimé *Lolita*, ayant invariablement supposé que la plupart des femmes ne le parcouraient « que de manière superficielle », mais quand il lui avoua cela, il prit soin de laisser tomber le « la plupart des femmes » de son commentaire, conscient que ce n'était pas la chose à dire. Alors, Jean se sentit fière de s'être hissée au niveau de raffinement d'un Gordon Copeland et, lorsqu'il la raccompagna chez elle en voiture, il lui affirma avoir passé un merveilleux moment et Jean vit qu'il était sincère et elle lui chuchota d'une voix timide qu'elle aussi et elle le laissa lui donner sur le pas de la porte un baiser fougueux qui l'émoustilla presque instantanément.

Dix jours plus tard, ils couchaient ensemble. Jean n'avait connu qu'un seul autre garçon avant cette nuit-là : son petit copain du lycée. Cela n'avait jamais été mémorable, juste une chose qu'elle tolérait et n'avait pas spécialement recherchée par la suite, finissant par se persuader qu'elle était disposée à attendre d'avoir rencontré quelqu'un avec qui elle serait plus sûre. Et avec Gordon elle était sûre. Elle avait entendu les gens parler de l'âme sœur et, bien qu'ayant jusqu'alors jugé le terme un peu vague – il lui évoquait l'image de siamois flottant dans l'espace, une sorte de parenté au sens propre du mot, mais une parenté mystique –, elle avait l'absolue certitude de l'avoir trouvée en Gordon. Son esprit, son corps et son cœur n'avaient jamais réagi de la sorte à une autre personne et il lui semblait impossible qu'ils le puissent de nouveau. Gordon était stable, tout en restant ouvert au monde. Il lui déclarait qu'il l'aimait, ce qui était vrai (bien que par la suite cette déclaration ne soit plus prononcée qu'à intervalles irréguliers et imprévisibles, à des moments parfois inopportuns, comme dans le noir de leur chambre à coucher alors qu'elle enfilait son pyjama, selon une logique que seul Gordon comprenait), et elle avait la conviction d'éprouver la même chose, que pour la première fois de sa vie vibraient des parties de son être auparavant assoupies. En l'écoutant narrer ses pérégrinations, elle imaginait qu'il l'emmènerait dans ces contrées, qu'ils feraient l'amour dans les jardins de palais égyptiens, qu'ils séjourneraient dans des *pensiones* nichées au fond des rues pavées de petites villes italiennes, où ils dégusteraient dans leur lit des pâtes en buvant du vin, tandis que les rideaux de voilage flotteraient au vent, comme elle l'avait vu dans les films, qu'elle aurait une coupe courte à la Jean Seberg et qu'il la poursuivrait à travers Paris avant de la prendre contre un mur dans une ruelle, au crépuscule d'une journée grise et pluvieuse.

Mais en réalité, bien que leurs ébats amoureux aient été passionnés et excitants au début (Gordon, qui avait appris quelques trucs au fil du temps, tirait une certaine fierté de sa volonté de combler sa partenaire avant de prendre son propre plaisir et Jean, n'ayant guère été satisfaite par sa première expérience, était effectivement impressionnée), leurs voyages ne les avaient jamais emmenés plus loin que Mexico, où ils avaient passé leur lune de miel. Ils avaient gravi les pyramides de Teotihuacán, mais les marches étaient si étroites qu'il était difficile d'y prendre solidement pied et encore moins de s'y allonger en vue d'y faire l'amour sans risquer de glisser jusqu'au bas de l'escalier. Et pour couronner le tout, le discours de Gordon sur l'histoire de ces monuments n'avait pas contribué à rehausser la beauté de l'instant pour Jean – elle avait envie d'admirer le panorama à couper le souffle, de la ressentir, cette histoire, pas d'en parler. Au cours des six mois qu'avait duré leur relation avant qu'ils se marient, Jean avait eu son compte de pots au bureau : Gordon aimait bien ses collègues de travail, lesquels paraissaient le trouver amusant, mais Jean n'avait jamais été très portée sur les soirées et autres cocktails, qu'elle passait généralement à hocher la tête en souriant. Elle préférait rester à la maison avec Gordon, où il était toujours possible d'espérer voir leur conversation se muer en un véritable échange. Moins de deux ans après, elle était enceinte de Priscilla.

Pendant la période qui avait suivi la naissance de Priscilla, le couple avait vécu un regain d'enthousiasme et de joie. Avant Priscilla, Jean avait fait, moins d'un an après leur mariage, une fausse couche tardive, épreuve qui l'avait naturellement anéantie et il lui avait fallu plusieurs tentatives avant de retomber enceinte. Alors, l'arrivée de leur petite fille, belle et en bonne santé, avait brièvement rapproché Gordon et Jean, une proximité plus grande encore qu'auparavant. Gordon avait assisté à l'accouchement et tout le reste, avait été « abasourdi par le miracle qu'était le système reproducteur de l'être humain », avait tendu, ébahi, à Jean la Priscilla visqueuse qui venait de naître et, trois minutes durant, tous deux avaient comme jamais partagé une communion muette, jusqu'à ce que Priscilla se mette à hurler. D'étranges sons bestiaux, à la fois éraillés et gutturaux, étaient sortis de cette minuscule forme de vie blottie dans les bras de sa mère et nul sein, nulle caresse, nulle berceuse ne devait parvenir à calmer cette enfant avant qu'elle ne soit enfin entièrement épuisée, comme chaque personne qui se trouvait à portée de voix, et parfois, même cela ne suffisait pas. Au cours de la première année, Jean consulta beaucoup plus souvent qu'indiqué le pédiatre, lequel diagnostiqua chez Priscilla le croup et des coliques, mais en dépit d'un traitement adéquat, c'étaient toujours des cris à n'en plus finir. Lorsqu'elle fut assez grande pour prendre des aliments solides, elle mangea le strict minimum, refusant la nourriture, la recrachant ou la vomissant. Jean expérimenta tous les produits possibles dans toutes les combinaisons imaginables. Gordon tenta fréquemment d'apporter sa contribution et, même si cela éprouvait la patience de Jean, elle essaya toutes ses suggestions (« on utilise les langes depuis la nuit des temps »), mais en vain. Les coliques et le croup diminuèrent jusqu'à disparaître au bout d'un an, mais Priscilla demeura capricieuse et prompte à brailler, à bouder et à jeter des objets dès qu'elle eut la force de les soulever. Jean lut tous les ouvrages qu'elle pouvait dénicher sur la manière d'élever les mômes, osa toutes les solutions, du partage du lit familial à la fermeté affectueuse, testa la nourriture « apaisante » et les jouets éducatifs conçus pour détourner l'attention des petits des stimulus négatifs. Gordon mit le holà lorsque Jean en vint à parler de psychologie infantile : les médecins avaient été catégoriques pour affirmer que Priscilla était une enfant parfaitement normale et en bonne santé, que certains étaient juste plus difficiles que d'autres, que cela lui passerait ; voilà ce que Gordon voulait entendre et il s'accrocha à cette idée. Néanmoins, Jean emmena en douce Priscilla consulter un pédopsychiatre, qui proposa certes quelques conseils pour le quotidien, mais qui, dans l'ensemble, partageait l'avis de ses confrères. Et bien sûr, quand Priscilla eut enfin cessé de hurler, elle resta malgré tout une gosse grincheuse, prompte à refuser de faire à peu près tout ce qu'on lui demandait – ou en tout cas, pas sans bouder. À trois ans et demi, elle commença à choisir elle-même sa garde-robe, rejetant la plupart des trucs de filles roses à fanfreluches, dans lesquels elle était pourtant si chou aux yeux de sa mère, pour leur préférer des coupes et des nuances d'une étonnante subtilité, ce jusqu'à ce que Jean se mette à acheter exclusivement ce genre de vêtements, sachant que Priscilla ne porterait rien d'autre, un point c'est tout.

Voir Priscilla atteindre l'âge d'entrer à la maternelle fut alors un soulagement ; quant à l'école primaire, ce fut encore mieux. Jean avait honte de savourer avec un tel bonheur les moments où sa fille n'était pas à la maison : elle l'aimait, naturellement, l'aimait même au-delà des mots, mais les quelques heures où Priscilla s'agitait sous la garde de quelqu'un d'autre étaient des heures merveilleuses où elle pouvait se perdre dans ses livres adorés, l'un de ses passe-temps favoris, mais qu'elle avait mis de côté presque à la naissance de son enfant. Jean traversa aussi une période durant laquelle elle se plongea dans la littérature érotique, par l'intermédiaire d'une anthologie de nouvelles coquines qu'elle lisait et relisait inlassablement ; elle se découvrit soudain un intérêt pour la masturbation, apprenant à se donner du plaisir avec une certaine dextérité, douce façon de se libérer de la tension de la journée. Et cela aussi contribua inéluctablement à l'éloigner de son mari.

Après Priscilla, Jean avait scrupuleusement veillé à prendre la pilule, convaincue qu'un deuxième bébé ne serait pas d'un tempérament différent. Alors, lorsqu'elle tomba par accident enceinte d'Otis, presque neuf ans plus tard, elle passa le plus gros de ces neuf mois à redouter que ne se répètent les premières années de Priscilla. Inquiétude inutile. Otis était le contraire de Priscilla. Gordon avait été aussi ravi par cette grossesse-là que par la première ; il avait espéré un garçon, pour l'équilibre parfait, et avait visiblement effacé de sa mémoire les années croupesques de Priscilla, sans doute parce qu'il était au travail quarante heures de croup par semaine.

Cette fois encore, Gordon assista à l'accouchement, qu'il voulut filmer car il regrettait trop de ne pas l'avoir fait pour Priscilla (Jean avait dit « Non » et, répondant à l'insistance de Gordon, avait ajouté : « Il n'y a même pas à en discuter »), mais de nouveau, Jean et Gordon vécurent un moment particulier dans la salle d'accouchement – à vrai dire plus qu'un moment, ce coup-ci. Otis s'arrima au sein de Jean avec aisance et voracité sous le regard de Gordon, aussi émerveillé que s'il avait été en train de contempler la Vierge Marie en personne, après quoi Otis sombra dans un profond sommeil, tandis que Gordon s'allongeait aux côtés de sa femme et de son fils, satisfait et fier d'eux. Il caressa les cheveux de Jean, encore poisseux de sueur, et, l'œil humide, l'abreuva de divagations élogieuses, déclarant qu'il n'avait jamais été féru de religion, mais qu'il était tellement reconnaissant pour cette chose qui lui semblait tenir du miracle, reconnaissant qu'elle ait accepté de lui donner un autre enfant, un fils qui portera le nom de Copeland, et Jean le sentit sincère. Mais Gordon, peu enclin à la concision, développa. Il imagina le périple à travers les voies génitales, expliquant à Jean : « Je sais que ce n'est pas facile pour la mère, évidemment, mais imagine ce que ce doit être pour l'enfant : c'est comme de lutter contre ces ténèbres immenses au bout desquelles, enfin, apparaît la lumière, une victoire ! » Sans surprise, c'est à ce moment-là que leur moment s'évanouit.

Gordon n'a guère changé. Il a conservé son habitude de concocter une fois par mois environ un repas gastronomique pour la famille, laquelle, en contrepartie, se voit inévitablement infliger la description détaillée de la préparation du festin, agrémentée de tout élément historico-culturel pertinent concernant les ingrédients et/ou le plat proprement dit. C'est surtout Jean qui fait la cuisine, à présent, mais même lorsque c'est elle qui est derrière les fourneaux, difficile d'échapper au commentaire historique. Aujourd'hui, si vous étiez invité à partager le petit déjeuner des Copeland et que vous vouliez complimenter Jean sur ses délicieux pancakes, il y a de fortes chances pour qu'elle ait à peine le temps de vous répondre merci avant que Gordon embraie sur une tirade du genre : « Est-ce que vous saviez que l'origine des pancakes remonte aux temps préhistoriques ? On utilisait alors des farines de grains secs, riches en glucides, que l'on cuisait sur des pierres chauffées ou dans des pots en terre cuite. L'étymologie du mot date de 1430 ! Bien sûr, il existe des variantes régionales de pancakes partout dans le monde. En Allemagne, par exemple, ils sont souvent préparés avec des pommes de terre ; au pays de Galles, avec de la farine d'avoine. Dans certains pays asiatiques, les pancakes sont confectionnés avec des galettes de riz fermenté et servis avec des pickles ! Vous imaginez ça ! Des pickles ! Et puis il ne faut jamais confondre une crêpe et un pancake traditionnel : malgré leurs similitudes, ce sont deux produits différents, mais alors très différents. Même s'il est exact que l'un comme l'autre peuvent être servis avec une garniture soit sucrée soit salée, et non simplement avec du sirop d'érable, ainsi que les consomment généralement les Américains. »

Gordon a une élocution très précise, prononçant chaque syllabe ou chaque lettre, et, à sa façon d'utiliser le mot « Américains », on pourrait croire qu'il n'en était pas un lui-même. Il se peut que Jean prenne ses réflexions sur la cuisine étasunienne pour les insultes voilées qu'elles sont, mais elle se garde de relever que c'est comme ça que les gosses et elle l'aiment. Au lieu de cela, elle pince sa bouche en un petit cercle serré qu'elle imagine passer inaperçu, alors qu'en réalité, Otis remarque cette grimace. Dans la première phase de son amour pour Gordon, la propension de celui-ci à disserter sur tous les sujets n'avait pas dérangé Jean, même si elle n'avait pas manqué de s'apercevoir qu'il était toujours content de prodiguer son savoir à toute personne qui se trouvait à proximité. Après un certain temps, une petite fenêtre qui donnait sur le futur s'entrebâilla fugitivement dans son esprit sur le fol espoir que la volubilité particulière de Gordon finirait peut-être par s'assécher avec le temps, mais elle laissa cette fenêtre se refermer tout aussi rapidement. Solution : au bout de plusieurs années, Jean cessa simplement d'engager avec Gordon toute conversation n'ayant pas trait à des préparatifs communs pour des projets ; elle s'abstint de tout commentaire anodin susceptible de lui offrir une ouverture. S'occuper de Priscilla absorbait déjà toute son énergie émotionnelle.

Et donc, lorsque Jean rencontra un autre homme quelque dix-sept ans plus tard, vous imaginez bien qu'elle avait besoin de souffler un peu.

James, l'amoureux de Jean, est un homme bien (malgré un passé de dépressif que Jean ignore et pour lequel il est soigné depuis longtemps par une combinaison de médicaments et de psychothérapie qui semble bien fonctionner). Il enseigne l'art au lycée public et lui aussi s'intéresse à Jean, mais de manière normale : leurs discussions sont de vrais échanges. Lorsque Jean l'avait vu pour la première fois, au club de lecture auquel elle appartient, elle l'avait trouvé bel homme, avec ses épaisses boucles châtaines et ébouriffées ; il émanait de lui une impression de douceur, avec un léger moelleux au niveau de la taille, un regard chaleureux. Elle n'avait pas eu envie de le prendre aussitôt à même le sol ou quoi que ce soit de ce genre – cela devait arriver bien plus tard, après avoir fait plus ample connaissance avec lui, encore qu'elle ne soit de toute façon pas du style prendre-quelqu'un-à-même-le-sol. Le principal truc, avec James, était que Jean éprouvait quelque chose qu'elle ne se rappelait pas vraiment avoir éprouvé avec Gordon. L'impression d'exister aux yeux de quelqu'un ? Était-ce cela ? Elle n'en était pas sûre, mais elle avait la sensation que c'était bien, alors que de toute évidence c'était mal. Le groupe avait, de mauvaise grâce, lu *La Conjuration des imbéciles*, le choix de James, et quand Jean avait timidement hasardé un avis – que ce livre lui avait fait voir l'art et le destin d'une nouvelle manière –, James avait répondu par un commentaire dont la longueur égalait presque la profondeur, amorce des réflexions à venir.

Naturellement, Jean ne s'engagea pas dans sa relation extraconjugale à la légère et James non plus. Ils restèrent simples amis pendant un long moment avant de devenir plus ; ils discouraient abondamment de leur sentiment de culpabilité et de honte, avaient même évoqué l'idée de tout arrêter, mais sans jamais vraiment parvenir à s'y résoudre. Personne n'était au courant. Personne n'aurait jamais soupçonné Jean d'avoir une aventure, et encore moins Jean.

Tout avait commencé de façon assez innocente, ils avaient pris deux ou trois fois le café ensemble après les réunions du club, rien de bien méchant. Ben voyons… Ce n'est pas entièrement vrai, il y avait des étincelles et ils le savaient tous les deux. Ils n'ont jamais dit à qui que ce soit qu'ils allaient prendre le café tous les deux. Cela dura ainsi un an encore avant que les choses évoluent : ils se retrouvèrent alors une fois par mois pour le café, bavardant pendant une heure ou deux de tous les sujets possibles et imaginables. Jean confia à James la distance qui s'était installée dans son mariage tandis que James lui parla de la longue liaison qu'il avait eue et qui s'était achevée douloureusement quelques années plus tôt – la femme l'avait abandonné du jour au lendemain et avait quitté l'État pour aller vivre avec un autre homme, sans vraiment fournir d'explications. Jean trouvait inimaginable que l'on puisse quitter un homme aussi charmant, ressentait dans sa poitrine un je-ne-sais-quoi qu'elle se souvenait à peine d'avoir vécu, se remémorait vaguement avoir ressenti ce même je-ne-sais-quoi pour Gordon au début de leur relation, mais sans arriver à s'y raccrocher. Elle savait seulement que, depuis quelque temps, elle se nourrissait de plus en plus de ce sentiment. Elle se répétait que James et elle ne faisaient rien de mal, qu'ils prenaient juste le café ensemble, s'envoyaient peut-être quelques e-mails de temps à autre, un par semaine ou par quinzaine, tous les deux jours, chaque jour, plusieurs fois par jour, jusqu'à ce qu'il finisse par lui écrire un matin : *Tu es un magnifique arbre en fleur et je suis un oiseau fatigué qui cherche son nid.*

Le lendemain de ce courriel, James prépara un pique-nique pour Jean ; ils descendirent au lac. Il vint avec son chien, Mott the Hoople, un mastiff géant au pelage bringé. Mott n'aimait rien tant que se jeter à l'eau pour courir après un oiseau, puis revenir s'allonger pour le reste de l'après-midi aux côtés de James en étendant ses longues pattes. Comme d'habitude, leur conversation tourna autour des livres, de l'art et de la vie, puis James avoua qu'il n'était plus capable de taire ses sentiments pour Jean, alors ils s'embrassèrent et se tinrent la main, burent du vin en mangeant du fromage et des figues, sans qu'elle ait à supporter un exposé sur la provenance du vin ou du fromage ou des figues, et ils s'assoupirent un moment tous les trois et ce fut pratiquement la plus belle journée qu'ait jamais connue Jean. Ils devinrent amants peu après.

Il est donc ici question d'amour – c'est indéniable –, d'un véritable amour entre Jean et James, ignoré de tous, mais c'est une sorte de joie douce-amère pour Jean, elle qui a enduré pendant si longtemps Gordon et son flot d'informations. Et puis personne dans sa famille ne s'intéresse suffisamment à elle pour avoir remarqué quoi que ce soit. Enfin, en dehors d'Otis, dont les facultés d'observation sont un tantinet au-dessus de la moyenne pour un enfant de son âge, mais comme ses facultés de communication sont toujours du niveau de CE2, il n'en souffle mot. Non qu'il sache ce qui se passe précisément avec sa mère. C'est plutôt qu'il s'est aperçu que sa maman avait un comportement quelque peu bizarre depuis un certain temps, alors que son père et sa sœur sont trop absorbés par eux-mêmes pour s'en être souciés.

DEUX

Les Copeland habitent la petite ville universitaire du Midwest où Gordon et Jean sont nés et ont grandi tous les deux. Ils résident dans une maison du XVIIIe siècle de belles dimensions, avec un terrain de plus d'un hectare et demi pourvu d'un petit étang peuplé de poissons rouges, qui avait appartenu aux grands-parents de Gordon quand il était petit. Celle-ci est assez proche du centre et c'est la plus grande propriété du voisinage. À l'époque où la localité avait été créée, tout le monde possédait de vastes parcelles, dont un grand nombre accueillaient des fermes, mais la plupart de leurs voisins avaient depuis longtemps morcelé les leurs. Pas les Copeland. Quand les petits-enfants et les arrière-petits-enfants étaient jeunes, cet hectare et demi était en quelque sorte leur parc privé, où tous se retrouvaient pour les vacances, les réunions de famille et les mariages, où ils faisaient du canoë, pêchaient et couraient pieds nus dans l'herbe pendant l'été, tandis que l'hiver était consacré au patin à glace, à la luge et aux batailles de boules de neige.

Gordon et Jean avaient eu d'âpres discussions sur la question d'y emménager. Avant cela, ils vivaient dans un pavillon en demi-niveaux, de style ranch, qu'ils avaient acheté un an après leur mariage et qui avait conservé des éléments décoratifs du début des années soixante-dix (papier peint vert olive dans les toilettes de l'entrée, moquette à poils longs dans le petit salon), lesquels restèrent en place après leur départ. Jean avait toujours aimé cette maison. C'était la sienne. Toutefois, le problème était le suivant : Theodore, le père de Gordon, était atteint de la maladie de Parkinson depuis plusieurs années ; son épouse, Laura, était alors toujours vivante et bien portante ; quant à Theodore, il était encore capable de se débrouiller sans difficulté. Mais à l'heure de la retraite, le couple s'était installé chez les parents de Theodore ; comme le bâtiment avait déjà été agrandi deux fois, il y avait largement de quoi les loger, et puis Theodore voulait que ses parents demeurent chez eux, où il pourrait prendre soin d'eux aussi longtemps que possible. Malheureusement, la femme de Theodore devait décéder brutalement environ deux ans après leur emménagement, et peu de temps après Baron, le grand-père de Gordon.

Et comme, chacun à sa façon, Theodore et Vivian – sa mère, aujourd'hui âgée de quatre-vingt-dix-huit ans – devenaient de plus en plus invalides, Gordon parvint à convaincre Jean de déménager pour qu'il leur soit plus aisé de s'occuper d'eux. Il promit à Jean de rénover la cuisine et suggéra un logement séparé pour les anciens, de plain-pied et avec un accès handicapés. « Financièrement, argumenta Gordon, cela n'aura aucune incidence pour nous ; ils ont tous les deux effectué de bons placements et ont largement de quoi se payer une aide à domicile jusqu'à la fin de leurs jours s'il le faut. » Conscient d'avoir eu une enfance privilégiée, Gordon voulait faire aussi bien pour sa propre famille que ses parents, pensait-il, l'avaient fait pour la leur. Jean ne pouvait qu'être d'accord avec lui, mais l'un des détails que Gordon avait omis de citer était que ce serait à coup sûr elle qui supporterait principalement ce fardeau et que vivre là-bas signifierait à coup sûr que le choix de passer à l'aide à domicile serait repoussé aux calendes grecques.

Jean s'abstint également de signaler qu'elle avait toujours senti une tension palpable entre Theodore et Vivian. Des décennies durant, Vivian s'était laissée aller à des critiques continues, bien que voilées, sur le choix de Laura comme épouse (plus jeune, Laura avait eu un mariage « annulé », un mot sur lequel Vivian s'attardait, comme si c'était le scandale ultime, avant d'ajouter un commentaire du genre : « Oh, mais elle est charmante, vous savez »). Elle ne se privait pas non plus d'exprimer sa déception d'avoir vu son fils se passionner dans sa jeunesse pour la musique et pour la photographie, au lieu de reprendre la bijouterie que son mari avait fondée à la force du poignet. (Theodore finira *quand même* par reprendre le commerce, ce qui fera brièvement remonter son fils dans son estime, mais quand il décidera, après la retraite de son père, de se consacrer à l'activité optométrie du magasin pour revendre la partie joaillerie, Vivian en concevra un dépit sans bornes.)

Gordon paraissait ne pas se rendre compte de la crispation qui existait entre sa grand-mère et son père, choisissant de favoriser la vision idyllique de la vie familiale qu'il avait connue pendant son enfance et – malgré la sage circonspection de Jean – il se berça de l'espoir qu'habiter avec eux ne poserait aucune difficulté. Comme d'habitude, Jean garda ses doutes pour elle. Elle avait toujours adoré le père de Gordon, mais sa grand-mère semblait manifester pour elle le même mépris qu'envers Laura. (Grosso modo, peu de personnes ou de choses nées après 1935 trouvaient grâce aux yeux de Vivian, même si ses commentaires étaient immanquablement lâchés d'une voix mélodieuse.) Jean avait par conséquent des inquiétudes fondées quant à l'idée de vivre sous le même toit qu'elle. Vivian assura vouloir qu'ils se sentent ici chez eux, mais il apparaîtra bien vite que cette affirmation n'était pas entièrement sincère. Néanmoins, le déménagement se fit. Jean supprima le vestibule pour agrandir la cuisine afin de pouvoir y mettre une table et des chaises, abattit une grande partie du mur arrière pour créer une immense baie vitrée qui donnait sur le jardin et l'étang, puis ajouta une extension claire et spacieuse destinée aux Copeland seniors, entièrement équipée pour les handicapés et pourvue d'un accès facile au bâtiment principal. Ce logement possède sa propre kitchenette, où ils prennent souvent le petit déjeuner et le déjeuner, même si la plupart du temps toute la famille mange ensemble dans la maison.

Dans les années qui suivirent leur emménagement, le Parkinson dont souffrait Theodore se développa de diverses manières. Il peut toujours marcher, mais, son équilibre étant flageolant, il préfère se déplacer cahin-caha en s'aidant de son déambulateur ou à bord de son fauteuil roulant. Depuis un an environ, il porte autour du cou un fil auquel est accroché un boîtier muni d'un bouton qu'il lui suffit de presser pour appeler l'hôpital en cas de chute ou de blessure s'il est seul dans une pièce. Éprouvant quelques difficultés à projeter sa voix, il s'exprime beaucoup moins qu'auparavant. On lui demande fréquemment de répéter, ce qui finit par le lasser, alors, à moins qu'il n'ait réellement envie de faire l'effort, il prend le parti de simplement écouter. Sa faculté à se remémorer les événements d'un passé lointain est demeurée impressionnante. Theodore a toujours été grand liseur et collectionneur – de timbres, de pièces de monnaie, de vieilles cartes postales – et il est resté un photographe amateur passionné, ce depuis l'âge de douze ans, quand il avait eu son premier appareil, un Brownie acheté par sa mère (cadeau qu'elle niera par la suite avoir offert). En général, il est encore capable de reconnaître la famille. De temps à autre, il lui est arrivé de prendre sa mère pour son épouse, mais il est enclin à ne considérer cela que comme une étourderie et les autres ignorent bien volontiers cette évolution pour le moment. Un matin, il demanda à Gordon quel était le métier de son père. « Il était optométriste », répondit Gordon. « Oh, exactement comme moi ! » répliqua Theodore. Quand Gordon fit alors observer que Theodore *était* son père, celui-ci afficha un sourire ironique. « C'est ce que prétendait ta mère, en tout cas. » Son visage est aujourd'hui légèrement plus figé et moins expressif que par le passé, mais ses yeux vert clair pétillent avec la même malice qu'autrefois. Il s'était toujours beaucoup consacré à Priscilla et à Otis, leur lisant des histoires, emmenant Otis à la pêche sur son canoë, et les deux petits-enfants l'adorent ; il est pratiquement le seul membre de la famille pour lequel on pourrait dire que Priscilla ne cache pas son adoration, bien qu'elle passe peu de temps avec lui désormais.

Le plus grand changement, chez Theodore, c'est son manque d'intérêt pour ce qu'il aimait tant jadis, les livres trônant au sommet de la liste, suivis par les westerns et quelques émissions de télé ringardes.

Il s'occupe toujours de certaines de ses collections ; il possède une boîte de médailles commémoratives qu'il se délecte à fouiller – elles sont à l'effigie de compositeurs célèbres – et, comme il a tendance à oublier qu'il vous les a déjà montrées, il recommence encore et encore, un problème pour lequel la famille n'a pas réussi pour l'instant à définir de protocole particulier. Gordon, par exemple, ne dit rien du tout et se contente le plus souvent de s'éloigner pour aller faire autre chose. Otis, lui, s'assoit invariablement avec son grand-père, à tel point qu'il a mémorisé tous les visages des musiciens. Il préférerait s'adonner à une autre activité, comme élaborer une grille de mots croisés, mais ne sait quel prétexte inventer. Si Priscilla aperçoit son grand-père avec sa boîte de médailles, elle tente juste de quitter la pièce avant même qu'il n'y entre. Vivian est la seule qui, sans prendre de gants, explique à Theodore qu'elle les a déjà vues, en lâchant par les narines une expiration impatiente qu'elle ne s'efforce pas vraiment de dissimuler. Naguère, Theodore aurait réagi d'une manière ou d'une autre à l'agacement de sa mère, ne serait-ce que par quelques mots. Mais depuis sa maladie, il se borne à insister. « Celle-ci aussi ? La Monteverdi ? » Un simple « Oui, Theodore » suffit rarement à l'empêcher de répéter cette question pour la Mahler, et aussi la Brahms, parfois même pour la Chopin et la Liszt, et c'est à ce moment-là que l'embarras de Vivian devient trop pénible et qu'elle s'excuse avant de quitter la pièce. En ce qui concerne les situations déplaisantes, Vivian manifeste un très haut degré de déni.

Ces temps-ci, la curiosité de Theodore se concentre sur les lumières autour de l'étang, sur le continuel spectacle de la nature qu'offre leur terrain (le reste de la famille apprécie également ces instants *Oh-regarde-le-chevreuil*, mais Theodore est capable de rester assis des heures durant à contempler cette vue par la fenêtre) et sur les tas de rocaille, dans lesquels il discerne mille choses. L'année précédente, à l'époque des vacances, il avait découvert une pierre qui évoquait plus ou moins la Vierge Marie tenant le petit Jésus (et c'est vrai), dont il avait fait l'élément central d'un diorama réalisé à partir d'une boîte à crayons vide, abritant une crèche de cailloux qui mettait en scène Joseph, les Rois mages et un mouton. En dehors de la Vierge et du petit Jésus, les autres personnages réclament un certain effort d'imagination de la part de l'observateur lambda, auquel Theodore montrera alors avec plaisir les turbans des Rois mages, le gravillon qui représente l'encens (il cherche encore celui qui sera parfait pour la myrrhe), et cætera. (Cet intérêt pour l'épisode de l'étable ne relève pas d'une quelconque préoccupation religieuse de la part de Theodore. Il voit ce qu'il voit, c'est tout.) Impossible de compter le nombre d'heures qui ont été nécessaires à l'étude, à l'aménagement et à la présentation finale de cette crèche, mais, en dehors d'un géologue, difficile d'imaginer quelqu'un d'autre que Theodore se consacrer avec autant de ferveur à une boîte de pierres. L'avantage de tout cela, si tant est qu'il y en ait un, en particulier pour lui, c'est que Theodore a réellement l'air aussi heureux que d'habitude – et Theodore a toujours été une personne heureuse, comblée.

Vivian, un papillon mondain, est portée sur les commérages et a une propension à asséner comme des vérités les commentaires faussement anodins qu'elle lâche au passage. « Comment ça ? » Ce sont juste des observations. Elle ? Jamais de la vie ! Elle est le modèle 1912 de Priscilla. Un mètre cinquante-cinq dans sa jeunesse, un mètre cinquante aujourd'hui et quatre-vingt-dix-huit ans. Vivian aime avouer son âge, une coquetterie qu'elle a prise vers ses quatre-vingts ans. (Avant cela, elle trouvait *déplacé* pour une femme de révéler son âge. Mais lorsqu'elle a eu quatre-vingts ans, elle s'est vite aperçue à quel point les gens étaient impressionnés par son allure incroyable, par la vitalité qu'elle manifestait encore, et elle comprit combien elle pouvait exploiter ces avantages. Ce n'était pas tant qu'elle ne paraissait pas son âge – bien qu'elle ne soit pas de cet avis –, mais elle était aussi pleine de vie qu'avant et elle avait conservé toute sa prestance.) Adore, adore, adore être au centre de l'attention, en a l'habitude, et ce depuis l'époque où elle était une jeune et séduisante célibataire. Quitte la pièce si l'attention ne reste pas focalisée sur elle plus de quelques minutes. S'intéresse à vous le temps qu'il lui est nécessaire pour déterminer s'il y a chez vous quelque chose qui soit susceptible de rejaillir sur elle. Par exemple, si vous êtes une personne qui a de gros moyens, une certaine distinction sociale. Raconte des anecdotes, la plupart sur elle, une ou deux autres sur la famille. (Elle est toujours rayonnante de fierté lorsqu'elle narre celle sur le déjeuner qu'elle avait donné et après lequel elle avait écrit « Hilarant Theodore » sur le livre pour bébé de celui-ci. À un moment, l'histoire incluait les paroles hilarantes qu'il avait effectivement prononcées, mais cinquante ans plus tard, Vivian a fini par les oublier et la chronique a évolué pour devenir un peu plus vivianocentrique, décrivant le tailleur de chez *Carson Pirie Scott* qu'elle portait et le repas qu'elle avait préparé ce jour-là, mais « Hilarant Theodore » en demeurait néanmoins le point d'orgue.) Quand Theodore entra à l'université pour y étudier la musique et la photographie, Vivian passa les quatre années suivantes à répondre aux gens qui lui posaient la question que son fils « satisfaisait juste un petit caprice » avant d'aller travailler à la bijouterie. Être l'épouse d'un fameux bijoutier avait énormément flatté son amour-propre et, après que Theodore eut abandonné la branche joaillerie, elle prit la manie de commencer ses phrases par : « Si seulement tu t'étais consacré à la joaillerie… » Du temps où Theodore était mieux portant, il avait coutume de souvent les finir pour elles. « Je n'aurais pas été aussi heureux, mère. » Ce à quoi Vivian réagissait en général par un petit rire contraint. « Oh, ma foi, oui, bien sûr, mais quand même… »

Alors, chaque fois que Vivian s'apprête à se lancer dans un récit sur un membre de la famille, il y a des chances pour que l'épisode en question se soit produit lorsque la personne était bébé. Priscilla, par exemple, en a par-dessus la tête d'entendre combien elle l'avait trouvée parfaitement sage, allongée sur une couverture. (À son avis, si son arrière-grand-mère ressasse son anecdote de Priscilla-parfaitement-sage-allongée-sur-une-saloperie-de-couverture, c'est parce que cela n'avait pas dû arriver souvent. Même Priscilla se connaît suffisamment bien pour le deviner. Mais ce n'est qu'une partie de l'explication. Si Vivian radote ainsi, c'est parce qu'elle est immanquablement impressionnée par les enfants sages et que, ce jour-là, elle avait découvert Priscilla couchée sur sa couverture de bébé une vingtaine de minutes après s'être totalement épuisée à hurler. N'ayant pas été témoin de ce qui avait précédé, elle s'était délectée de voir la fascination qu'exerçait momentanément sur Priscilla un presse-papiers en cristal dont les reflets se projetaient dans toute la pièce. Quand même, songea Priscilla, n'avait-elle donc rien fait qui soit susceptible d'éveiller l'admiration de son arrière-grand-mère depuis l'époque où elle était sagement étendue sur une couverture alors qu'elle n'était pas encore en âge de marcher ? Même pas capable de se mettre « sur ses deux putains de jambes ? Beuah ».)

À part cela, les histoires de Vivian sont en règle générale sur Vivian. Elle en a une quinzaine, dont les sillons se sont profondément creusés, tant elles ont été ressassées. Était la fille d'un pasteur, détestait littéralement le service du dimanche, détestait déménager, détestait ne pas savoir où ils seraient d'une année sur l'autre, avait fréquenté douze établissements scolaires en dix ans. L'année de ses six ans, son père avait déménagé avant le reste de la famille : elle était rentrée de l'école un jour et son père n'était plus là, mais tout ce qu'on lui a dit, c'était qu'il avait été « appelé » et qu'ils le rejoindraient bientôt. N'a plus jamais mis les pieds dans une église après son mariage, n'a plus jamais déménagé après qu'ils eurent acheté leur maison. Garde de merveilleux souvenirs de son enfance, de merveilleux souvenirs, oh oui ; avec le salaire de son père, voyez-vous, ils n'avaient vraiment pas beaucoup d'argent, mais ils se débrouillaient, ils avaient des poules, sa mère lui avait appris à cuisiner des gâteaux. N'a eu qu'un seul anniversaire fêté, le septième. A été fiancée deux fois avant de rencontrer son futur mari, Baron, a rendu les bagues, « naturellement ». Juste ciel ! Jamais une jeune femme convenable ne les conserverait. A fait partie de l'équipe de natation féminine à l'université. A été enseignante dans une école à classe unique. Jean a été plus d'une fois surprise en train d'articuler en silence les paroles de Vivian dans le dos de celle-ci lorsqu'elle racontait ses anecdotes.

Malgré son âge, Vivian se meut toujours avec la même rapidité. Si elle décide qu'elle a besoin d'une chose qui se trouve dans la pièce voisine, elle effectuera l'aller-retour en un clin d'œil, comme si elle avait son propre petit tapis roulant à grande vitesse. Elle est un peu plus lente pour d'autres activités, comme la cuisine, mais elle y parvient encore. S'assure que sa partie de la maison est bien rangée et propre comme un sou neuf. A une femme de ménage qui vient une fois par semaine donner un coup de balai. Oublie parfois que le mot « nègre » est passé de mode. (« Oh, je n'arrive pas à suivre tous ces changements. ») Surveille son poids. Collectionne les vieilles cartes de la Saint-Valentin et les petits jouets mécaniques, ceux qui font quelque chose – canards et pingouins qui se dandinent et se retournent d'un bond, figurines à tête branlante, toupies qui s'ouvrent en éventail quand vous les lancez –, y trouve une source d'amusement intarissable. Pas super intéressée par ses arrière-petits-enfants, et cela depuis qu'ils ne sont plus des bambins. Pense qu'Otis est un peu bizarre, n'a pas une bonne opinion de Priscilla : coiffure, façon de se vêtir, attitude. Un peu obsédée par un neveu diplômé de Princeton. Photos de lui sur le frigo. (N'abordez surtout pas le sujet devant Priscilla ou Jean.) Est toujours ponctuelle à ses rendez-vous et attend des autres la même ponctualité. Ne manque jamais d'envoyer des cartes de remerciement manuscrites. Ce sont les convenances, c'est tout.

Oh, et un dernier détail : n'a jamais conduit une auto de toute sa vie. Oh, fichtre non ! Préfère être passagère. C'était son mari qui s'en chargeait, puis ce fut Theodore, mais voilà plusieurs années qu'il n'a plus le droit de conduire. Ce n'est pas grave. Cela ne l'ennuie pas d'appeler un taxi.

Résumé : fille caractérielle, père je-sais-tout, fils gentil et normal, quoiqu'un peu bizarre, maman au-potentiel-non-encore-exploité/ayant-une-aventure, arrière-grand-mère vacharde, papy qui perd la boule. Nous savons à présent d'où nous partons.

TROIS

Priscilla sort et prend la voiture de sa maman sans demander la permission – manie assez récurrente –, laissant celle-ci sans moyen de transport pour repartir acheter ce dont elle aura besoin pour le dîner. « Où vas-tu ? » demande Jean, à quoi Priscilla répond qu'elle revient tout de suite, alors qu'il n'en sera rien. Elle va retrouver des copines au centre commercial. Priscilla est en première année de fac, mais il y a peu de chances que ça dure ; la raison principale de sa présence dans cet établissement est que ses parents l'ont avertie qu'elle devrait quitter la maison si elle ne s'y inscrivait pas. Faible ultimatum au mieux, dont il était peu probable qu'il serait suivi d'effet, mais curieusement le stratagème avait fonctionné. Bien sûr, Priscilla adorerait avoir un appartement à elle, fantasme sur un loft moderne et spacieux à New York ou ailleurs, comme dans *Sex and the City*, mais (a) dépense tout ce qu'elle gagne en fringues et (b) n'a franchement pas la moindre idée des démarches à accomplir pour signer un bail et tout ça. Et puis, elle n'a jamais préparé ne serait-ce qu'un seul repas composé d'autre chose que de céréales et de lait, n'a jamais chargé une seule fois le lave-linge ; même Otis s'y était déjà essayé.

Encore qu'elle n'ait pas pleinement conscience que quitter le domicile familial signifie cuisiner, faire la lessive et payer des factures, évidemment. Vous pourriez penser que Priscilla n'est pas si intelligente que cela, mais ce n'est pas le cas. Disons simplement qu'elle ne sait pas trop comment utiliser le type d'intelligence qu'elle possède. À l'instar de sa mère, elle a du potentiel. C'est peut-être la seule chose qu'elles aient en commun.

Dans l'espace restauration, tandis qu'elles grignotent leur Cinnabon[1], Priscilla et ses trois copines – Ashley, Danielle et Taylor, sa cops-à-la-vie-à-la-mort – passent en revue les derniers potins. Toutes s'accordent pour dire qu'une certaine fille qu'elles connaissent est grosse, et aussi qu'elle est insignifiante. Un cageot. Un thon. « Un thon grave », renchérit Taylor. Que la fille en question ait récemment récupéré *les miettes* de Taylor, à savoir le gars avec qui celle-ci sortait en terminale, n'est sans doute pas une coïncidence. Toutes ne s'accordent pas pour dire que ladite fille est aussi une garce craignos, malgré l'insistance de Taylor à affirmer résolument le contraire. Priscilla déclare : « Bah, moi aussi, je serais une vraie garce, si j'étais foutue comme elle » ; et, à cette remarque, ses trois amies pensent simultanément : *Quoi qu'il en soit, tu en es une*, échangeant des regards de biais, mais elles s'abstiennent de prononcer le jugement à voix haute. Taylor en est à un doigt, quand deux types munis de planchettes à pince s'approchent d'elles pour leur demander si cela les intéresserait de passer un essai pour une nouvelle émission de télé-réalité.

1. Roulé à la cannelle, spécialité d'une chaîne américaine de pâtisseries.

Priscilla n'en revient pas. Aucune d'elles, d'ailleurs. Toutes écarquillent les yeux, se redressent sur leur siège, s'efforcent de faire comme si elles ne cherchaient pas à aplatir d'éventuelles mèches rebelles échappées de leurs coiffures impeccablement lissées, mais Priscilla, en particulier, est persuadée que c'est son heure, convaincue que c'est totalement le destin ; bien que n'ayant jamais réfléchi au destin jusqu'alors, elle sait désormais qu'elle y croit complètement, sans réserve, et que le sien se joue maintenant. Ces deux mecs posent un tas de questions aux filles – rien d'extraordinaire : quels sont leurs centres d'intérêt ? quel âge ont-elles ? quelques infos sur leur famille. Priscilla a la certitude que l'un d'eux concentre plus son attention sur elle que sur les autres et, à un moment, elle tente même de se pencher en avant, au-dessus de la table, de telle sorte que Taylor et Ashley se retrouvent derrière elle, devenant ainsi moins susceptibles d'être remarquées. Elle veut connaître le thème de l'émission et l'un des types, un dénommé Ted, lui répond qu'ils ne peuvent pas vraiment dévoiler trop de choses, sinon qu'ils cherchent une personne qui en sera l'élément central, que ce sera un peu comme ces programmes de MTV sur les amis, mais focalisé sur un personnage plutôt que sur un ensemble.

Priscilla fait tout son possible pour garder son calme, mais elle hallucine à mort. C'est carrément comme si sa *destinée* était venue à elle *en cet instant*, ici même, dans l'espace restauration du centre commercial. Elle incline la tête sur le côté et enchaîne par un hochement qui se veut profond, un hochement qui exprime tout, sauf qu'elle hallucine, un hochement qui dit « Je pense des choses profondes », un hochement qui dit qu'elle est intéressante. Les mecs remettent à chacune des filles un formulaire de candidature en expliquant que, si elles sont tentées par une audition, elles doivent se présenter la semaine suivante au lieu et à l'heure indiqués, avec le questionnaire rempli et une photo d'identité. « Est-ce qu'on doit, genre, préparer un monologue ou quelque chose comme ça ? » interroge Priscilla, aussitôt sûre que c'est la question la plus stupide jamais posée, genre, dans l'histoire des questions stupides.

Avant de poursuivre, il nous faut peut-être préciser que lorsque Priscilla emploie le terme « genre » – et elle l'emploie souvent –, celui-ci est invariablement accolé au terme qui le précède, formant ainsi une sorte de mot composé : *àgenre, dansgenre, estgenre*. Si nous ne connaissions pas cette spécificité, nous pourrions supposer que pour elle il s'agissait d'une règle grammaticale et que, dans son univers, la virgule, rarement utilisée, n'était réservée qu'aux pauses sarcastiques.

Le type prénommé Ted n'éclate pas de rire, mais sourit et répond : « Non, tout ce qu'on attend de vous, c'est que vous soyez vous-mêmes. » Priscilla est aux anges. Ça, elle sait *tellement* bien le faire. Elle allait s'entraîner pendant tout le week-end à être elle-même.

Ted et l'autre mec s'en vont et les filles conviennent que le moment est venu d'aller faire du shopping, que pour ce jour faste, elles auront besoin de nouvelles tenues. Priscilla bénéficiant d'une remise de cinquante pour cent chez *Express*, où elle est employée, elles commencent par là. Ce n'est pas la boutique favorite de Priscilla, loin de là (ses goûts penchent vers des marques plus chères), alors elle n'achète et ne porte que le minimum requis pour y exercer son travail, mais comme ses trois copines aiment bien le style de cette enseigne, elle leur fait bien volontiers profiter de sa réduction et leur montre comment accorder les fringues qu'elles choisissent, domaine dans lequel elle possède un talent que toutes lui reconnaissent. « Si tu prends cette robe en maille à 19,99 $, commente-t-elle au sujet d'un article qu'est en train de regarder Taylor, alors tu peux claquer beaucoup plus dans une paire de bottes montantes réellement mortelles, que tu pourras mettre avec tout, genre, une sorte de miracle fashion. » Toutes les filles opinent du bonnet face à l'immense sagesse de Priscilla.

Finalement, Ashley et Danielle ne se pointeront même pas au casting ; Taylor, si, mais sans grande motivation, en réalité, ce qu'elle confie à Priscilla ce jour-là, laquelle en conçoit pour une fois une indignation silencieuse – silencieuse seulement parce qu'elles sont dans la salle d'attente et qu'elle ne souhaite pas attirer l'attention sur elle de cette façon-là. « Mais enfin, pourquoi t'es venue, alors ? » chuchote Priscilla, ce à quoi Taylor répond : « Chais pas ; juste pour voir, je suppose. » Priscilla souffle bruyamment par les narines. Pour elle, c'est, genre, le rêve de sa vie. Elle a un jean de marque et un marcel sur lequel elle a enfilé un long cardigan déniché en solde, d'un créateur dont elle connaissait le nom pour l'avoir entendu dans une autre émission de télé-réalité. De tout ce qu'elle porte, il n'y a que les bottes qui ne soient pas neuves. Le débardeur à lui seul coûtait 68 $. À l'exception des bottes, Priscilla a payé avec sa carte de crédit l'intégralité des frais consacrés à sa toilette, pour un total de

370 $, c'est-à-dire ce qu'elle gagne en quarante et une heures, soit presque un mois de travail pour elle, étant donné qu'elle n'effectue que vingt heures par semaine et, bien sûr, elle a utilisé cette carte pour régler d'autres dépenses, et des dépenses, il y en aura encore, et ce n'est pas demain la veille qu'elle comblera le découvert de cette carte. Sauf si sa candidature est retenue pour l'émission. Ce qui sera le cas, elle n'en doute pas une seconde.

Taylor est appelée la première, reste là-dedans dix des plus longues minutes que Priscilla ait jamais connues dans son existence tout entière. Est-ce qu'une des autres filles est restée dix bonnes minutes là-dedans ? Priscilla regrette en cet instant de ne pas avoir relevé ce détail. Les auditions sont cadencées toutes les dix minutes, mais certaines candidates sont sorties une ou deux minutes plus tôt. Les moches, remarque Priscilla. Les boudins. Elle jette un coup d'œil sur la photo qu'elle a apportée pour l'audition. Est-ce ce qu'ils veulent ? Est-ce trop sexy ? Ce n'est pas un portrait professionnel, c'est une photo d'elle qu'Ashley a prise juste avant une fête. Elle avait une frange droite, à l'époque, mais plus maintenant, espère que ce n'est pas important *Merde, merde, et si jamais ça l'était ?* Elle s'efforce de songer à autre chose, à n'importe quoi, en est absolument incapable, balaie la pièce du regard pour repérer d'autres cageots qu'elle pourrait rayer de sa liste des candidates à rappeler. Elle n'a pas tort, pour ces filles, pas tant sur leur laideur que sur le fait qu'elles ne sont pas assez jolies ou n'ont pas assez de style pour être rappelées. *Avec un peu de style, une fille toute simple peut casser la baraque*, pense Priscilla. *Elles ne le savent donc pas ?*

Enfin, Taylor ressort, affichant une expression du style *C'était strange, mais plutôt fun* et, alors qu'elle meurt d'envie de procéder à un interrogatoire en règle, Priscilla est convoquée à son tour et doit y aller. « Ne t'en va pas », murmure-t-elle à Taylor au passage. Elle se lisse les cheveux une dernière fois, puis serre la main de Ted. Le second mec de l'espace restauration n'est pas là. À la place, elle découvre un jury de quatre personnes : Ted, un autre type que Ted présente comme le directeur de casting, puis un deuxième homme et une femme qu'il désigne comme les producteurs. Priscilla sent des ondes étranges émaner du directeur de casting, peut-être réelles ou peut-être le fruit de son imagination, et elle leur sourit à tous comme jamais elle n'a souri avant ce jour. Seulement voilà, ils se contentent de lui poser quelques questions sur elle – ce qui l'intéresse, ce dont elle aimerait parler ou ce qu'elle serait disposée à faire à la télé. « *Oh, n'importe quoi* », répond-elle un peu trop précipitamment. Elle ne voulait pas vraiment dire *n'importe quoi*, genre montrer-ses-seins ou manger-des-araignées, elle voulait plutôt dire *n'importe quoi*, genre draguer-des-mecs-craquants-et-picoler. Mais elle s'abstient de le préciser. Cela aurait pu être une erreur. Probablement pas. Mais cela aurait pu. Mais probablement pas. Sans doute pas. Espérons que non.

QUATRE

À l'arrivée de Gordon au travail ce matin-là, sa secrétaire lui offre une petite plante, un bonsaï qu'elle a choisi pour la fête des Patrons. La société encourage les employés administratifs, dont les salaires sont évidemment bien inférieurs, à ne pas dépenser plus de cinq dollars pour leur supérieur à l'occasion de cette journée. C'est censé n'être qu'un geste symbolique. Âgée de quelques années de plus que Gordon, Doris, sa secrétaire, maintient cette tradition depuis trente-cinq ans. Et donc elle lui offre ce ravissant bonsaï pour le remercier ; le fait est que Gordon est un chef correct : il ne la contraint pas à rester plus tard, a noté sur son calendrier l'anniversaire de Doris, connaît le prénom de ses gosses et se montre en règle générale assez chaleureux avec elle. Mais, mais… il se comporte avec elle comme avec tout le monde et ainsi, lorsqu'elle lui donne son cadeau, il réagit de la manière suivante : « Oh ! Un bonsaï ! Saviez-vous que l'origine du bonsaï remonte aux premiers temps de la culture égyptienne ? Bien sûr, on l'associe plus naturellement au Japon et au concept de *wabi-sabi*. Vous avez sans doute entendu parler du wabi-sabi – comment décrire cela ? Eh bien, c'est une sorte de reconnaissance du caractère transitoire des choses. À cet égard, il est presque étonnant que le bonsaï ait pu gagner une quelconque popularité en Amérique, puisque nous sommes bien connus pour notre culture du jetable. Saviez-vous qu'il y a au palais impérial de Tokyo un bonsaï qui date du XVIIe siècle ? Vous vous rendez compte ! On utilise souvent des fils de cuivre pour guider la croissance de l'arbre et lui faire prendre la forme désirée. Et il existe une multitude de formes différentes. » Gordon lève le pot pour examiner le bonsaï sous toutes ses coutures. « Je ne saurais dire si celui-ci est un tronc droit formel ou informel, mais ce n'est manifestement pas un multitronc. Il va falloir que je lui trouve un emplacement ensoleillé. »

Gordon a l'intention de glisser un merci quelque part au milieu de tout cela, sauf que, le temps de terminer, il a oublié. Doris hoche la tête et sourit, mais à la moitié de l'exposé sur les bonsaïs, elle commence à trier le courrier du matin, jetant les prospectus pour ne remettre à son employeur que les lettres qu'il a besoin de lire.

À présent, la journée de Gordon est sur le point de prendre un tour étrange.

Planté devant le rayon traiteur de l'un de ses magasins, où il envisage de prendre du taboulé pour son déjeuner, il en profite pour donner au chef qui l'a préparé quelques informations sur ce mets. « Saviez-vous qu'à l'origine le taboulé était une spécialité des régions montagneuses du Liban, mais qu'il existe également des versions turques et arméniennes de ce plat, dans lesquelles on met plus de persil que de boulgour ? En outre, une idée fausse assez répandue, curieusement, veut que le boulgour soit la même chose que le blé concassé, alors qu'en fait il est en général simplement blanchi. » Le cuisinier guette dans le discours de Gordon une partie qui comprendrait le mot « grammes ». Tandis que Gordon continue de parler du boulgour, une femme qui attend derrière lui reconnaît sa voix et se penche sur le côté pour mieux voir sa figure.

— Gordon ! s'exclame-t-elle, le sourire aux lèvres. Il me semblait bien que c'était toi.

Gordon aurait juré ne l'avoir jamais vue auparavant. Il prétend souvent qu'il n'oublie pas un visage, ce qui d'ordinaire est exact, bien qu'il lui arrive exceptionnellement de ne pas se rappeler un nom, mais ce visage-là et le prénom qui va avec lui sont totalement étrangers.

— Pardonnez-moi, mais nous nous connaissons ?

Il suppose qu'ils ont dû se rencontrer à l'occasion d'une réception, voire d'un séminaire de formation de l'entreprise, qu'elle est quelqu'un qu'il ne connaît que vaguement. Gordon est peut-être pédant, mais il est poli, et il espère qu'ils n'ont pas eu une relation tous les deux, ce qui serait gênant. Mais bien sûr, c'est précisément le cas. La femme se présente comme Trudy.

« Oh, mais oui, mais oui », dit Gordon, sauf que ce n'est pas *mais oui*. Gordon et Trudy avaient été dans la même classe, en licence, et ils étaient sortis ensemble pendant l'intégralité de ces neuf mois, mais voilà qu'aujourd'hui il ne la remettait pas. C'est dur à croire, presque impossible, et pourtant, à l'expression de Gordon, nous comprenons que c'est vrai à cent pour cent. Et à celle de Trudy, qu'elle a du mal à le croire elle aussi.

— Tu me fais marcher, là ?

Gordon, à qui les mots manquent rarement, ne sait que dire. Il ne la fait pas marcher. Il lui semble même avoir la bouche ouverte, mais sans en être tout à fait certain.

— L'année de licence ? À __ Hall ? Les pichets de bière et les parties de fléchettes au *Rat* ? Le frisbee dans la cour ?

Gordon se remémore très bien ces détails-là, mais sans établir le lien avec Trudy. C'est une femme séduisante, incontestablement, songe-t-il en regardant ses grands yeux marron, les vagues de cheveux noisette qui reposent sur le haut de ses épaules, la taille fine, les chevilles délicates perchées au-dessus d'une paire d'escarpins à talons hauts. Elle avait l'allure de quelqu'un avec qui il aurait *aimé* sortir, aucun doute là-dessus. Mais nul souvenir de cette femme ne lui revient.

— Pour la Saint-Valentin, tu m'avais offert une grenouillère rouge ? Je t'avais offert *Feuilles d'herbe* de Walt Whitman ? On est allés dans ce petit restaurant français et, sur le chemin du retour, il s'est mis à pleuvoir et on s'est abrités dans un gros tuyau en ciment en attendant que ça s'arrête ?

Trudy ne précise pas qu'ils s'y étaient embrassés, ne peut pas concevoir que les réminiscences de Gordon ne se réveillent pas à la simple mention dudit tuyau, mais c'est pourtant ce qui se produit.

— Tu plaisantais toujours en disant que notre chanson préférée était *Why Don't We Do It in the Road*[1] ? J'habitais un premier étage, tu descendais toujours par l'échelle de secours, tu étais tombé une fois, ma camarade de chambre s'appelait Sheila ?

Sheila, Gordon s'en souvient – la fille sexy et bien roulée qui avait pris un semestre durant des cours de danse du ventre. Sheila, sur laquelle il avait passé beaucoup de temps à fantasmer.

1. Chanson des Beatles, dont le titre peut être traduit par : « Pourquoi est-ce qu'on ne le fait pas dans la rue ? »

— Sheila, celle qui faisait la danse du ventre ?

Sa figure s'illumine un peu à cette évocation, ce qui a l'air de déplaire à Trudy. Ils demeurent tous les deux silencieux quelques instants.

— OK, conclut-elle. Bon, eh bien à bientôt. Prends soin de toi.

— Toi aussi, Trudy, réplique-t-il en veillant à prononcer correctement son prénom, à tel point que c'en est non seulement flagrant, mais bizarre.

Trou-dii. Trouuu-deee. Il entend le mot tourner en boucle dans sa tête pendant un moment et regrette alors de ne pas l'avoir invitée à prendre un café, juste par politesse, non pour flirter, bien sûr ; il est marié. Peut-être qu'autour d'un café, il se serait rappelé.

Ce trou de mémoire inquiétera Gordon, qui consacrera un temps considérable à ruminer l'incident. Revenu dans son bureau après cette rencontre, il griffonne une liste de liaisons antérieures à Jean pour tenter de raviver ses souvenirs :

* Jeu du baiser catastrophique en CM2 – Debbie Olsop
* Tammy Micklin en seconde, soir du bal du lycée
* Épouvantable rancard avec l'inconnue au furet
* Rendez-vous regrettable sur petite annonce perso
* Ellen, string apparent au-dessus de la jupe, sentiments non partagés

Mais il demeure un vide visible et troublant entre la seconde et l'âge adulte. Il n'avait jusqu'alors pas établi de lien entre l'amnésie partielle de son père et ce qu'il vivait en ce moment, mais à présent que ce pas était franchi, il n'allait pas lui être aisé de revenir en arrière. Il n'allait pas parler de cela à sa femme, parce qu'ils n'évoquent jamais leurs histoires d'amour anciennes (ou présentes). Il allait prendre la manie de soumettre inlassablement à ses collègues de travail, à ses amis, à tout le monde, en fait, un scénario hypothétique : « Imagine que tu es abordé par une personne qui prétend que vous avez vécu ensemble des choses, dont elle te fournit des détails précis et plausibles, mais que, malgré ces détails précis et plausibles, tu n'associes pas dans tes souvenirs ces événements-là à cette personne-là, tout simplement parce que tu n'as aucun souvenir de la personne. » Gordon obtient un certain nombre de réponses différentes à cette question, dont aucune ne lui paraît particulièrement utile. « Ça m'arrive tout le temps. C'est juste MRQD, voilà ce que c'est, lui dit Doris. Me rappelle que dalle. » (Doris adore cette expression, *MRQD*, n'a jamais rien entendu de plus drôle.) « Pas de quoi s'inquiéter », le rassure-t-elle. Priscilla ne comprend pas la question. Elle détache les yeux de son téléphone portable juste assez longtemps pour lâcher : « Mais de quoi tu me parles, p'pa ? », mais pas assez pour attendre la réplique. Il commence à redouter que sa mémoire ne le trahisse dans d'autres domaines sans qu'il s'en rende compte, que son savoir, qui est pratiquement la chose la plus importante à ses yeux, ne finisse par lui échapper en s'écaillant par petits bouts, qu'un beau jour il ne se réveille en étant totalement amnésique, et qu'adviendrait-il alors ?

CINQ

Bon, cette partie de l'histoire est glauque. Voilà que l'amoureux de Jean, l'autre homme, le bon James, se donne la mort. Inutile de présenter la chose avec délicatesse. Il se pend. Merde, il n'y a rien de délicat là-dedans. Jean le découvre de la pire des façons.

Elle et James avaient rendez-vous chaque vendredi à l'heure du déjeuner, au bungalow qui lui servait d'atelier. Ils se retrouvaient souvent dans cette cabane située près du lac, à moins de deux kilomètres de chez elle, mais le rendez-vous du vendredi était rituel. James n'avait pas de cours l'après-midi et Priscilla travaillait. Ce jour-là, Jean arrive donc au bungalow comme d'habitude, mais elle découvre un mot scotché sur le battant, un bout de papier plié, sur l'extérieur duquel est inscrit APPELLE POLICE SECOURS ET VA-T'EN. Au début, son esprit n'envisage pas vraiment le pire, mais cet étrange message est de mauvais augure, et puis elle ne reconnaît pas l'écriture de James ; comme la porte est close, qu'il ne répond pas lorsqu'elle frappe et que les stores sont descendus, elle finit par décoller la feuille pour la déplier et voir ce qui est écrit. *Je suis désolé*. C'est tout. Cette fois, elle n'imagine que le pire. Elle n'a qu'une seule pensée – qu'il veut peut-être rompre avec elle –, parce que cette pensée-là est légèrement meilleure que l'autre, celle qui voit « Je suis désolé » et « APPELLE POLICE SECOURS » fusionner en quelque chose pour quoi elle n'est absolument pas préparée. Elle essaie de glisser un regard à travers les stores, mais tous sont baissés, ce qui n'est pas entièrement inhabituel les jours où elle vient ; découvre enfin l'unique lamelle cassée, amputée de quinze centimètres par lesquels elle peut jeter un coup d'œil à l'intérieur. L'ouverture n'est pas à la hauteur idéale, environ au menton de Jean, qui doit plier un peu les genoux pour voir ce qu'elle n'était pas censée voir : James pendu à une poutrelle transversale au milieu de la pièce.

Cet entrait avait plus d'une fois été le sujet de discussions entre Jean et James, du fait de sa structure particulière, qui évoquait un joug – trois barres en fer forgé qui se rejoignaient au centre du plafond voûté, formant un T à l'envers, l'une suspendue au faîte, les deux autres fixées à deux murs opposés, les trois accrochées à un anneau de la taille d'une assiette au point médian de ce triangle. Jean et James lui avaient toujours trouvé un certain charme, mais aussi un côté amusant ; allongés sur le lit à une place du bungalow, avec son couvre-lit bleu côtelé, ils contemplaient l'assemblage en se demandant : *Était-ce là ce que le constructeur avait imaginé de mieux pour empêcher les murs de s'effondrer ?* Il n'est pas exagéré de dire que Jean sera désormais incapable d'effacer de son esprit l'image de son James chéri pendu à l'entrait, les pieds à moins de trente centimètres du sol.

Jean tombe à genoux. Elle a l'impression d'avoir la nausée. Elle est trop choquée pour pleurer, a la sensation d'avoir reçu un coup de pied dans le ventre. A la sensation qu'elle ne peut pas respirer, qu'elle va vomir par les yeux. Comment a-t-il pu lui faire cela ? Appelle police secours ? Va-t'en ? Comment a-t-il pu la mettre en situation d'avoir à gérer cette histoire ? Attendait-il la venue de quelqu'un d'autre ? Ils avaient rendez-vous. Comment pourrait-elle bien s'en aller comme si de rien n'était ? A-t-elle le choix ? Elle n'est pas préparée à avouer à Gordon, pas préparée à entrer par effraction dans la cabane, pas préparée à chercher comment elle pourrait décrocher James. Elle se remet debout tant bien que mal et observe de nouveau par la latte brisée. Peut-être que ce n'est pas vrai, peut-être que ce n'est pas vrai. Après un dernier regard, elle clôt les paupières, perçoit les larmes qui lui montent aux yeux, puis fait ce qui était demandé. Elle s'éloigne et repart en voiture pour aller appeler police secours d'une cabine téléphonique. Un appel anonyme, bien sûr. Elle invente un faible mensonge, trop accablée pour songer à autre chose qu'à une découverte inopinée au cours de son jogging, ajoutant qu'elle ne souhaitait pas être mêlée à cela. Elle ne leur raconte pas ce qu'elle a vu, mais insiste sur le caractère urgent avant de raccrocher.

Un suicide par pendaison fait naturellement l'objet de moult commérages ou discussions, et celui-ci ne faillit pas à la règle. Jean est donc plutôt ravagée maintenant ; beaucoup, même. Dans sa tête, en tout cas. Elle est déboussolée. Elle s'efforce toutefois de n'en rien montrer, parce que personne n'est censé savoir qu'elle l'est, évidemment. Jean doit même feindre d'ignorer la nouvelle jusqu'à ce qu'elle paraisse dans le journal du lendemain. Elle réussit assez bien à dissimuler qu'elle feuillette le quotidien pour y chercher cette information en particulier, mais quand celle-ci se présente sous la forme d'un petit article des pages Agglomération intitulé « Le professeur bien-aimé retrouvé mort », elle ne peut s'empêcher de fondre en larmes à la table du petit déjeuner. Gordon lui demande ce qu'il y a et Jean fait de son mieux pour se comporter comme si elle venait de l'apprendre. Elle doit cependant procéder à un sérieux recadrage mental avant de savoir quoi lui répondre.

— C'est James, de mon club de lecture, déclare-t-elle lentement, d'une voix si bizarre qu'elle ne semble pas être la sienne. Il est mort.

— Oh, non ! s'exclame Gordon. Mais c'est terrible ! Que s'est-il passé ? Il ne devait pas être très âgé. Était-il malade ?

Jean marque une autre pause, durant laquelle elle réfléchit aux divers sens du mot « malade ».

— Ils disent qu'une autopsie sera pratiquée, mais qu'apparemment il s'est donné la mort, explique-t-elle en secouant la tête.

Est-ce ainsi que se traduit le chagrin pour un ami du club de lecture ? Elle n'en sait rien. Elle a l'impression que rien ne va dans son attitude.

Bien sûr, tous les membres du cercle le connaissaient et il n'est donc pas surprenant que le téléphone se mette à sonner juste au moment où Gordon allait se lancer dans l'une de ces exégèses dont il a le secret. Son amie Margot, qui vient de lire le journal, exprime elle aussi son choc et dit à Jean : « Je sais que vous étiez proches, tous les deux », réflexion qui provoque une légère augmentation de son rythme cardiaque et lui donne envie d'abréger la conversation ; mais Margot a visiblement besoin d'en parler, car elle ajoute : « Ce n'est peut-être pas si étonnant, quand on pense que son choix était *La Conjuration des imbéciles*. »

Dans un premier temps, Jean ne voit pas du tout ce que Margot entend par là. « Qu'est-ce que tu dis ? » demande Jean à son amie, sentant la chaleur lui enflammer le visage. Margot développe : elle a toujours trouvé intéressant qu'il ait choisi un livre écrit par un type qui s'est suicidé. « Ça signifie quoi alors, à ton avis ? » Jean élève la voix, mais se maîtrise avant d'avoir atteint le stade du hurlement. Elle n'a jamais été du genre à crier, néanmoins elle devine en elle un étrange bouillonnement. « Eh bien, si tu pensais que ça avait une signification, Margot, pourquoi ne l'as-tu pas évoqué à ce moment-là ? » Margot répond que c'est juste qu'elle trouvait cela intéressant, rien de plus. Jean brûle de lui faire remarquer que, lorsqu'ils avaient lu *La Cloche de détresse*, personne n'avait songé qu'Alisa était suicidaire ; toutefois, elle a conscience qu'il lui sera très difficile de poursuivre cette idée sans se compromettre. Elle se contente donc de prétexter qu'elle doit partir avant de raccrocher. Se rendant compte qu'elle est bouleversée, Gordon pose une main sur son épaule, mais elle se lève brusquement, arguant qu'elle devait aller se doucher.

Au cours des jours suivants, Gordon débite plusieurs discours sur la nature du suicide, sur le rapport entre le métier de James et le suicide (un savoir acquis à l'époque où il avait travaillé au pavillon psychiatrie de l'hôpital), ainsi qu'une digression sur le pour et le contre de certains médocs. Jean essaie de glisser un commentaire de-ci de-là sans pleurer, sans employer trop d'expressions qui dépassent le cadre de la compassion universelle, un commentaire dans le style de celui que pourrait faire n'importe qui, « Quel malheur », ce genre de truc, mais elle a la sensation que c'est cousu de fil blanc.

« Certes, dit Gordon, il est bien connu qu'il y a un taux de suicide plus élevé chez les artistes. De nombreuses recherches établissent le corollaire entre ce domaine d'activité et la dépression. Toutes affirment qu'il y a toujours des signes, pour qui sait les reconnaître, comme le fait d'éviter les autres et de donner ses biens. » Quand il parle, Gordon a souvent cette manie avec les mains – c'est un peu dur à décrire, mais imaginez : il écarte au maximum ses dix doigts, lesquels sont parfois repliés à l'exception du pouce et de l'index, mais sans la moindre intention d'indiquer quoi que ce soit par ce geste, même s'il lui arrive de temps à autre de désigner malgré tout quelque chose du doigt (ce qui a le don d'exaspérer Priscilla) ; les coudes sont légèrement refermés et il y a une grande activité des poignets, un peu comme s'il considérait qu'agiter les bras serait trop théâtral, comme si limiter les mouvements aux mains était d'une manière ou d'une autre plus digne. Ces gesticulations exaltées sont exactement le type de chose que vous trouvez séduisante chez une personne lors d'un premier rendez-vous – *Oh, il est si expressif avec ses mains !* et tout le tralala –, mais qui, plus tard, a de très fortes probabilités de devenir l'un de ces tics que vous jugez bizarroïdes, affectés ou tout simplement agaçants. En ce moment, c'est tout cela pour Jean, avec l'agacement qui monte encore d'un cran pour se hisser au dernier palier avant la fureur. Lorsque son mari fait cela, Jean écarquille les yeux et tente de se projeter ailleurs mentalement – à Maui ou à Malibu, des endroits dont elle a entendu parler à la télé, paisibles et battus par le ressac –, parce que, si elle l'écoute, disons qu'elle a envie de crier et de fondre sur lui armée d'un attendrisseur. Il n'y a pas eu de signes. Elle n'a vu aucun signe. Aucun. Pas un seul. Si, il y en a eu, il y en a eu un, quand elle était arrivée au bungalow et qu'elle l'avait découvert pendu, putain. C'était ça, le signe.

SIX

La cérémonie en hommage à James, la plus intime à laquelle Jean ait jamais assisté, se tient chez son frère, dans le jardin de derrière, en compagnie de ses parents, de quelques élèves et collègues, ainsi que du club de lecture. Moins une. Lorsque Jean interroge Margot sur l'absence d'Alisa, l'amie manquante, sa copine lui rapporte qu'Alisa « se sentirait mal à l'aise ». À ces mots, Jean cligne nerveusement des yeux et se demande où son amie est allée chercher l'idée que l'on organisait des funérailles pour qu'on se sente à l'aise. Mille réflexions amères lui viennent, dont aucune n'est terriblement intelligente. *Nous n'allons pas dans un spa*, pense-t-elle. *De tout le monde*, songe Jean, *c'est bien moi qui aurais le droit de m'enfermer dans ma salle de bains.*

Hal, le frère cadet de James, est le premier à prendre la parole. Il sanglote beaucoup, par intermittence, évoque l'admiration qu'il avait toujours eue pour son frère, décrit le combat que celui-ci avait mené des années durant contre la dépression, mentionne sa première tentative de suicide, lorsqu'il était à la fac, explique que ses parents avaient fait absolument tout ce qui était en leur pouvoir, ou du moins le croyaient-ils. Inutile de dire que Jean est stupéfaite d'apprendre tout cela. James ne lui avait jamais parlé de sa dépression, n'avait jamais laissé penser qu'il puisse être déprimé, et de découvrir qu'en réalité, il avait déjà essayé de se suicider une fois est pour elle un véritable choc. Jean commence à se demander si, ignorant cet aspect crucial, elle le connaissait vraiment, au fond.

L'une de ses élèves de seconde, en larmes, raconte combien M. D vous encourageait toujours, même si vos talents artistiques étaient modestes, comme c'était le cas pour elle, et à quel point sa passion pour l'art l'avait inspirée, lui montrant comment celui-ci rapproche les individus et pouvait, ben, vous transformer. Mott se faufile jusqu'à la fille, puis se couche à ses pieds pendant son discours et, baissant brièvement les yeux sur lui, elle affiche un sourire triste avant de rapporter que M. D leur parlait souvent de son chien, Mott the Hoople, auquel il avait donné le nom d'un groupe qu'il écoutait quand il était jeune, et qu'un jour, il l'avait emmené à un cours, pendant lequel l'animal avait déclenché l'hilarité générale en renversant un pot de peinture avec sa longue queue. Puis Hal se lève et annonce qu'il faut trouver un foyer à ce chien, car son épouse est allergique et que ses parents ne peuvent pas le prendre. Jean sait aussitôt qu'elle va repartir chez elle avec Mott the Hoople.

Au buffet, Jean et ses amis du cercle de lecture présentent leurs condoléances à la famille. Être dans l'impossibilité d'échanger avec cette dernière au sujet de sa relation avec James est terrible pour elle. Elle a la vision d'une existence totalement différente : celle qu'elle aurait pu avoir avec ces gens-là comme belle-famille. Elle comprend aisément d'où James tenait une grande part de ce qu'elle aimait chez lui, même si la tristesse creuse sur le visage de ces personnes de nouvelles rides qu'elle voit presque se former à vue d'œil. Elle serre Hal dans ses bras au-delà du convenable. Il a la même odeur que James, un vague mélange de térébenthine et d'herbe. Ils discutent de Mott ; elle lui assure que les gosses l'adoreront (à moitié vrai seulement), que son mari n'y verra pas d'objection (elle n'en a aucune idée, s'en fiche éperdument en cet instant) et elle quitte la cérémonie en hommage à son amour avec un chien de cinquante-cinq kilos.

Comme elle s'y attendait, les réactions sont partagées lors de son retour à la maison avec l'animal. Otis est aux anges. Priscilla, sourcils dressés, prévient : « Que cette bête baveuse ne mette pas ses sales pattes dans ma chambre. » Vivian s'exclame : « Oh, juste ciel ! » Theodore ne dit pas grand-chose, mais tend une main tremblotante, que Mott vient renifler avant de lui lécher la figure, ce qui lui provoque un éclat de rire. Quand il était gamin, Theodore avait eu plusieurs chiens, dont aucun ne faisait le quart de celui-ci, et il est enchanté d'avoir un animal à la maison. Gordon demande une ou deux fois pourquoi il ne s'est trouvé personne d'autre pour le recueillir, mais il est encore déstabilisé par l'incident avec Trudy, ce qui n'est pas plus mal, car Jean sait qu'elle a pris la décision seule, de manière directive, sans se soucier des desiderata de Gordon en la matière. Il n'insiste donc pas et se contente de discourir sur la façon dont il convient de s'occuper d'un chien, de le nourrir, agrémentant son speech de ce qu'il connaît sur les mastiffs avant de conclure qu'il n'y a pas de problème, du moment qu'il ne couche pas dans leur lit.

Le lendemain de la cérémonie, Jean passe chez Hal pour récupérer le panier de Mott, entre autres choses, et elle s'attarde – un peu lourdement – pour une dernière fois humer profondément l'odeur familière de Hal. En réalité, bien qu'allant souvent somnoler dans son panier, Mott n'allait pas tarder à prendre l'habitude de dormir dans le lit de Jean et de Gordon. Non qu'il n'y ait pas la place pour cela : c'est un lit king size et ils se couchent avec un espace béant entre eux. (Il est vrai qu'ils n'ont pas eu de relations sexuelles depuis plusieurs années – depuis bien avant son idylle avec James, en fait.) Guère ravi par ce compromis, Gordon exprime son désaccord à Jean, qui lui répond d'un ton impassible : « Quelle différence cela fait-il ? » Cette réplique laisse Gordon sans voix : là, elle l'a coincé et ce qu'il s'abstient de dire – ce qui n'est qu'une simple ébauche de pensée –, c'est qu'il aspirait à les voir se remettre à faire l'amour ensemble un de ces jours. Mais la vue de Jean et du mastiff douillettement pelotonnés l'un contre l'autre ne l'incite pas à l'optimisme là-dessus, ni même à caresser l'espoir de pouvoir, une nuit, se pelotonner lui aussi contre sa femme, ce qui a l'air extrêmement agréable, et, comme pour tous les sujets qui touchent à leur mariage, Gordon demeure silencieux. Ils se retrouvent sur ce point.

SEPT

Un matin, peu après cet épisode, Otis reste à la maison au lieu d'aller à l'école car il est malade. Lorsque Jean lui demande où il a mal, il répond : « Chais pas, un peu partout », ce qui, elle le sait, signifie plus ou moins *nulle part en particulier*, mais comme elle se sent un peu seule ce jour-là, elle lui accorde une journée pour son bien-être psychologique. Jean a plus que jamais conscience que tout le monde en a besoin de temps en temps. Elle-même prendrait bien volontiers une semaine, un mois, une vie pour son bien-être psychologique. Elle prépare à Otis une soupe à la tomate ainsi qu'un sandwich au fromage frais, tartiné sur du pain de mie dont elle enlève la croûte, avant de le découper en carrés qu'elle dispose sur un plateau avec quelques cookies et un verre de lait pour ensuite monter le tout dans sa chambre, où il travaille sur une nouvelle grille de mots croisés, allongé sur son lit, Mott roulé en boule à ses pieds.

Otis est devenu un assez bon verbicruciste, qui conçoit le motif de ses grilles et crée ses définitions, quoique, dans l'ensemble, celles-ci s'adressent à un auditoire particulier (sa famille) et ne marcheraient pas pour un public plus large. Sans surprise, la définition horizontale du 21 – « Ce que j'en ai marre d'entendre chaque jour » – et sa bonne réponse – « TARÉ » – préoccupent Jean, qui engage avec lui une conversation tournant principalement autour du thème de la dépression et dans laquelle Jean est à l'affût de signes, afin de déterminer si Otis souffre de quelque chose de plus sérieux que des classiques répercussions des chamailleries entre frère et sœur, quelque chose dont elle aurait lieu de s'inquiéter, étant donné l'épreuve qu'elle venait de vivre sans avoir su – si elle doit s'en fier aux réactions de Gordon, de son club de lecture et de l'ensemble des médias locaux – en lire les présages. L'anxiété de Jean s'est tellement accrue ces derniers temps que même ce qui peut sembler innocent ou positif apparaît à ses yeux comme un possible signe avant-coureur de suicide : un goût marqué pour les bananes, un engouement soudain pour une sitcom nulle, le silence de la part de sa fille au lieu d'une remarque sarcastique.

Plus tard dans la semaine, sur le chemin qui les ramène de l'école à la maison, Otis apprend à sa mère qu'il se pouvait qu'en quelque sorte, enfin disons que peut-être plus ou moins, il aime bien une certaine fille, mais sans doute pas. Sans doute pas, mais disons que peut-être plus ou moins. Mais sans doute pas. Mais disons que peut-être plus ou moins.

— Vu que c'est une fille et tout ça.

— Oh, c'est merveilleux, mon ange ! Parle-moi d'elle.

Otis ne possède pas le vocabulaire pour décrire l'espèce de ballottement qu'il ressent dans le ventre quand il la voit, n'est en réalité pas sûr du tout de ce qu'il éprouve pour le moment. Ils ont à peine échangé quelques mots.

— Chais pas. Elle a deux queues-de-cheval.

Il ne précise pas que ces dernières se terminent par deux torsades luisantes comme des petits Slinky[1] parfaits et doux, ni que chaque jour il doit réprimer son envie de tirer délicatement dessus rien que pour les voir remonter.

— Tu veux dire des couettes ? Comme des queues de cochon ?

— Oui, peut-être.

Otis réfléchit une minute à la différence entre la queue d'un cheval et celle d'un cochon, mais ne parvient pas vraiment à transposer cette image aux cheveux d'une fille.

— Comment s'appelle-t-elle ?

— Caterina.

Aux légères inflexions dans la voix d'Otis lorsqu'il prononce ce prénom, à sa façon de détacher chaque syllabe distinctement (pour être sûr que sa mère ne comprenne pas Katrina – il entend presque tous les jours Caterina reprendre les gens là-dessus), Jean sait tout ce qu'elle a besoin de savoir.

— C'est un joli prénom.

Otis hoche la tête tout en haussant les épaules.

Jean évoque à Otis le premier garçon qui lui avait plu, quand elle avait à peu près le même âge que lui, et Otis dresse l'oreille, y voyant l'éventuelle promesse que sa situation n'était peut-être pas si désespérée que cela (même si tout indique qu'elle l'est : Caterina, la fille qu'en quelque sorte, enfin disons sans doute, il aime bien, ne lui a jamais adressé plus d'un mot ou deux).

1. Jouet en forme de ressort, appelé aussi Ondamania, capable de descendre les marches d'un escalier une fois le mouvement amorcé.

De but en blanc, Jean enchaîne sur des réflexions au sujet de l'amour qui se rapportent très clairement à sa relation avec James.

— L'amour est – c'est une chose, Otie, une chose qui n'est pas toujours conforme à l'idée que tu t'en fais.

Non seulement cette pensée est beaucoup trop abstraite pour Otis, mais elle l'amène à imaginer qu'elle parle de son papa, ce qui n'est pas précisément le cas. Elle a bien l'intention de raconter à Otis sa rencontre avec Gordon, sauf que les histoires de ses deux amours ne tardent pas à s'entremêler.

— La première fois que j'ai rencontré ton père, explique-t-elle à son fils, j'étais littéralement subjuguée par lui, comme on dit. Je trouvais qu'il avait tellement de connaissances et qu'il était si beau, dans son genre, et moi j'étais si jeune. Le temps a le chic pour changer les choses telles que l'amour, qui aujourd'hui n'a pas le même sens qu'à l'époque – c'est une forme de stabilité, si on veut. C'est une sorte d'amour. James m'a rappelé une autre forme que pouvait prendre l'amour.

Otis est évidemment déconcerté par l'irruption du prénom James. « James ? Papa s'appelle Gordon », relève-t-il d'une voix blanche, comme si elle s'était vraiment embrouillée et rien d'autre. Otis s'embrouille lui-même tout le temps. Jean marque une pause et scrute le visage de son fils. Elle y décèle un signe – nous ignorons pour l'heure si c'est une réalité ou s'il est peut-être trop tôt pour que nous nous autorisions à porter un jugement ou dieu sait quoi encore, mais elle lit dans ses yeux une indication qu'elle interprète comme « Je comprendrai et garderai totalement confidentiel tout ce que tu me diras ». Non que ce soit une mauvaise appréciation, d'ailleurs, mais c'est juste que cela a pour Otis une signification assez différente de celle qu'elle a pour Jean et que, comme il ne connaît rien ou presque au sujet du sexe ou des choses de ce genre, s'il attend une quelconque confidence de sa mère, c'est sans doute dans le registre « Oh, ne le dis pas à ton père, mais le gâteau au chocolat qu'il aime tant, ce n'est pas moi qui le fais : je l'achète au supermarché ».

Sauf que ce n'est pas ce qu'il se figure. Ce que Jean entreprend de révéler à son jeune fils, c'est qu'elle a fait la connaissance d'un homme prénommé James et que cet homme est mort et qu'il était un ami très proche et qu'à présent elle est profondément triste. Voilà ce qu'elle lui confie tout de go. Otis réagit par un hochement de tête empreint de gravité. Il avait appris le sens du mot « mort » deux ans plus tôt, lorsque sa tortue Bishop avait cessé de bouger, mais il n'a pas encore une idée très claire de ce que tout cela peut représenter en réalité – l'amour, la mort, le sexe : de grandes inconnues, pour lui. Par bonheur, comme Otis n'a toujours pas eu sa première érection, la partie sexe est absente de l'équation. Il ne semble pas non plus être le moins du monde traumatisé par le fait que sa mère ait passé du temps avec un autre homme, du moins est-ce l'impression que Jean a, ce en quoi elle ne se trompe pas. Pour l'instant, en tout cas, la pensée que ce scénario pourrait éventuellement enlever sa mère du tableau – voire créer un second tableau, dans le cadre duquel lui, les membres de sa famille et un nouvel homme inconnu entreraient et sortiraient à leur guise – ne lui est pas encore venue à l'esprit. Pour l'heure, ce n'est qu'une bribe d'information qui, aux yeux d'Otis, apparaît seulement comme une espèce de fait mouvant, avec bien peu d'impact direct sur lui. Et en fait il n'a plutôt pas tort sur ce point.

Bon, OK. Mais, ce jour-là, ce que voudrait surtout savoir Otis, c'est le rapport que cela pourrait avoir avec lui, en quoi cela pourrait l'aider dans l'intérêt qu'il porte à Caterina, la fille au casier voisin du sien, à l'école. Cette précision ne lui est pas dévoilée et peut-être ne le sera-t-elle jamais. Jean prépare le dîner pour la famille. Gordon épilogue sur la différence entre la patate douce et l'igname. Theodore se lève au milieu du repas pour aller prendre un bâtonnet de glace à l'eau, mais Jean lui rappelle qu'il n'a pas terminé, alors il revient à la table d'une démarche traînante. Vivian, comme toujours, ne mange que la moitié de ce qui est dans son assiette. Les tentatives de ne lui servir que des demi-portions ont eu pour unique effet de l'inciter à n'en manger que la moitié. C'est ainsi qu'elle veille à sa ligne, voyez-vous. Priscilla passe la plus grande partie du souper avachie sur sa chaise à envoyer des SMS, tandis qu'Otis affiche son expression habituelle d'étrangeté empreinte de sérénité. Avec peut-être un tantinet de nervosité, parce qu'il songe à Caterina et à sa manière de mâchonner l'extrémité de ses couettes pendant les cours de sciences, où elle s'ennuie un peu. Quoi qu'il en soit, il demeure imperturbable. Et bien sûr, comme elle l'est depuis le décès de son amour secret, Jean est ailleurs.

HUIT

En dehors des repas, l'une des rares occasions où la famille se rassemble (qualifier le protocole de leurs relations à table de convivial serait impropre), est lorsque Gordon convoque tout le monde pour jouer avec les grands-parents après le dîner, ce qui se produit une ou deux fois par semaine. En général, Priscilla souffle pour manifester sa mauvaise humeur, mais rejoint malgré tout la table : elle a toujours un petit faible pour son grand-père. Otis, lui, goûte ces réunions, car il aime chaque membre de sa famille et, même si les uns et les autres se laissent souvent distraire, il apprécie de les entendre raconter en détail leur journée. Vivian trouve habituellement une raison de se retirer plus tôt, néanmoins c'est l'une des seules activités collectives que Theodore arrive encore à pratiquer correctement. Ils jouent de temps à autre au dictionnaire, un jeu que Priscilla déteste tout particulièrement : c'est beaucoup trop dur et, comme elle a le plus grand mépris pour l'écriture, elle ne voit pas pourquoi elle devrait s'y forcer « genre pour soi-disant s'amuser », vu que ça n'a rien de marrant ; elle est toujours la dernière à terminer de rédiger ses définitions et personne ne les devine jamais. Otis, en revanche, l'adore, pense que ça l'aide pour les mots croisés, un enthousiasme que partage Gordon, bien qu'il ait toujours eu un peu de mal à assimiler le concept du jeu, lui qui a en fait tendance à essayer d'imaginer la vraie définition de chaque mot, au lieu d'en concevoir une qui trompe les autres. Mais ces derniers temps, ils se sont mis à un nouveau jeu nommé Malveillance et malice, dont le but principal est d'être le premier à se débarrasser de toutes ses cartes en les empilant essentiellement par ordre croissant les unes sur les autres.

Voici où tous vagabondent durant les soirées de Malveillance et malice. La télé est souvent allumée, alors il y a déjà ça. N'importe qui peut s'excuser du jeu pour la regarder, et c'est un choix fréquemment plébiscité. Gordon, jusqu'à l'incident avec Trudy, est aussi présent que le sont les autres, du moins dans la mesure où il y a des choses à expliquer, qu'elles aient ou non un lien avec la partie. Jean, elle, s'efforce du mieux qu'elle peut de rester présente, mais l'image de James lui apparaît sur les figures qu'elle a en main – le voici tenant un sceptre ou paré d'une couronne ou attifé d'une coiffure ridicule – et, comme le Malveillance et malice requiert plusieurs jeux, il y a un grand nombre de figures et un grand nombre de James. Entre deux tours, Priscilla envoie des textos. Mott se met en boule sous la table, où il a tout juste la place de se caser, mais il aime apparemment se trouver au milieu, à égale distance de chacun. Nous soupçonnons que James lui manque, même s'il a l'air heureux chez les Copeland, mais ce n'est qu'une supposition : nous ignorons comment pensent les chiens. Otis est normalement absorbé par la partie, sauf quand l'un de ses dessins animés favoris passe à la télé. Quant à Theodore, eh bien, parfois il est

soit une bonne idée, que d'avoir une roseraie ». La personne incriminée pince de nouveau sa bouche en un petit cercle, ainsi que nous l'avons décrit précédemment, car elle a entendu ce reproche à maintes reprises. Jean avait admiré la beauté de ces roses, mais elle n'ignorait pas ce qu'impliquait leur entretien, ni qui finirait par s'en charger. « Enfin, il me reste au moins mes saintpaulias, enchaîne Vivian. Saviez-vous que je participais à des salons dans tout le pays ? Certains de mes saintpaulias ont été primés, voyez-vous ! »

Pete connaissait déjà cette histoire, mais s'abstient de le signaler.

— C'est formidable ! s'exclame-t-il, l'air franchement impressionné.

— Il faut que vous passiez un de ces jours, mon cher, et je vous les montrerai.

— J'en serai ravi, Mme Copeland.

— Je pourrai même vous donner une bouture, si vous le voulez ! Oh, ces fleurs délicates me procurent une joie sans bornes, et je suis sûre que vous comprendrez pourquoi. Évidemment, leur entretien n'est pas très aisé.

Jean a pleinement conscience que les saintpaulias sont difficiles d'entretien, vu que c'est essentiellement à elle qu'incombe cette tâche.

Voici le petit jeu auquel elles se livrent : Vivian demande à Jean de venir chez elle pour arroser les saintpaulias (« Juste ceux qui sont trop hauts pour moi »). Ce qui représente une trentaine de plantes ; la chambre et le salon de Vivian sont littéralement envahis de saintpaulias, dont un tiers environ se trouve sur de hautes étagères (c'est-à-dire une quantité non négligeable, étant donné la petite taille de Vivian) ou dans des portes-plantes suspendus, parce qu'il n'y a pas de place ailleurs. Jean sourit et répond : « Mais bien sûr, Vivian. » Puis, une fois qu'elle aura arrosé les pots indiqués, Vivian va ajouter : « Oh, et puis ceux-ci, là-bas, commencent eux aussi à être un peu hauts pour moi. »

Et Jean dira alors : « Pas de problème, Vivian. »

Vivian évoquera ensuite une certaine plante « primée », le nouveau tailleur sur mesure qu'elle avait commandé « carrément chez *Marshall Field's*, à Chicago » spécialement pour l'occasion, le « rose Mountbatten » particulier des fleurs et le lavande profond du dessous des feuilles, le fait que ce saintpaulia primé, qui porte son nom, est encore populaire de nos jours.

Serrant les dents, Jean se forcera à sourire en glissant : « Oui, je crois me souvenir de cette histoire. »

Vivian conclura : « Oh ! Bon, ma foi. C'est peut-être bien possible, j'imagine. »

Pendant la nuit, Jean se verra en rêve entrer chez Vivian et fracasser sur le sol tous les pots jusqu'au dernier.

NEUF

À l'école, le lendemain, Otis s'attarde devant le casier où il accroche sa veste pour attendre Caterina dans l'espoir d'un échange quelconque avec elle. Il est prêt à prendre n'importe quoi, n'obtiendra rien du tout. Alors, il feint de s'activer dans son vestiaire, de récupérer des devoirs dans son cartable, de réarranger la décoration – il n'a pas vraiment réfléchi à un stratagème en particulier et, par bonheur, personne ne relève son manège –, ce qui lui laisse quelques instants pour enregistrer dans sa tête le contenu de celui de Caterina et méditer sur la signification possible de ce qui s'offre à son regard. Il voit : un sweat-shirt rose à capuche suspendu au crochet du fond ; une paire de tennis pour la gym, sagement rangées dans le bas du casier ; une boîte en plastique qui contient une tenue de rechange propre et bien pliée. (Ce qui est une recommandation pour l'ensemble des élèves, mais tout le monde n'est pas aussi ordonné. Otis a déjà porté sa tenue de rechange, conservée non pas dans une boîte en plastique, mais dans un sac à provisions, préfère ne pas évoquer la raison pour laquelle il en a eu besoin, ne l'a pas encore signalé à ses parents et n'a pas eu le cœur de la remplacer lui-même. On pourrait croire qu'il l'aurait fait, que l'attention sur l'événement aurait ainsi été détournée, mais il oublie toujours, tout bêtement. D'ordinaire, ce genre de détail aurait été remarqué par l'institutrice, mais Otis a pris grand soin de plier les vêtements de telle sorte qu'ils donnent l'impression d'être la tenue de rechange originale, non des habits déjà utilisés, et, nous le supposons, salis d'une manière ou d'une autre, bien que nous n'ayons pas plus d'informations à ce sujet. Nous savons beaucoup de choses, mais pas tout.) Rien de tout cela ne lui apporte de nouvelles données sur son amour, même si nous voilà un peu plus éclairés sur les charmes qu'elle a à ses yeux. Il a noté un léger décalage entre la méticulosité de sa personne et certains de ses petits travers, qu'il croit être le seul à déceler et à apprécier – il n'a peut-être pas tort là-dessus, mais cela ne lui fournit pas matière à faire avancer la situation avec elle. Pas seulement la manie de mâchonner ses couettes, mais aussi la façon étrange dont elle croise les pieds sous son bureau, les enroulant presque l'un autour de l'autre en un enchevêtrement qui semble pratiquement impossible. Et puis l'intérieur de son pupitre est un véritable capharnaüm, débordant de dessins, de vieux devoirs et de crayons mordillés. La réunion de tous ces éléments – le casier, le bureau, la fille – forme un tout qu'Otis juge magnifique. Il convient de dire que Caterina est incontestablement très mignonne : ses cheveux châtain clair sont soit brossés soit rassemblés en couettes, et elle porte d'élégants vêtements aux couleurs vives, toujours assortis, mais elle n'est pas tellement plus populaire qu'Otis auprès des autres élèves. Elle est d'une extrême timidité et affiche une espèce de masque impassible, qui la fait paraître un peu moins jolie qu'elle ne l'est en réalité. Sauf pour Otis. Pour Otis, cette fille n'est qu'une immense nébuleuse brillante.

Il se produit quelque chose entre Otis et Caterina, ce jour-là, ou plutôt quelque chose qu'Otis considère comme un quelque chose que Caterina, pour sa part, considère n'être qu'une broutille. Dans la cour, pendant la récréation, plusieurs mômes sont assis sur un banc qui, en fait, est sans doute une traverse de voie ferrée. Ils sont six, en rang d'oignons : quelques-uns bavardent, tandis que les autres se reposent un instant avant de foncer se replonger dans la mêlée. Otis est installé pas trop loin de Caterina ; deux ou trois gamins pourraient prendre place entre eux deux et tout gâcher, mais rien de tel n'advient. Caterina a apporté avec elle un minuscule Tupperware rempli de bonbons à la gelée Jelly Belly. Otis est certain qu'il pourrait sans difficulté engloutir en une seule bouchée le contenu de ce Tupper-ware, quel qu'il soit ; cela pour dire combien il est ridiculement petit, au point qu'il pourrait lui-même tenir dans la bouche d'un adulte – son père, mettons. Après s'être figuré un moment la scène, il reporte son attention sur Caterina et remarque qu'elle a mangé ces pastilles une par une, généralement en trois coups de dent fascinants. Comment une chose aussi microscopique peut-elle se diviser en trois bouchées ? Peut-on même sentir le goût d'une bouchée si insignifiante ? À quel degré de petitesse peut-on se rendre compte de la saveur ? Est-il même possible de mâcher la troisième de ces bouchées ? Vos dents entrent-elles en contact pour croquer cette bouchée de bouchée ou s'abaissent-elles juste pour se reposer sur ce fragment dérisoire de bonbon à la gelée, mais sans le broyer ? La bouche de Caterina est-elle si menue qu'elle ne puisse prendre plus d'un tiers de bouchée à la fois ? Est-ce juste qu'elle aime tellement ce type de sucreries qu'elle doive *à tout prix* les savourer de cette manière-là ? Voilà le genre d'interrogations qu'Otis a au sujet de Caterina.

Il reste six pastilles à la gelée dans la boîte de Caterina : deux « grenade », trois « gâteau d'anniversaire » et une « jalapeño ».

— Tu en veux ? propose-t-elle à Otis en tendant la boîte au-dessus de l'espace qui les sépare.

C'est une sorte de question sans en être une, une question neutre, et son visage ne trahit que de la façon la plus imperceptible son inappétence pour ces parfums, mais elle n'est pas fille à disserter là-dessus. Otis déploie le bras pour verser le fond du Tupperware dans sa paume, cette séquence se déroulant naturellement au super ralenti pour lui. Il voit chacune de ces merveilleuses sucreries suspendues dans l'air étinceler d'un fin halo de lumière éblouissant, absolument convaincu que toutes, sans exception, sont bénies par dieu. Otis n'a jamais pensé quoi que ce soit sur dieu jusqu'à ce moment, mais en cet instant précis, il est persuadé que dieu enveloppe ces bonbons de sa sainte lueur. Otis dit « Merci ! » avec un point d'exclamation qu'il regrette aussitôt, mais si Caterina s'en est aperçue, elle n'en laisse rien paraître. Elle se lève pour rentrer dans l'école, sans arborer la moindre expression. Tandis qu'il la regarde s'éloigner, Otis serre les bonbons dans sa main et imagine que Jack avait dû ressentir la même chose avec son haricot, que ses pastilles bénies sont elles aussi magiques et qu'elles germeront certainement pour donner une tige géante, simplement par la grâce de leur contact avec les doigts de Caterina.

Que faire, à présent ? Les manger ? Il en meurt d'envie. Il pourrait en dévorer quelques-unes et garder les autres. S'il les avale, ce serait comme si elle était pratiquement tout le temps avec lui, à jamais. (Du moins jusqu'à ce qu'il fasse caca. Existe-t-il un moyen pour tout garder à l'intérieur ? Est-ce possible ? Et d'abord, pourquoi faut-il que nous fassions caca ?) Ou il pourrait juste les mettre de côté afin de pouvoir les contempler. Les conserver dans un endroit spécial. Leur construire une étagère, ou alors un piédestal. Ou six petits piédestaux. Avec de la lumière sur chacun, comme dans un musée. Mais c'est plus fort que lui. Il doit impérativement manger au moins un de ces bonbons à la gelée en trois coups de dent. Il a trois « gâteau d'anniversaire ». Il va en déguster un. S'il ne consomme qu'un seul « gâteau d'anniversaire », il lui en restera encore deux ; il pourrait même prendre deux « gâteau d'anniversaire » et un « grenade », qu'il conserverait malgré tout un de chaque, pour pouvoir dire « Ce sont les parfums que Caterina m'a donnés ». Alors il attaque le « gâteau d'anniversaire ». Il croque ce qui lui semble correspondre à un tiers de la pastille. Il ne ressent pas une énorme explosion de saveur avec une si modeste quantité de bonbon, mais suffisamment quand même pour qu'il comprenne les raisons qui ont poussé Caterina à écarter ce parfum-là. Avec un tel nom, ça s'annonçait super. « Gâteau d'anniversaire ! » Mais ça ne l'est pas. C'est quelque chose qu'il a du mal à décrire et, même si ce n'est pas mauvais au point qu'il le recrache, il se rend compte que ça ne marche pas. Il se souvient alors du cornet de glace pilée parfum gâteau d'anniversaire qu'il avait demandé une fois à la plage et qui ne marchait pas non plus. Il avait pleuré, pleuré, parce qu'il ne voulait pas le finir et Priscilla l'avait traité de « Bébé taré ! Bébé taré ! », ce qui avait décuplé ses pleurs et poussé Jean à lui offrir un nouveau cornet, mais « framboise bleue », cette fois, pour ne pas prendre de risque. Néanmoins, il tente de garder ce fragment de bonbon dans sa bouche le plus longtemps possible, jusqu'à ce que la minuscule masse sucrée finisse par fondre sur sa langue. Il croque un deuxième tiers et, à la manière d'un spécialiste du vin – ou, pour être plus précis, de son père –, il le fait tourner dans sa bouche pour en percevoir les subtilités ou les goûts avant de croquer le troisième tiers. *Oui*, se dit Otis, *ce n'est pas très bon*. Otis imagine tous les sujets qu'il pourra désormais aborder avec Caterina à partir de ce bonbon parfum gâteau d'anniversaire. Ce bonbon parfum gâteau d'anniversaire sera le point de départ d'interminables conversations sur les mots croisés, sur les chenilles et sur les maths, amenant même à des questions plus personnelles : avait-elle une grande sœur méchante, elle aussi ? Il est la clé de leur futur.

Dans la voiture, sur le trajet du retour à la maison, Otis évoque à sa mère l'épisode de Caterina et des pastilles à la gelée. « Elle les mange en trois bouchées. » Jean hoche la tête ; certes, elle trouve cela intéressant, mais ne l'indique pas avec assez de force aux yeux d'Otis. « Pas les grosses, maman, les *Jelly Belly* ! » Otis met l'accent sur ces deux mots en haussant les sourcils et en étirant le cou en même temps qu'il se tourne vers sa mère. « Les *Jelly Belly*. » À présent, Jean pige que l'objet, ce n'est pas les Jelly Belly, et le montre par un hochement de tête plus grave afin qu'Otis sache qu'elle sait, même si d'une certaine manière il pense que l'objet, c'est réellement les Jelly Belly, en ce sens qu'il ne réfléchit pas une seconde au fait que, si un autre gamin avait mangé ses Jelly Belly de cette façon-là, il ne l'aurait peut-être jamais remarqué.

De son côté, sa mère lui rapporte de nouveaux détails concernant son amour pour James. Elle se lance dans une histoire qui, dans son esprit, s'apparente à celle d'Otis, mais nous verrons si c'est le cas. « La première fois que je suis allée chez James, j'ai remarqué que tous ses livres étaient classés en fonction de la couleur du dos. Classer ses livres de façon non conventionnelle, j'avais déjà vu ça sur des sites de déco, mais jamais en vrai, et ce qui m'avait le plus impressionnée, c'était la façon dont chaque couleur était ordonnée du plus clair au plus foncé, sur l'étagère. C'était si beau, une véritable œuvre d'art. Je me suis toujours demandé comment il se débrouillait pour trouver l'ouvrage qu'il cherchait, s'ils n'étaient pas rangés par ordre alphabétique ou quelque chose de ce genre. Il avait beaucoup de livres. J'ai passé pas mal de temps à me poser la question, Otis. J'aurais sans doute pu l'interroger à ce sujet la première fois, mais ça me travaillait trop, une vraie prise de tête, et, même après que nous avons commencé à coucher ensemble, je n'ai jamais pu me résoudre à le lui demander. »

Dans son esprit, Otis s'attarde sur « prise de tête » et « coucher ensemble », deux choses qu'il se représente en les prenant au pied de la lettre. La notion de *coucher ensemble* le perturbe bien moins que celle de *prise de tête* ; en fait, elle ne le perturbe pas du tout. Il lui est déjà arrivé de passer la nuit chez des copains. Il a du mal à se représenter la *prise de tête*. Il se voit avec une prise de courant sur le crâne.

« Et dorénavant, je ne le saurai jamais », conclut Jean. Otis n'entend pas vraiment cette dernière phrase, préoccupé qu'il est par l'image de la prise électrique sur son crâne, ce qui est aussi bien. Jean se met à pleurer, bien qu'elle s'efforce de retenir ses sanglots dans l'espoir qu'Otis ne s'aperçoive de rien. Dans un premier temps, c'est le cas, mais alors elle inspire avec un bruit qui attire son attention : on dirait un peu celui que fait un mouton. Jean sait que, par bonheur, Otis ignore pour quelle raison elle ne le saura jamais, même s'il ne la questionne pas à ce propos. Et, comme il ne la questionne pas non plus sur le motif de ses pleurs, elle ne poursuit pas sa pensée.

DIX

De retour à la maison, impatient d'examiner de nouveau les bonbons, Otis grimpe l'escalier quatre à quatre, frôlant au passage sa sœur qui descend. Il l'a à peine effleurée. « Putain ! regarde où tu vas, Bébé taré », crache Priscilla avant de le pousser. En temps normal, il aurait remarqué cette bourrade (sans pour autant que celle-ci déclenche de sa part une quelconque réaction, d'ailleurs), mais les événements de la journée lui avaient conféré le pouvoir de passer outre les brimades de sa sœur.

Les premières années de son existence, Otis avait suivi Priscilla comme son ombre. Peut-être était-il tout simplement fasciné par sa relative grande taille, par son aura de sœur aînée, mais partout où elle allait, il voulait aller. Un jour, alors que Priscilla était en quatrième et qu'Otis avait quatre ans, il était tombé sur sa sœur en train de faire un défilé de mode avec sa copine Taylor et il les avait implorées d'y participer ; néanmoins, si Priscilla avait accepté, c'était uniquement parce que Taylor aimait bien Otis, et puis elle pensait aussi que ce serait marrant de le voir habillé en fille. « S'il te plaaaîîît », avait supplié Otis. Priscilla avait roulé des yeux, puis lâché « D'a-ac », en deux syllabes, et « 'Tain », après quoi les deux filles l'avaient vêtu d'une minijupe en jean et d'un haut bleu pâle à jabot, complétés par un collier. Taylor avait insisté pour lui mettre du rouge à lèvres et du blush, ainsi qu'un serre-tête orné d'un nœud, et Otis était tellement ravi qu'il avait brièvement quitté la chambre pour aller montrer sa tenue à sa mère, mais il n'avait trouvé que Vivian, laquelle était venue dîner ce jour-là en compagnie de Theodore et de Laura. (Bien sûr, Vivian ne manquera pas d'exprimer sa préoccupation à la femme de son petit-fils, sur le thème *Où tout cela va-t-il nous mener ?*, mais sans inquiéter le moins du monde Jean, qui entretenait le vain espoir que cela mènerait peut-être à ce que Priscilla et Otis passent plus de temps ensemble.) Otis avait suivi les instructions de Taylor pour descendre d'un pas léger le « podium » que constituait l'escalier, rayonnant de bonheur à cause de ce jeu si amusant, mais aussi à la perspective de partager d'autres moments similaires avec sa sœur. Hélas ! c'est le contraire qui adviendra : même si Otis n'avait pas cassé le collier favori de sa sœur en le retirant trop précipitamment, même s'il n'avait pas taché de rouge à lèvres son chemisier, cet instant devait marquer officiellement son bannissement de la chambre de Priscilla.

Ce jour-là, Priscilla et Taylor échangent frénétiquement des SMS. En fait, Priscilla est sur la route pour aller chercher Taylor en voiture. Toutes deux ont été rappelées pour une deuxième audition en vue de l'émission de télé. Cette fois, ils vont filmer les candidates. Priscilla emploie des points d'exclamation ; d'habitude, elle n'est pas très portée sur de telles démonstrations d'enthousiasme, mais là, c'est plus fort qu'elle. Conduire en envoyant des textos génère des situations délicates, mais heureusement

Taylor n'habite qu'à quelques pâtés de maisons de Priscilla. « 'Tainpaspossjycroispas !! » hurlent-elles en chœur et d'une voix stridente lorsque Taylor monte dans l'auto. Taylor est elle aussi un peu excitée, pas autant que Priscilla, mais souvenez-vous qu'elles ont dix-neuf ans et que Taylor n'a guère plus d'idées que Priscilla sur ce qu'elle compte faire de sa vie.

C'est Priscilla qui est convoquée la première. Ce coup-ci ils ont prévu des tranches de vingt minutes par fille et il y a trois autres personnes – des producteurs – en plus des quatre de la dernière fois.

— OK, commence Ted, alors voilà : nous allons simplement vous poser quelques questions d'ordre général, pour voir comment vous vous comportez devant la caméra. Il n'y a pas de bonnes ou de mauvaises réponses, donc ne vous faites pas de souci là-dessus. Ce que nous voulons surtout, c'est que vous soyez juste vous-mêmes.

Priscilla sourit de toutes ses dents, ce en quoi elle n'est déjà pas elle-même. Priscilla n'est pas quelqu'un de très souriant. Personne ne l'est, dans la famille. Ou peut-être qu'elle joue à être elle-même, mais une nouvelle et étrange version d'elle-même, telle qu'elle serait devant quelque chose qui l'excite vraiment – cela combiné à ses efforts pour paraître sympathique. Priscilla ne s'était jamais préoccupée de paraître sympathique avant ce jour, dans la mesure où elle avait toujours présumé qu'elle l'était. Soudain, elle n'en est plus sûre. Soudain, les questions. Des tas et des tas de questions. Priscilla y est tellement peu préparée.

— Avez-vous le permis de conduire ?

— Oh, ouais, je suis venue ici en voiture !

— Super. Quel personnage célèbre vous fait penser à vous ?

— Oh, wow, je ne sais pas, peut-être Jennifer Aniston ; non, attendez, elle est vieille ; oh ! je sais, Kristin Cavallari ! On me le dit tout le temps.

Nous hésitons à mentionner ici ce que nous savons de la série télévisée *Laguna Beach : The Hills*, mais pour ceux d'entre vous qui ne la connaissent pas, Miss Cavallari y interprète une jeune femme qui est considérée comme une garce, alors que Priscilla la juge simplement incomprise. Mais voilà : elle est sexy.

Les trois nouveaux prennent des notes. Priscilla espère que c'est bon signe.

— Indiquez les trois adjectifs qui vous décrivent le mieux.

— Oh, wow, euh, craquante ? Irrésistible ? Non, je blague. Euh, hum, est-ce qu'on pourra revenir plus tard sur celle-là ?

Priscilla n'arrive pas à croire qu'elle n'ait pas de réponse à ça. Elle aurait dû trouver quelque chose de mieux.

— Bien sûr. Qu'est-ce qui vous horripile le plus ?

— Mon taré de petit frère. Pouah !

— Pourriez-vous préciser votre pensée ?

— Il est juste tordu. Il arrache les pattes des chenilles. Et en plus, il essaie parfois de me pousser, genre, à *jouer* avec lui et tout ça. (Priscilla roule des yeux.) Il a *neuf ans*, vous voyez ?

Hochements de tête.

— Quelle est la pire chose qui vous soit arrivée ?

La pire chose ? Là, Priscilla doit réfléchir. Elle avait bien eu les boules de ne pas avoir été prise chez *J. Crew* et d'être obligée de se rabattre sur *Express*. Était-ce le pire truc qu'elle ait jamais connu ? Attendent-ils une de ces histoires à la *American Idol* ou je ne sais quoi, avec votre père qui se fait tuer, genre, trois jours avant l'audition ?

Elle n'a rien de tel à raconter. Quand Kyle l'avait plaquée, ça avait été moche, mais elle s'en est remise depuis. Néanmoins, c'est peut-être ce qu'ils veulent. C'est tout ce qu'elle a en ce moment.

— Mon ex a rompu avec moi lors d'une mise à jour de statut. Ça craint, non ?

Hochements de tête. Genre, putains de hochements de tête totalement indéchiffrables.

— Avez-vous le mal de mer, de l'air ou de la route ?

— Non, enfin, je ne crois pas. Pourquoi ?

— Au cas où nous serions contraints de voyager pour tourner des séquences en extérieur.

En entendant le mot « voyager », Priscilla a la tête qui tourne. Là, c'est le top. Elle ne pourrait rêver mieux, sauf s'ils lui annonçaient qu'en plus un des types de *Glee* allait participer à l'émission. C'est une série qu'elle n'aime pas plus que ça, mais les mecs sont si craquants.

— Quel est votre niveau d'études ?

— Je suis en première année de fac. Mais ça me gave.

— Qu'étudiez-vous ?

— Je n'ai pas encore choisi ma matière principale. Je pense que je vais laisser tomber.

Priscilla croit sincèrement que c'est une bonne réponse, que sa volonté d'abandonner ses études montre à quel point elle est motivée pour participer à une émission de télé-réalité.

Nouveaux hochements de tête inexpressifs accompagnés de prises de notes de la part du jury, hochements que Priscilla est incapable d'interpréter ; tant de foutus hochements de tête foutrement impénétrables ! Alors elle se couvre, au cas où.

— Enfin, je veux dire, mais peut-être pas. Je n'en sais rien.

— Citez trois de vos hobbies préférés.

— Que voulez-vous dire ? Genre collectionner des timbres ou des trucs comme ça ?

— Ouais, comme ça.

Cela demande à Priscilla une intense réflexion. Elle n'a pas le moindre hobby.

— Est-ce qu'envoyer des SMS est un hobby ?

— Pas vraiment…

— Et le shopping ?

— Euh…

— Oh, OK… et lire des magazines, alors ?

Priscilla adore les magazines, a un dossier plein de tenues qu'elle admire et qui s'épaissit de plus en plus au gré des pages arrachées qu'elle y ajoute, ainsi qu'un autre uniquement consacré aux accessoires. Elle n'avait jamais considéré cela comme un passe-temps. Au départ, elle le voyait comme un réservoir d'idées. D'idées pour quoi ? Elle ne l'avait jamais trop su. Elle lit tout, de *InTouch*[1] à *Elle,* et même *Teen Vogue*. Ça tient dans son sac. Elle est à deux doigts de le dire.

— Non, plutôt – peut-être des jeux que vous aimez, ou tenir un journal intime, des activités de ce genre.

— Non, pas vraiment, je crois.

À présent, Priscilla s'inquiète. Ça ne se passe pas bien. Pourquoi donne-t-elle soudain l'impression de ne pas avoir de vie ? Elle n'avait jamais songé à cela auparavant. Mais révéler toutes ces choses à voix haute les fait paraître tellement… elle ne

1. Hebdomadaire américain de mode et de potins sur les célébrités.

trouve pas le mot. Dérisoires. *Wow.* Elle sent une petite larme se former dans son œil droit. *Pas bon. Déglutis. Déglutis.*

— Avez-vous des phobies ?

— Quoi ?

— Des phobies ? Des peurs ?

— Oh. Je ne pense pas. Je veux dire, ça me plairait sans doute pas trop d'avoir, genre, des serpents ou des chauves-souris à la maison.

— Avez-vous eu une maladie physique ou mentale – ou été soignée pour une telle maladie – au cours de ces dix dernières années ?

— Quoi ? Non ! Il y a dix ans, j'avais, genre, neuf ans.

— Un enfant de neuf ans peut être atteint d'une maladie mentale.

— Peut-être que c'est ce qui arrive à mon frère. Ha !

Sourires polis et visages inexpressifs. Argh, pourquoi n'arrête-t-elle pas de parler de lui ? On croirait une gamine de douze ans. Priscilla perçoit de nouveau la montée lacrymale.

— Avez-vous déjà été arrêtée ?

— Non ! Bon sang, non !

— Avez-vous déjà fait de la télévision ?

— Nan, pas vraiment. Une fois, quand je suis allée à New York avec ma famille, on a assisté à l'émission *Today*, mais on était, genre, complètement au fond. C'était naze.

Afin que nous n'ayons pas à le répéter, vous n'avez qu'à partir du principe que, chaque fois que Priscilla émet un jugement négatif, elle roule également des yeux.

— Avez-vous déjà figuré dans un film ou une vidéo quelconques vendus dans le commerce ?

— J'aurais bien aimé !

— Quelle est votre émission ou série télévisée favorite ?

— Oh là là ! j'adore *Top Model USA*, j'adore *Gossip Girl* – enfin, surtout pour les fringues. Les scénarios sont un peu nuls. *Laguna Beach : The Hills*. Je kiffe grave Rachel Zoe. J'adore aussi *HC*…

Regards vides, hochements de tête.

— *Hôpital central.*

Encore des hochements. Est-ce une espèce d'embrouille absolue pour lui prendre la tête ? une sorte de blague super pourrie qu'on lui fait ? Comment est-il possible qu'il n'y ait aucune bonne réponse dans tout cela ? Parce que, franchement, non ? Ça marche. C'est une prise de tête efficace. On l'a bien embrouillée.

— Quel est votre film préféré ?

Elle a une réponse à cette question !

— *Un monde pour nous* ! À mort. Je sais que c'est super old school, mais quoi : Lloyd Dobler ! On ne peut qu'aimer Lloyd Dobler. Je ne me rappelle même plus combien de fois j'ai vu ce film. Je connais, genre, la moitié des répliques. La radiocassette !

Priscilla porte la main à son cœur dans ce qui est sa manifestation d'émotion la plus sincère depuis le début de l'entretien, s'autorisant l'espace d'un court instant une rêverie où elle s'imagine avec son Lloyd Dobler à elle, avant de revenir doucement sur terre face aux membres du jury : tous dégainent ce genre de moue/haussement d'épaules qui signifie « Non, il n'y a pas de mal à ça », mais qui signifie aussi qu'il n'y a rien de bien non plus.

— Quel est votre style de musique favori ?

Priscilla n'écoute pas vraiment de musique. Ce n'est pas qu'elle n'aime pas ça, c'est juste qu'elle n'y pense pas tellement, en fait.

— Je ne sais pas, je dirais que j'aime la musique populaire. Ou… la dance music ! J'adore danser. Est-ce que c'est un hobby ?

— Bien sûr.

Notes.

— Décrivez votre journée parfaite.

Cool, ça elle peut le faire.

— Eh bien, je me lèverais vers onze heures, je pense, je mangerais une gaufre, j'irais retrouver Taylor et mes copines au centre commercial et on ferait les boutiques. Et après on rentrerait et on essaierait tout ce qu'on a acheté et on ferait un défilé de mode et puis on mettrait les photos en ligne et ensuite on irait dans une fête où on serait les seules filles, ou au moins les seules jolies filles ; bon, c'est en général le cas, mais vous voyez ce que je veux dire, et puis les autres invités seraient tous des mecs super sexy – des stars de la télé, peut-être !

Les types du jury esquissent un sourire. *Enfin. Merde.*

— Quel a été le moment le plus excitant de votre existence ?

Priscilla a assez de jugeote pour se retenir de répondre que c'est *ça* le moment le plus excitant de son existence, le moment présent, se demandant comment il était possible qu'ils ne le sachent pas, mais elle n'a pas d'autre réponse à offrir.

— Merde, je ne sais pas, je ne sais pas, euh, je ne sais pas. Mon existence n'est pas très excitante.

Attendez, quoi ? Elle ne voulait pas dire cela ? Ce n'était pas exactement ce qu'elle voulait dire.

Elle devrait sans doute développer davantage. Mais rien d'autre ne sort de sa bouche. Putain !

— Comment faites-vous pour lâcher la vapeur ?

Étrangement, Priscilla n'a jamais entendu cette expression auparavant. Elle la prend au pied de la lettre, mais ça ne peut pas être ça.

— Je crois que je ne sais pas ce que ça signifie.

— Par exemple, lorsque vous êtes en colère ou frustrée, que faites-vous ?

— Je crie ?

Priscilla est souvent en colère ou frustrée et n'a pas vraiment d'exutoire radical à cela. Elle claque les portes, roule des yeux, bouscule son entourage, souffle par les narines, traite les gens de tous les noms. Ces réponses ne lui semblent pas bonnes. Elles pourraient l'être dans la réalité, mais elles ne lui semblent pas bonnes présentement.

— Quelle est votre motivation principale pour faire de la télé ?

Bon dieu, que ces questions sont difficiles ! La fac, c'est moins dur que ça. Priscilla est consciente que « Pour devenir célèbre » ne peut pas être la bonne réponse, mais c'est la seule qui lui vienne et, lorsqu'elle cherche pourquoi elle veut devenir célèbre, elle fait chou blanc.

— Ben, je ne sais pas, est-ce que tout le monde n'a pas envie de faire de la télé ?

— Pas tout le monde. Quelle est, parmi les choses que vous avez accomplies, celle dont vous êtes le plus fière ?

— Je ne sais pas.

Cet ultime *Je ne sais pas* va fusionner dans son esprit avec *Mon existence n'est pas très excitante* pour former une telle bouillie qu'elle en aura pratiquement les yeux qui saignent.

ONZE

Plusieurs semaines se sont maintenant écoulées depuis le décès de James. Jean voit désormais presque tout comme au travers d'un objectif voilé par l'image de James pendu à l'entrait de leur bungalow. Imaginez : vous faites du pop-corn au micro-ondes et sur la porte du four est collé un film transparent représentant votre amour mort, accroché à une poutrelle par une ceinture nouée autour de son cou, ses pieds à une poignée de centimètres du sol, vingt-huit précisément, d'après le rapport du coroner, à vingt-huit centimètres de son salut. Ou imaginez que vous allez chercher votre fils à l'école en voiture. Sur le pare-brise, une projection de la même scène. Le pantalon de James, sans ceinture, lâche autour de la taille, ses brodequins de travail usés qui pointent légèrement vers le bas, flottant juste au-dessus des essuie-glaces, à vingt-huit centimètres du sol. Votre mari qui prononce un discours sur l'histoire des clowns derrière une effigie à sa taille de votre amour, dont l'épaisse chevelure noire dégringole sur sa figure, ce qui n'est sans doute pas plus mal, d'ailleurs, car elle masque un peu les yeux, qui ne sont qu'à demi clos. Vous regardez les infos de la nuit, les journalistes sur le terrain qui parlent des embouteillages, à peine visibles derrière votre amour qui se balance dans le vide, espérant jour après jour apprendre que tout cela n'était qu'une terrible erreur, que ce n'était qu'un sosie de votre amour, que même si cela signifie que votre amour vous a quittée, au moins n'est-il pas mort.

Bien peu de jours passent sans que Jean soit tourmentée par ce qui est arrivé à James. À présent, elle considère les choses selon une échelle de vingt-huit centimètres. *Mmm, ce verre à jus de fruits est haut de vingt-huit centimètres. Si ce verre à jus de fruits s'était trouvé sous James, il aurait pu vivre. Cette bougie aurait pu sauver la vie de James. Cette pile de livres. Cette lampe mesure environ vingt-huit centimètres. Ce parapluie pliant. Si j'avais été là et que j'avais juste placé ce petit parapluie pliant sous ses pieds. Une poupée Barbie fait à peu près vingt-huit centimètres. Ce vibromasseur ou cette règle l'aurait sauvé de deux bons centimètres*. Et ainsi de suite. De la même manière, voici ce que ne cesse d'entendre Jean dans les conversations des gens : « à vingt-huit centimètres du sol ». C'est comme lorsque vous êtes au restaurant chinois et que vous ouvrez votre petit biscuit après le repas, puis que vous lisez à voix haute le message de bonne aventure et que, pour plaisanter, vous ajoutez ensuite « Poil au nez ». Ou, dans la version d'Otis, « Poil au cul ». *Passe-moi le beurre à vingt-huit centimètres du sol. Caterina mange des bonbons à la gelée à vingt-huit centimètres du sol. Bébé taré à vingt-huit centimètres du sol. Maman dit à Priscilla d'arrêter son cirque à vingt-huit centimètres du sol. Maman dit à Bébé taré de ne plus faire le Bébé taré à vingt-huit centimètres du sol. Saviez-vous que, dans le Sud, le ragondin entre souvent dans la composition du gumbo, au même titre que les gombos, à vingt-huit centimètres du sol ? J'ai appris ça dans l'émission culinaire de Paula Deen, à vingt-huit centimètres du sol. À vingt-huit centimètres du sol, à vingt-huit centimètres du sol. À vingt-huit centimètres du sol.*

Aujourd'hui, Jean étudie une nouvelle fois le mot. Elle a déjà consacré des jours entiers à analyser ce mot, ce bout de papier, plié en deux, rédigé au crayon gras noir. « Je suis désolé. » C'est tout, avec un point. Jean a passé en revue, passe en revue, passera en revue, à maintes et maintes reprises, le peu de détails du billet. *Désolé ? Il est désolé ?* « Désolé », c'est pour *J'ai cassé ton mug à café*, pas pour *Je me suis enroulé une ceinture autour du cou et j'ai sauté d'une chaise*. Le simple point final qui suit *désolé* fera l'objet d'un examen intellectuel minutieux, tel que nul autre signe de ponctuation n'en a jamais connu. S'agissait-il du début d'une ellipse ? Si oui, qu'était censée indiquer cette divagation ? Un soupir ? Du chagrin ? Un regret ? Une hésitation ? Était-il possible qu'il ait coupé une explication trop longue, quelque chose qui aurait peut-être permis de justifier son acte si terrible ? Elle est incapable de se figurer ce que cela pouvait être, à moins qu'il n'ait découvert qu'il était porteur d'une maladie qui ronge les chairs et risquait de tuer des millions de gens ou qu'il était radioactif ou je ne sais quoi encore. Jean revient sans cesse à sa théorie de l'ellipse, parce qu'elle ne parvient pas à donner un quelconque sens au point en lui-même. Elle n'avait jamais douté de l'amour de James. Mais pourquoi diable quelqu'un infligerait-il un si odieux supplice à la personne qu'il aimait ? pourquoi la laisserait-il ? pourquoi la contraindrait-il à voir cela ? pourquoi ? Est-ce qu'il trompait Jean et que c'était pour cette raison qu'il s'était pendu ? Pourquoi aucune explication ? Y avait-il une chance pour que son amour n'ait pas été sincère ? Non. Impossible. Impossible. Impossible. Non.

Jean a peu d'amis proches et certainement aucun à qui elle se sentirait l'envie de confier cette histoire. Elle n'a soufflé mot à personne de sa liaison. À personne.

Elle avait cru ce que James lui avait raconté sur lui, sur elle, sur tout. Elle avait aussi cru qu'il ne lui cachait rien – et c'était bien sûr là qu'elle se trompait. Jean conserve les billets d'amour qu'il lui avait écrits et les polaroïds qu'ils avaient pris de tous les deux dans une petite enveloppe qu'elle garde à l'abri des pages du magazine *More*, rangé dans sa table de chevet. Gordon ne va jamais y fouiner et, s'il s'y aventurait, il ne s'intéresserait assurément pas au magazine *More*. Jean observe les polaroïds un par un, s'attardant sur chacun de ces précieux souvenirs : la fois où ils étaient partis se promener et où du sumac vénéneux avait frotté contre ses chevilles, qu'il avait ensuite si tendrement enduites de lotion à la calamine ; la fois où ils avaient voulu se prendre chacun en photo nu et où ils avaient tellement ricané qu'ils n'avaient pas pu terminer leur séance ; la fois où, coiffés de bérets, ils s'étaient imaginés dans les rues de Paris. Ils paraissent tous les deux si heureux et si comblés sur ces instantanés. Y a-t-il une trace de tension autour de la bouche de James, de ses yeux ? Elle ne remarque rien. Elle essuie ses larmes avant de chercher sur Internet des informations sur le suicide. Peut-être obtiendra-t-elle des réponses.

Après avoir parcouru rapidement un grand nombre de pages qui lui étaient pour la plupart familières, elle tombe sur un blog plein de photos effrayantes. Ce ne sont pas des clichés de James, dieu merci – encore que cela n'aurait rien changé, tant cette image était gravée dans son esprit –, mais de suicidés, un recueil de photos de scènes de crimes réunies sous le titre *Instants macabres*. Le haut de page est illustré par une figurine de la société « Instants précieux », mais avec une corde au cou. Pas drôle. Jean en a l'estomac qui se retourne. Qui, au nom de tout ce qui est bon, pouvait faire une chose pareille ? Elle sait qu'elle devrait simplement passer outre ; elle a vu ça en vrai et n'a pas oublié. Mais à ce moment précis, elle enrage en songeant au cerveau malade qui a été capable d'imaginer un truc semblable ; elle meurt d'envie de mettre la main sur cette horrible personne et de la détruire. Jean rédige un très long commentaire. *Ces gens souffraient, espèce d'infect enculé.* Avant ce jour, Jean a peut-être employé quatre fois le mot « enculé » dans sa vie, dont trois en référence à ce qu'avait dit quelqu'un d'autre et, à chacune de ces occasions, elle l'avait prononcé avec la gêne la plus extrême. *Je te trouverai et je te pendrai et alors je te prendrai en photo et je mettrai ça sur le Net, putain de malade tordu. Que dieu ait pitié de ton âme. Non. Je retire ça. Que dieu n'ait aucune pitié pour ton âme.* Jean se remet à pleurer. D'où sort cette rage ? Elle n'en a pas la moindre idée, mais cela lui déplaît et elle veut la chasser. Peut-être est-il temps qu'elle se fasse aider, songe-t-elle.

DOUZE

Pour le soixante-quinzième anniversaire de Theodore, la famille avait organisé une petite fête, idée qui n'avait guère enchanté Vivian : une fête d'anniversaire pour un adulte ! tout ce remue-ménage ! Mais comme les petits-enfants avaient fabriqué un grand panneau, puis décoré la salle à manger avec des serpentins et même des ballons, Vivian avait fini par accepter de préparer un gâteau au chocolat fourré aux fraises fraîches, le préféré de Theodore depuis sa plus tendre enfance. Après le dessert, il s'était levé pour lire « Byzance » de Yeats, affirmant que, depuis toujours, c'était l'un de ses poèmes favoris. Mais il s'étouffa sur le passage « manteau troué » et passa le texte à Jean, qui le déclama si bien qu'on l'aurait crue née pour cela. En cet instant, elle avait forcé l'admiration de Gordon, qui observa chez elle une élégance qu'il n'avait jamais remarquée jusqu'alors, une prestance, une présence, ce qu'il omit néanmoins de lui avouer ensuite. Pendant tout le reste de la lecture, Theodore fut secoué par de gros sanglots et, quand Jean en eut terminé, il se remit debout pour proposer un toast.

— Je veux juste dire combien j'aime chaque personne de cette famille, commença-t-il en brandissant son verre, même celles qui ne sont pas ici présentes. Ma femme bien-aimée, Laura, qui me manque tellement et qui s'est si bien occupée de moi durant toute notre vie ensemble, poursuivit-il en aspirant une grande bouffée d'air tandis que les larmes ruisselaient sur ses joues.

Chacun à table se tortilla sur sa chaise. Vivian eut une furieuse envie de se lever dès que fut mentionnée Laura et elle ouvrit la bouche pour demander si quelqu'un voulait encore du café, mais se ravisa quand elle vit Gordon secouer négativement la tête dans sa direction. Aussi embarrassé que tous les autres, Gordon chercha à distraire ses pensées en songeant au séminaire de travail qui l'attendait prochainement. Jean, au moins, avait un peu la larme à l'œil.

Theodore reprit une énorme bouffée d'air avant de continuer.

— Mon merveilleux fils, si généreux, et Jean, ma charmante belle-fille – ma foi, Gordon, tu as très très bien choisi. Mes beaux petits-enfants, qui m'avez donné des souvenirs si chers. Sans oublier l'affection de mon père et ma mère…

La voix de Theodore s'éteignit, car il pleurait tant qu'il était incapable d'aller jusqu'au bout.

Comme un seul homme, la famille devint muette de stupeur. Jean trouva le discours de Theodore gentil, au point d'avoir même les yeux un peu embués elle aussi, mais le reste des Copeland restait figé. Priscilla était si mal à l'aise qu'elle se proposa de débarrasser les assiettes, rien que pour avoir l'excuse de quitter la table.

Vivian savait qu'elle aurait dû dès le départ exprimer avec plus de force sa réticence au sujet de cette histoire de fête. Ce n'est pas pour enfoncer des portes ouvertes, mais nous devons peut-être préciser de nouveau que Vivian n'avait fêté qu'un seul de ses anniversaires, quand elle était môme, ce qui ne l'avait pas contrariée le moins du monde, répétait-elle à qui voulait l'entendre. « Ce n'était pas un genre de chose très répandu, à cette époque, voyez-vous », affirmait-elle toujours, bien que ce ne soit pas tout à fait exact. Baron ne manquait jamais de l'emmener dîner au restaurant pour son anniversaire, de lui offrir des fleurs et des bijoux, même de partir en voyage avec elle en Europe, mais pendant toutes les années où ils avaient vécu ensemble, jamais il n'avait organisé une fête en son honneur, ce à la demande de Vivian. À aucun moment il n'avait su que c'était une requête qu'elle aurait aimé le voir ignorer, rien qu'une fois.

Une journée type de Theodore, à présent :

La vie quotidienne de Theodore se déroule pour l'essentiel comme à l'accoutumée. Voici ce qui n'a pas changé : il se lève très tôt et, toujours en pyjama, récupère le journal sur le seuil, puis se prépare le petit déjeuner, généralement des céréales suivies, une heure plus tard, par un bâtonnet de crème glacée allégée, lui-même suivi toutes les dix minutes par une petite gourmandise : un carré de chocolat, un cookie, une poignée de noix, un bâtonnet de glace à l'eau basses calories. Il s'assoit à la table pour lire le journal, allume la télé pour les infos du matin, CNN ou une autre chaîne de ce genre. S'attaque aux mots croisés. S'installe à son bureau pour y travailler environ une heure. Deux ou trois heures après, il va prendre une douche, puis s'habiller. Il arrive que Jean vienne le voir pour lui demander s'il veut qu'elle lui cuisine son déjeuner, mais si elle passe après dix heures trente, il y a des chances pour qu'il s'en soit déjà chargé lui-même et qu'il ait mangé. Encore qu'il n'y ait aucun mal, de temps à autre, à déjeuner deux fois. Zappe pour changer de programme, peut-être pour une chaîne qui diffuse de vieux westerns, peut-être pour un marathon d'épisodes du *Andy Griffith Show*[1]. Un classique. Fait une petite sieste. Bricole un peu (selon ses propres mots) pendant une heure ou deux ou trois à son bureau. Continue à grignoter. Se rend vers dix-sept heures quinze dans la maison principale pour dîner avec la famille, repas généralement confectionné par Jean, et suivre les infos de dix-sept heures trente. Il regarde le journal du soir de CBS depuis plus de cinquante ans, même si Walter Cronkite lui manque, qu'il a détesté Katie Couric et qu'il ne connaît même pas le nom du nouveau type. Après cela, peut-être un jeu ; ensuite, au lit. Dans les années qui avaient précédé sa retraite, il aurait ajouté à tout cela son travail, mais franchement, une grande partie du contenu aurait été similaire.

Ce qui a changé, maintenant : OK, Theodore a donc toujours eu un faible pour les sucreries et, au fil du temps, il s'est mis à en manger de plus en plus tôt dans la journée. Aujourd'hui, toutefois, intervient une combinaison d'éléments. Son goût pour le sucré n'a pas disparu, mais à cause de ses problèmes de mémoire, il oublie parfois qu'il a déjà croqué un morceau de chocolat et commence à mourir d'envie d'en prendre un autre. Naturellement, il y a là une zone de flou, sachant que la consommation journa-

1. Sitcom américaine des années soixante, qui dépeint la vie du shérif d'une petite bourgade de Caroline du Nord.

lière de chocolat de Theodore a toujours été assez importante. Mais la plupart du temps, à présent, quand il croque un autre morceau de chocolat, c'est tout simplement parce qu'il a oublié celui qu'il a avalé dix minutes plus tôt. Si Jean est dans la pièce, elle le lui fera gentiment remarquer et il émettra de faibles protestations, mais cela diminuera tout au plus de deux ou trois carrés la ration quotidienne de Theodore, qui est de dix à vingt carrés.

Il feuillette le journal, mais ne le lit plus avec attention. C'est un changement. Avant, Theodore dévorait le journal local. Il y découpe des articles, des bons de réduction et des publicités, comme il en a de tout temps eu l'habitude, sauf qu'il a désormais tendance à se blesser avec les ciseaux, car ses mains tremblent beaucoup.

À la suite de cette opération, il dispose ses coupures en piles. Des piles qui s'élèvent toujours plus. Des efforts en vue d'en réduire la hauteur ont été entrepris autant par Jean que par Gordon (ce désordre déplaît à Vivian, qui refuse néanmoins de s'en mêler), seulement toutes les piles ainsi abaissées sont rapidement reconstruites en piles plus hautes encore, ou alors, après une opération de tri, déplacées pour générer de toutes nouvelles piles. Cette marotte dure elle aussi depuis plusieurs années, sauf qu'aujourd'hui Theodore est incapable d'expliquer à quoi correspond telle ou telle pile.

Et puis : ce qui passe à la télé n'est pas réellement regardé avec une grande application. Il est fréquent que Theodore branle brièvement de la tête (pour une bonne part à cause des médicaments qu'il prend toutes les quatre heures) ou porte son attention sur ce qu'il y a au-dehors. Il ajoutera peut-être un ou deux mots à sa grille de mots croisés avant d'être distrait par ce qu'il perçoit à l'extérieur, mais dira, ainsi qu'il le faisait toujours avant de tendre celle-ci à quelqu'un d'autre : « Il se peut qu'il y ait un ou deux mauvais mots. » En réalité, les rares mots nouveaux sont en général bons, sauf qu'il y a à présent plus de mauvais mots qu'autrefois.

En ce qui concerne *travailler* et *s'occuper :* jadis distinctes, ces activités sont peu ou prou synonymes à présent. Elles sont constituées pour l'essentiel par le déplacement des piles susmentionnées, mais incluent aussi l'examen minutieux de cailloux, l'observation attentive de bestioles, les coups d'œil répétés à sa boîte de médailles, et le démontage d'objets.

Theodore a rédigé le brouillon d'un article universitaire consacré à l'optométrie et sur lequel il prétend encore travailler, mais il y a bien longtemps qu'il n'a changé plus d'un terme ou deux à son texte. Avant sa maladie, il avait pendant des années donné des conférences sur le sujet dans de nombreuses facultés et universités, où il avait toujours reçu un bon accueil parce qu'il se débrouillait pour injecter dans le thème choisi autant d'humour que de perspicacité. Il lit son introduction à la dame de compagnie. Elle ne connaît pas grand-chose à l'optométrie, ne sait pas vraiment à quoi ça sert, mais opine du bonnet en souriant et dit « C'est super ! » avant de se remettre à l'époussetage. « Bien sûr, il n'a pas encore été accepté, mais je pense que c'est l'un de mes meilleurs articles à ce jour. » La vérité, c'est que s'il n'a pas encore été accepté, c'est qu'il n'a pas encore été soumis. Theodore n'a pas envoyé un e-mail depuis des mois, ne se rend pas à la poste seul, n'a le droit d'aller nulle part seul maintenant, et, jusqu'à récemment, Jean avait tenté de l'avoir à l'œil pour lui éviter de se mettre dans l'embarras avec son fameux article.

Autres éléments qui complètent la journée : un fauteuil roulant, un déambulateur et une dame de compagnie. Cette dernière, qui fait aussi un petit peu de ménage, est une femme assez âgée – mais moins que Theodore – qui habite dans la rue ; elle vient quelques heures par jour pour nettoyer et veiller à ce que Theodore ne se blesse pas. Mais c'est à peu près tout. Une fois la maison propre, elle regarde la télé pour occuper le temps, prépare éventuellement un petit quelque chose à grignoter pour les anciens. Parfois, elle dispose sur la table un puzzle de cinq cents pièces avant de partir. Theodore avait toujours aimé faire des puzzles, mais aujourd'hui il ne parvient même plus à assembler deux pièces. Il essaie, pourtant. Pendant une heure.

Autre activité qu'il adorait autrefois, mais qu'il ne pratique plus du tout : la lecture. Avant, Theodore lisait presque un livre par jour, les westerns et policiers étant ce qu'il préférait, ce qui n'empêchait pas à l'occasion quelques ouvrages *prétentieux* – un Bellow ou un Updike. À un moment donné, sa faculté à se concentrer, à se mouvoir d'une phrase à l'autre, a décliné, entraînant sa perte d'intérêt pour les livres ; à présent, il n'y pense même plus. C'est un peu pareil avec la télé. Theodore avait l'habitude de surligner son programme sur le *TV Guide* de la semaine. Il avait ses émissions favorites et attendait toujours avec impatience le numéro de rentrée de la nouvelle saison, dans l'espoir d'en ajouter une ou deux à la liste. Jean a mis fin à son abonnement voici un an, sachant qu'il ne le consultait pas, et Theodore ne s'en est visiblement même pas aperçu.

Que se passe-t-il dans la tête de Theodore ? Quelque chose de ce genre, à notre avis :

J'ai faim. (Ouvre le congélateur.) Glace. Petits pois. Plats préparés. Bâtonnets de crème glacée. (Sort du compartiment un bâtonnet de crème glacée enrobée de chocolat. Se débat avec l'emballage.) *Ces emballages sont un peu plus difficiles à déchirer qu'avant.* (Mange le bâtonnet, ouvre le journal sur la table, des miettes de chocolat se collent sur son menton, tombent sur le quotidien.) Adolescent du quartier. Complications. Irak. 20 ? % de réduction. Cinéma. *Comic strip* de Dilbert. (Lève la tête, regarde par la fenêtre.) *Oh, tiens, un écureuil terrestre transporte une noix. Ou peut-être est-ce un gland. Et un cardinal. Est-ce que le cardinal voit l'écureuil terrestre ? Oups ! voilà le cardinal qui s'envole. Oh, il y a une petite grenouille au bord de l'étang. Hop ! Dans l'étang. Voilà l'écureuil terrestre qui se glisse sous un buisson. Mais il a perdu sa noix. Ou son gland. Peut-être qu'il va retourner la récupérer. Ou le récupérer. Je devrais aller chercher mon appareil photo.* (Va chercher son appareil photo, puis revient. Attend. S'assoupit une minute. Se réveille, aperçoit de nouveau l'écureuil terrestre.) *Youp ! le voilà, le voilà !* (Reste assis à attendre pendant vingt minutes.) Là, nous devons admettre que nous n'avons pas accès à tout. Nous imaginons que ces périodes silencieuses prolongées ne sont que des blancs. Nous nous demandons quand – si – il pense à sa femme, qu'il avait tant aimée. Nous n'en savons rien du tout. Mais pour le reste, nous sommes certains que, si ce n'est pas exactement ce qui se passe, ça s'en rapproche.

TREIZE

Aujourd'hui, Vivian reçoit pour une partie de bridge deux de ses plus vieilles amies et, comme quatrième partenaire, une dame de quatre-vingt-cinq ans, qu'elles surnomment « le bébé ». Vivian, Berenice et Flora se sont liées d'amitié à l'université. Le bébé est la cousine de Flora. Elles sont au milieu d'une discussion animée sur l'arrière-petite-fille de Berenice, laquelle est enceinte *sans être mariée*. Situation qui met Berenice dans un grand émoi, vous vous en doutez.

— Ma foi, les temps sont différents, constate Flora en hochant la tête de gauche à droite.

Nous vous laissons imaginer qu'il y a beaucoup de hochements de tête autour de la table à cet instant précis.

— Ça, c'est sûr, renchérit le bébé.

— Oui, mais ce pauvre enfant ! s'exclame Berenice.

— Pas de père ! se désole Flora.

— Bon, je me suis laissé dire qu'ils vivaient ensemble, révèle Berenice.

— Oh mon dieu. Oh mon dieu, geint le bébé.

— Et à ce qu'il paraît, il est catholique, continue Berenice.

— Oh mon dieu. Oh, dit le bébé.

— Et il a les cheveux longs, précise Berenice.

Remarquons ici que « longs » signifie qu'ils effleurent le haut de son col.

— Oh !

Flora, la partenaire de Vivian, joue.

— Oh ! s'exclame Vivian en soufflant par le nez pour exprimer de manière guère subtile son mécontentement. Tu as coupé ma levée ! Ah bravo, tiens !

Flora ne répond rien.

— Enfin, je ne sais pas si c'est vrai, précise Berenice. Il les a peut-être coupés depuis la dernière fois où je l'ai vu. Mais ils étaient longs à ce moment-là.

— Ma foi, les temps sont différents, répète Flora.

— Je suppose, convient Berenice.

— Si vous voulez mon avis, c'est à cause du MLF que tout va à vau-l'eau, avance Flora.

En temps normal, Vivian se délecterait d'une telle conversation. En temps normal, elle piocherait dans sa propre banque d'anecdotes pour en sortir celle sur la fille qu'elle avait eue comme élève dans son école à classe unique et qui avait eu recours à un avortement illégal. Elle ne la raconte pas souvent, n'aimant pas prononcer le mot « avortement », et l'a en fait rapportée de nombreuses fois en se débrouillant pour ne pas du tout utiliser le terme, mais c'est une bonne histoire, qui captive toujours les filles et déclenche chez elles des réactions choquées, même si elles l'ont entendue à maintes reprises.

Mais ce jour-là, elle est distraite. Hier soir, dans l'émission de Nancy Grace, il était question d'une dame qui, pour éviter une voiture qui arrivait en face, avait donné un coup de volant et écrasé un SDF qui était sur le trottoir. Vivian imagine le craquement de chaque os, l'horrible *charpie* ; s'imagine dans cette situation, en train de s'excuser auprès des policiers en expliquant qu'elle n'a aucune idée de ce qui a pu se passer, qu'elle ne comprend vraiment pas, que la voiture a simplement fait une embardée, que c'était un accident ; les imagine l'emmener sans ménagement au violon, comme dans les films ; s'imagine en prison, en pleurs, incomprise, seule. Et donc aujourd'hui, lors de cette partie de bridge, non seulement elle manque l'occasion de narrer une anecdote particulièrement salée, mais en plus elle perd.

Depuis son enfance, Vivian a l'angoisse de renverser un piéton avec son auto. C'est pour cette raison qu'elle ne conduit pas. C'est donc un événement qui n'a tout bonnement aucune chance de se produire, mais sur lequel elle fait pourtant des cauchemars récurrents. Elle n'a jamais eu peur de monter dans une voiture du moment que c'est quelqu'un d'autre qui est au volant, de même qu'elle n'a pas peur d'entrer en collision avec un autre véhicule. Elle préférerait nettement entrer en collision avec un autre véhicule. Avec deux véhicules, il y a plus de protection, pense-t-elle, et plus de personnes sur qui répartir les responsabilités. Si vous renversez un piéton, vous êtes un meurtrier. Sa phobie est très spécifique : c'est elle qui serait le conducteur, le tueur de piéton. Les cauchemars et l'anxiété sont pires quand elle vient juste de regarder un reportage sur ce type d'accident. À notre connaissance, Vivian n'a pas vécu d'expérience similaire susceptible d'engendrer cette crainte. C'est une obsession qui s'est fichée dans son esprit quand elle était gosse et que les automobiles étaient encore une chose relativement récente, qui paraissait presque aussi exotique et inimaginable que les vaisseaux spatiaux ; à cette époque circulaient une foule d'histoires plus folles les unes que les autres sur les gens écrasés par des voitures et cela l'effrayait. Elle prétendra qu'elle n'a tout simplement jamais eu envie de conduire, que c'était le travail de l'homme, mais ce n'est pas tout à fait exact. En fait, c'est totalement faux.

De temps à autre, il arrive à Vivian de rêver qu'elle est au volant d'une décapotable rouge qui roule sur une route de montagne sinueuse, avec ses boucles argentées qui volent au vent. Personne ne se promène à pied devant son auto. Au lendemain de tels rêves, pendant une heure environ, Vivian se montre réellement charmante avec tous les gens de son entourage. « Quelle magnifique journée ! » déclare-t-elle.

— Vivian, dit Berenice.

— Mmm ?

Il lui faut un petit moment pour s'arracher à sa rêverie montagnarde.

— C'est à toi de jouer, ma chérie.

— Oh !

Vivian contemple ses cartes, réarrange leur disposition dans sa main, gênée d'avoir perdu contenance.

— Oh oui, c'est à moi, bien sûr. C'est à moi. Bien sûr.

QUATORZE

Une recherche concernant Trudy sur Internet livra à Gordon un profil professionnel obsolète et une page triste – à ses yeux – sur le site d'un réseau social. Tout d'abord, elle a vingt-neuf amis, nombre qui paraît exceptionnellement bas, du moins en regard des autres profils qu'il découvre. Comme Gordon n'est sur aucun réseau social, il ne lui est pas venu à l'esprit jusqu'alors que les gens peuvent faire un usage différent de ces réseaux. Peut-être sont-ce juste ses amis les plus proches ? Peut-être ne se sert-elle même pas vraiment du site ? Combien de bons amis a-t-on ? Gordon a-t-il vingt-neuf amis proches ? Non. Gordon *connaît* beaucoup de monde. Certaines informations de Trudy sont bloquées, mais il y a les inévitables séries de photos : vacances tropicales en compagnie de copines entre deux âges, avec à la main des cocktails ornés d'ombrelles, servis dans des verres gros comme des hors-bord ; Trudy au milieu de quatre autres demoiselles d'honneur toutes vêtues à l'identique ; nièces et neveux adorables, un peu adorables et moins adorables ; vieilles photos scannées aux couleurs passées, toutes en nuances de jaune et de rouge, parmi lesquelles une datant de l'université qui montre Trudy, Phil, Sheila et lui perchés au sommet d'un lit superposé, tassés les uns contre les autres, Sheila à moitié en dehors du cadre – probablement parce que c'était elle qui avait pris la photo.

Gordon conserve un souvenir encore assez précis de ce moment – Phil tient un bong et, comme Gordon ne s'est défoncé que trois fois très exactement au cours de ses années d'université, il n'en a pas oublié une seule –, mais l'inclusion de Trudy sur ce cliché vient le chambouler. Il pense que c'est la fois où Phil avait dû le calmer avec force palabres parce que Gordon était persuadé qu'il y avait de la PCP dans l'herbe ; comment expliquer autrement que la plante araignée de Sheila se soit mise à agiter ses bras ? Phil avait tenté de le rassurer en lui affirmant que c'était Sheila, et non sa plante, qui agitait les bras, ce que se remémore vaguement Gordon, mais la présence de Trudy parmi eux ne fait que le convaincre qu'il y a quelque chose qui cloche très très sérieusement dans sa tête. Une idée lui apparaît alors : et si cela était dû à des lésions cérébrales causées par l'herbe ou par d'hypothétiques traces de PCP ? Voire par les produits chimiques contenus dans le plastique de la pipe à eau ? Gordon se demande s'il y a déjà eu des études sur la question. Une recherche sur « sacs, plastiques, produits chimiques » l'amène sur un wiki, où il apprend qu'il est en effet possible que dans de telles circonstances soient libérées des substances chimiques toxiques, éventuellement cancérogènes – toutefois, nulle mention du risque de lésions cérébrales. Est-ce rassurant ? (Il découvre aussi que le mot « bong » est dérivé du terme thaï *baung*, qui désigne un tube de bambou, information à mémoriser en vue d'une conversation future sur ce thème, même si, en temps normal, il aurait approfondi l'histoire du bong pour réunir un peu plus de données qu'aujourd'hui.) Il tape « bong, lésions cérébrales », tombe sur un site consacré à tout ce qui tourne autour du cannabis, où il est écrit qu'un bong confectionné à partir d'une canette en aluminium est susceptible de provoquer des lésions cérébrales. Merde, lui est-il déjà arrivé d'en utiliser un ? Il est incapable de se le rappeler. Ce ne doit pas être bon signe.

Une recherche sur la perte de mémoire finit de l'inquiéter encore. Les tumeurs, les effets secondaires des médicaments et la dépression en sont des facteurs déclenchants connus. Il sait déjà pas mal de choses au sujet de la perte de mémoire liée à la maladie de Parkinson. Il avait écouté attentivement le compte rendu de chaque médecin à propos de son père et noté une foule de détails dans un coin de sa tête. Il passe moult heures à effectuer des « tests de mémoire », dont le fondement scientifique est à tout le moins douteux.

L'un de ceux-ci lui donne à réfléchir. Les questions :

1 – Avez-vous du mal à vous souvenir du nom des gens et de leur numéro de téléphone ?

Jusqu'à l'incident de Trudy, Gordon avait tiré une grande fierté de sa capacité à ne jamais oublier un nom et à se souvenir également d'une multitude de numéros de téléphone – bien que ces derniers soient depuis des années mémorisés dans le répertoire du téléphone de son bureau ainsi que dans celui de son portable, il continue par habitude à en composer manuellement un grand nombre. Gordon répond donc *rarement*.

2 – Combien de fois par jour essayez-vous de vous rappeler où vous avez mis certains objets de votre quotidien (clés, lunettes, téléphone portable, etc.) ?

Pour celle-ci, c'est un *jamais*. Gordon a dans sa chambre un valet de nuit, où vont directement toutes ces choses-là aussitôt qu'il rentre à la maison. Il s'est toujours demandé pourquoi cet accessoire n'existait que pour les hommes, alors qu'il connaît certaines femmes et certains enfants à qui cela pourrait être bien utile.

3 – Combien de fois devez-vous remplacer l'un de vos mots de passe parce que vous avez oublié l'original ?

Là encore, un *jamais*. Même s'il les sauvegarde sur une liste conservée sur un lecteur ZIP enfermé dans son coffre-fort à la banque, lui semble-t-il, il n'a encore jamais eu à l'utiliser. *Presque drôle, comme question*, se dit-il.

4 – Combien de fois vous arrive-t-il de vous poser des questions du genre : « Qu'est-ce que j'étais sur le point de faire ? »

Jamais.

5 – Combien de fois vous arrive-t-il de prendre deux invitations pour le même jour parce que vous aviez oublié que vous aviez déjà un engagement ?

Jamais. Il y a des gens qui font cela ?

6 – Combien de fois avez-vous du mal à vous rappeler où est garée votre voiture ?

Jamais !

7 – Vous arrive-t-il souvent de demander à quelqu'un de répéter ses instructions ou son récit parce que vous êtes incapable de vous souvenir de ce qu'il vous a dit la première fois ?

Et voici la raison pour laquelle il n'a pas eu un score parfait à ce test : le seul *rarement* du quiz et le *parfois* de la question sept. C'est là que Gordon se fourvoie un peu : s'il répond *parfois*, c'est parce que, quand ce n'est pas lui qui parle, il attend de pouvoir prendre la parole, et lorsqu'il attend de pouvoir prendre la parole, Gordon n'écoute tout simplement pas. Il se croit capable de faire les deux choses en même temps, mais comme vous pouvez l'imaginer, il n'y parvient pas très bien. Voici donc clairement son dilemme : s'il avoue qu'il n'écoute pas toujours, alors il se reconnaît un défaut, mais s'il répond que c'est parce qu'il ne s'en souvient pas, alors il se peut que son problème en soit effectivement un.

En cet instant, cependant, tandis qu'il est là à considérer le questionnaire, il ne lui apparaît pas vraiment que c'est pour cette raison. Il cherche juste à rassembler des exemples. Il lui revient alors que, pas plus tard que l'autre jour, Jean lui avait demandé de prendre deux ou trois choses au supermarché avant de rentrer et qu'il avait dû lui faire répéter. En même temps, il songe à cette histoire avec Trudy. Il pourrait peut-être atténuer le *parfois* en un *rarement*, pour cette question. Mais il est tout sauf malhonnête, alors il écrit *parfois* et obtient un 93 au quiz – ce qui, selon le barème récapitulatif, indique que Gordon n'a guère de difficultés de mémoire. Il est rappelé dans la synthèse finale que la fatigue, le stress et une mauvaise alimentation peuvent contribuer à une baisse des fonctions cognitives avec l'âge. Gordon griffonne ces informations sur un bout de papier, ainsi que les suggestions données pour améliorer sa mémoire : moyens mnémotechniques, associations virtuelles.

Gordon fait plusieurs autres tests, dont l'un propose une série de mots à mémoriser, un autre un ensemble de photographies. À chacun, il obtient des scores presque parfaits, ce qui ne soulage en rien son angoisse d'être la victime de quelque symptôme, de quelque obscure maladie dont il n'aurait jamais entendu parler et qui amènerait son passé à s'effriter, petite amie par petite amie, pour s'écouler hors de son esprit.

QUINZE

Jean se rend au premier groupe d'entraide pour personnes endeuillées qu'elle trouve sur Internet. En matière de groupe d'entraide, celui-ci n'offre guère de surprises. Tout le monde est triste. Tout le monde veut comprendre pourquoi. Pourquoi des gens aussi bons, pourquoi maintenant, pourquoi le cancer, pourquoi ? Bonne question. Certains parlent des anges, affirmant que désormais leurs êtres chers en sont ou qu'ils sont parmi eux. Jean aimerait croire une telle chose, mais elle préférerait un ange de moins et un amour vivant de plus. De surcroît, elle ne sait pas trop comment évoquer son chagrin sans nommer son amour, sans se trahir. Alors elle ment carrément. Quand vient son tour de parler, elle déclare : « Mon mari s'est donné la mort. » De minuscules hoquets de stupéfaction accueillent cette révélation. Un principe tacite veut que tous modèrent le plus possible les réactions fortes. Mais étrangement, la réponse de l'auditoire a le don de stimuler Jean. Pas un seul des membres de cette assemblée ne la connaît, alors quelle importance ? Parfois, elle aimerait que ce soit vrai. Elle ne souhaite aucun mal à Gordon, ne veut pas que ses enfants soient privés de leur père. Mais des deux, pourquoi James ? Le monde n'a-t-il pas plus besoin d'être gavé d'art que de *représentation efficace du point de vente* et autres inepties pompeuses ? Jean ne se rend presque pas compte que les pensées qui se bousculent dans sa tête sont courroucées : elle se voit comme quelqu'un de gentil, elle *est* quelqu'un de gentil, et la seule chose qu'elle croit est que ces pensées sont vraies, qu'elle n'a jamais éprouvé la vérité autant qu'elle l'éprouve aujourd'hui. Peut-être va-t-elle être consciente une fraction de seconde qu'elle ressent de la colère ou quelque chose de ce genre, mais Jean est persuadée que celle-ci est entièrement justifiée et, dès que déboulera dans son esprit la pensée suivante, elle emportera avec elle toute réflexion plus approfondie sur la question.

Cette fiction lui est facile à construire. Juste quelques détails à modifier, certains éléments de ses deux relations à fusionner pour garder la cohérence. Dans cette fiction, James se prénomme Jake, et Jean et Jake ont été mariés depuis aussi longtemps que le sont Jean et Gordon. Ils ont deux enfants, Priscilla et Otis. Il n'y a pas de Gordon dans ce scénario, il n'y a jamais figuré. Dans ce scénario, Jean a rencontré Jake en troisième cycle d'université ; il passait un master de gravure et elle un master de livres. Attendez, quoi ? De sciences de l'éducation. Ils se sont mariés dans leur jardin, en présence de la famille uniquement. Elle portait une robe droite jaune mi-longue. Jean enseignait en primaire. Jake était professeur. Ils formaient une famille aimante et très soudée, ravie de se retrouver le soir autour du repas, de faire des jeux ensemble, de partir en voyage en famille. Jake était un père et un époux attentif. Il écoutait Jean. Elle l'écoutait ! Il l'abreuvait de compliments, affirmait que sa beauté était

« renversante », qu'elle était « son flambeau, son phare ». James avait effectivement dit ces choses-là, et même plus encore. « Ma petite abeille d'amour », l'appelait-il. Il lui apportait des cadeaux, des livres qu'il pensait qu'elle aimerait (en se basant sur des conversations qu'ils avaient eues ou sur d'autres ouvrages qu'elle lui avait dit aimer, et non des livres qu'il pensait qu'elle devrait lire, comme une autre personne avait pu lui en offrir à l'occasion), faisait des estampes pour elle. Fidèle, aussi. Rien ne clochait, tout allait bien. Mais…

Là, Jean marque une pause. La vraie histoire que renferme ce « mais », Jean ne la connaîtra probablement jamais. Elle ne connaît que la fin.

— Il s'est tiré une balle dans la tête.

Wow, vient-elle réellement de dire cela ? Oui, elle l'a dit.

— Oui, il s'est tiré une balle dans la tête et je l'ai trouvé là, dans son bureau de l'école, renversé en arrière, à moitié sur son fauteuil, à moitié affalé par terre, la fenêtre éclaboussée de sang et de cervelle, le sang formant une flaque avant de ruisseler en une ligne sur le sol, qui était incliné, pour traverser la pièce d'un bout à l'autre jusqu'à la porte.

Difficile de dire qui, de Jean ou du groupe d'entraide, est le plus choqué par cette partie du récit. Les têtes ballottent. Une ou deux bouches restent bées. Des larmes coulent. Le groupe abandonne ses efforts pour réprimer ses hoquets de stupéfaction. Jean observe leur réaction. Elle aimerait pouvoir dire la vraie vérité, qu'il s'est pendu, qu'elle avait vu ses beaux yeux mi-clos, sans vie, ne pouvait avouer que l'image de James pendu à l'entrait aurait tout aussi bien pu être marquée au fer rouge sur l'arrière de ses paupières, tant il était improbable qu'elle s'efface un jour de son esprit. Elle jugeait préférable d'inventer un tout nouveau scénario macabre. Le groupe est silencieux. Jean a gagné. Même si elle n'avait pas voulu cette victoire, elle se surprend à l'accepter en se laissant aller contre le dossier de sa chaise. Les gens ont perdu : parents, tantes bien-aimées, grands-parents. Ces personnes sont décédées naturellement. Ces personnes étaient censées mourir. C'est vrai, n'est-ce pas ? Si quelqu'un du groupe avait perdu un gosse, alors ce serait une autre histoire. Jean a conservé intacte sa faculté d'empathie avec les autres mères. Mais personne ici n'a perdu son amour. Toutes les douleurs ne se valent-elles pas ? Non. Elles ne se valent pas, mais alors pas du tout. La sienne est plus grande encore.

SEIZE

Gordon ouvre une page sur le réseau social de Trudy afin de pouvoir lui laisser un message. Il prend son temps pour créer son profil et indiquer tous les moyens possibles pour le joindre – numéros de téléphone professionnel et personnel, numéro de portable, adresse e-mail. À présent, télécharger une photo. Mais laquelle ? Il pourrait se contenter d'utiliser sa photo d'entreprise : elle est sans conteste très ressemblante, sauf que ce n'est pas vraiment ce qu'il cherche. Quelle photo dira ce qu'il veut dire ? Que veut-il dire *au juste* à Trudy ? Y en a-t-il une qui clamerait : *Je suis quelqu'un de sérieux et d'intelligent, mais je suis aussi frivole, marrant et désolé de ne pas me souvenir de toi* ? En réalité, Gordon n'est pas si marrant que cela – ainsi que nous l'avons montré, il peut parfois être un peu rasoir –, alors il n'existe pas de photos, ou en tout cas pas parmi les récentes, susceptibles de traduire cette qualité qu'il ne possède pas. Il y en a une, faite la fois où il avait marqué un single lors de la journée softball annuelle de la société, qui, certes, ne transmet pas l'idée « intelligent et sérieux », mais peut-être que « marrant et sportif » serait suffisant ? De plus, Gordon n'examine que celles de son ordinateur, des photos qui ont été prises au cours des cinq dernières années, quand ils ont fini par acheter un appareil numérique (« Ça ne rime à rien d'investir de l'argent dans quelque chose qui a été conçu pour devenir obsolète ; tant qu'ils n'en sortiront pas un qui aura au minimum huit mégapixels, autant t'amuser à peindre un tableau pointilliste »), des photos qui ont été prises longtemps après la dernière fois où Gordon a permis, eh bien, à ses sentiments de s'exprimer. Pour cela, il lui faudrait probablement remonter à des images de son enfance. Il y a une dizaine d'albums dans lesquels il pourrait en choisir une où il a au moins *l'air* d'être lui-même ; ces mêmes albums contiennent aussi des clichés de Gordon tenant dans ses bras chacun de ses enfants à leur naissance, rares instants d'authenticité saisis, pour la plupart, par son père. Mais là n'est pas la question. Nous disons juste que cela ne date pas d'hier. Cependant, il n'est peut-être pas plus mal qu'il ne pense pas à ces albums maintenant, parce que, si tel était le cas, il découvrirait un tas de photos de gens qu'il a oubliés. Finalement, il revient à Gordon que son ordinateur possède un appareil photo intégré. Il va faire un autoportrait. Il ne lui suffira que de quatre-vingt-dix-sept tentatives avant d'en obtenir un qui le satisfasse. Remarquons ici que, sur la grande majorité de ces quatre-vingt-dix-sept clichés, les différences ne sont visibles que pour Gordon, que c'est l'équivalent visuel des sons que seuls les chiens sont à même d'entendre. Gordon à une « gueule à photos », mais visiblement il l'ignore.

Sur un côté de sa page personnelle, une case suggère des « connaissances possibles » à ajouter comme amis. Celle-ci répertorie en effet des personnes qu'il connaît, quelques collègues de travail, certains amis de l'université, Priscilla. Malheureusement, elle en répertorie aussi une demi-douzaine d'autres que Gordon ne connaît pas. Ou qu'il connaît, mais dont il n'a plus souvenir. Gordon comprend que le site recherche dans votre carnet d'adresses e-mail ; il lui semblait pourtant savoir qui figurait dans le sien – il oublie cependant qu'il l'a configuré de telle sorte que tout correpondant qui lui envoie un courriel se retrouve automatiquement inclus dans son carnet d'adresses. Ainsi, cette petite case de connaissances possibles ne fait que renforcer son appréhension d'avoir, en plus de Trudy, oublié une foule de gens. Il se hâte de leur envoyer à tous, y compris à Priscilla, une demande d'amitié. Il ne se doute pas qu'elle n'y répondra pas.

Maintenant, rédiger un message.

> ~~Chère Trudy~~, ~~Trudy. Trudy Trudy~~ Trudy, ~~Je suis si désolé~~ C'était sympa de te revoir. J'espère que tu accepteras mes sincères excuses pour ~~avoir tout oublié de notre relation ne pas m'être souvenu de toi notre relation les moments que nous avons passés ensemble~~ l'autre jour. Serais-tu ~~disponible d'accord disponible pour me revoir~~ pour une tasse de café ~~ensemble afin de discuter plus en profondeur de cette question dans les meilleurs délais~~ le jour qui te conviendra ? J'aimerais essayer de me rattraper.
>
> ~~Gordon Copeland~~. Gordon. ~~C.~~

La dernière phrase est presque totalement hypocrite. Même s'il a effectivement un peu honte, Gordon ne l'a rédigée que pour s'éviter d'écrire : « J'aimerais que tu m'aides à me souvenir pourquoi je ne me souviens pas de toi et, je l'espère, me prouver que je ne suis pas en train de perdre petit à petit la raison. »

Gordon se laisse distraire par une série de quiz qui, découvre-t-il, ont beaucoup de succès sur ce réseau social. Il trouve franchement ridicule que quiconque puisse perdre son temps avec cela. La plupart des gens ne connaissent-ils pas les réponses à ces questions sans avoir besoin d'en passer par un quiz ? Même les plus idiotes ? Tout le monde ne sait-il pas quel(le) dieu(déesse) grec(que) le décrit le mieux ? *De toute évidence, je suis Prométhée*, pense Gordon, *dieu de la prévoyance et des projets pleins de ruse* ; *je n'ai pas besoin d'un stupide jeu comme celui-ci pour me l'apprendre*. Mais d'après le quiz, il est une Harpie. *Insensé.* Il va le démontrer avec la question suivante. De quelle époque êtes-vous ? Il est évidemment des années cinquante, un temps où la vie était tellement plus simple. Mais le quiz affirme qu'il est des années soixante-dix. *Oh, pff. C'est si* commun. Il va en faire une autre. Quel conte de fées êtes-vous ? *Il y a tant de bonnes réponses* ; il serait le prince dans presque n'importe lequel, ou peut-être un chevalier. Blanche-Neige ? *Oh, allons*. Quel professeur de l'école Poudlard êtes-vous ? Qui pourrait être Gordon, sinon Dumbledore ? Lockhart ? Mais Lockhart n'est qu'un bouffon pontifiant ! Quelle histoire d'amour de cinéma est la vôtre ? *Oh,* Une femme de tête, *ou éventuellement* My Fair Lady. Infidèle ? *Pour l'amour du ciel, ça ne tient pas debout, ça parle d'une* femme. Ces quiz sont clairement faussés et posent les mauvaises questions. Une dernière pour se ressaisir. Quel genre de chien ? *Un berger allemand, certainement.* Un labradoodle[1] ?

1. Croisement entre un labrador et un caniche.

Qu'est-ce que cela peut bien signifier ? Pourquoi l'Inquisition vous poursuit-elle ? *Sans aucun doute parce qu'elle veut me censurer.* Mais encore une mauvaise réponse. La franc-maçonnerie ? Il n'est pas franc-maçon. Quel personnage des *Griffin* ? *Brian, naturellement* ; mais non, encore faux, il est ce mufle de Peter, le papa. *Très bien, c'est absurde, tout simplement.* Quel personnage du *Magicien d'Oz* ? *Évident. Le magicien.* Cette fois, il obtient une bonne réponse, mais il ne se rend pas compte que ce n'est pas pour les bonnes raisons. Il croit que c'est parce qu'il est intelligent, alors qu'en réalité c'est parce qu'il a peur. Quel Schtroumpf ? *Là, c'est dans la poche : le Schtroumpf à lunettes.* Mais non… le Grand Schtroumpf. Quel personnage d'opéra ? *Eugène Onéguine peut-être, éventuellement Werther.* Canio ? *Le clown triste ? Oh, bon sang. Une autre, rien qu'une autre.* Quelle chanson des Beatles êtes-vous ? Paperback Writer *peut-être ? All You Need Is Love* ! *Hein ?* Bon, d'ordinaire, il serait difficile de réfuter une telle suggestion, mais étant donné les circonstances, cette réponse apparaît à Gordon aussi arbitraire que les autres.

En temps normal, il balaierait d'un revers de main les résultats de ce quiz, les jugeant faux, et il n'y penserait plus. Malheureusement, comme tout va mal pour Gordon en ce moment, il trouve assez troublante son incapacité à faire coïncider la personne qu'il est avec celle que ces questions dessinent. En découvrant son nombre important de mauvaises réponses, une pensée traverse l'esprit de Gordon, une demi-pensée, peut-être : se pourrait-il qu'il y ait dans tout cela une pointe de perspicacité ? Que l'idée qu'il a de lui-même soit trop figée ?

Et si j'en essayais une autre ? se dit Gordon. Êtes-vous heureux avec la personne que vous aimez ? *Bien sûr, que je le suis*, pense-t-il. Enfin, le résultat correspond à sa réponse.

Convaincu qu'il s'est repris, il tente une ultime question : Pourquoi êtes-vous né ? Il n'avait jamais eu cette interrogation. Il n'y songe même pas. Comme tout le monde, il est né pour devenir un membre productif de la société et aussi pour partager son savoir. Ce qui va être un peu difficile si ce savoir décline, ainsi que cela semble être le cas.

Réponse de Gordon : On naît pour être amoureux.

Gordon n'a aucune idée de ce que cela peut donner concrètement, mais chose étonnante, cela ne lui déplaît pas. Il est déjà amoureux, pense-t-il. Ne serait-ce pas agréable si c'était sa seule source de préoccupation ? À l'évidence, Gordon et sa femme ont des visions différentes de l'amour. Il s'imagine romantique parce qu'il se rappelle l'anniversaire de Jean, celui de leur date de mariage, qu'il lui offre des cadeaux pleins d'attention, tels que des livres ou des parfums. Il lui dit qu'elle est son amour. Peut-être pas assez souvent – il lui arrive fréquemment de ne pas prononcer le *Mon*, ce qui donne juste *Amour* et, aux yeux de Jean, ce *Mon* manquant est un détail important –, mais Gordon n'en a pas conscience. Il est convaincu que Jean sait qu'elle est son amour, qu'il le dise à voix haute, avec ou sans *Mon*, et il estime qu'il ne doit le dire qu'aux moments où cela lui vient spontanément, comme lorsqu'il la regarde à son insu se déshabiller avant de se coucher, toujours après qu'ils ont éteint, les rais de lumière que laissent filtrer les stores soulignant les contours de sa silhouette encore belle. Pour lui, il n'y a aucune différence entre *prévenant* et *romantique*. La vision de l'amour qu'a Gordon est pragmatique. C'est ce que font les personnes adultes. Elle l'attire, elle est une femme bien, elle est belle, elle lui a donné deux enfants et elle est une bonne mère. Il sait qu'ils n'ont pas fait l'amour depuis un bon bout de temps, ce qu'il met sur le compte du « mariage », se persuade que cela ne durera pas et que ça ne signifie pas qu'ils ne s'aiment pas. Mais il ne fait aucun doute que ce quiz puéril a semé une graine. Nous verrons s'il saura en récolter les fruits.

DIX-SEPT

Trois jours durant, trois jours interminables depuis celui où Caterina lui avait donné les bonbons à la gelée, Otis avait espéré pouvoir se retrouver assez près d'elle pour lui dire quelque chose, lui dire n'importe quoi. Il avait tenté de provoquer cette rencontre en traînant en vain autour de son casier, en s'installant quotidiennement sur la traverse de voie ferrée au moment de la récréation, au cas où elle reviendrait s'asseoir près de lui. Il sait qu'elle ne s'y assoit pas tous les jours, qu'elle va parfois jouer avec d'autres mômes ou faire de la balançoire (oh ! quel spectacle, alors, que celui de Caterina sur la balançoire ! surtout lorsque ses cheveux sont rassemblés en couettes nouées par des rubans colorés, qui flottent au vent derrière elle, telles des queues de cerfs-volants, et des cerfs-volants les plus parfaits qui existent en ce monde), mais elle s'y repose suffisamment souvent pour qu'il estime avoir plus de chances de parvenir à ses fins. Il voulait lui avouer que lui non plus n'avait pas aimé le « gâteau d'anniversaire », mais il craint qu'elle ne l'interroge sur les autres parfums, qu'il n'avait pas goûtés, et qu'elle ne lui demande alors pourquoi il ne les avait pas mangés. Il est conscient que personne ne garde cinq bonbons à la gelée pour les consommer plus tard. Il pourrait se contenter de la remercier de nouveau, mais cela ne risque-t-il pas de mettre un terme à la conversation ?

Juste avant que retentisse la cloche, Caterina prend enfin place sur le banc, mais elle est accompagnée par cette fille, Bethany. Bethany parle à toute allure, sans interruption et de rien, si vous voulez l'avis d'Otis, lequel comprend donc qu'il n'aura guère l'occasion d'ajouter quoi que ce soit. Bethany est en train d'évoquer une poupée qu'elle a reçue pour son anniversaire et qui, soi-disant, lui ressemble comme deux gouttes d'eau, épiloguant sur toutes les toilettes qui accompagnaient ladite poupée et sur les tenues assorties qu'elle compte se voir offrir à Noël. Bien qu'un tantinet plus intéressée qu'Otis par le laïus de Bethany, Caterina est pourtant incapable de changer de sujet, parce qu'il n'y a pratiquement aucune respiration dans son discours, ou du moins assez longue pour laisser la place à une intervention. À un moment donné, croyant percevoir les signes avant-coureurs d'une pause, Caterina ouvre la bouche pour s'engouffrer dans la brèche, mais ce n'est pas une pause, juste un souffle en préparation d'un nouveau déluge de renseignements sur cette poupée et ses toilettes ; alors les regards d'Otis et de Caterina se croisent l'espace d'une fraction de fraction de seconde, peut-être, un moment durant lequel Otis sait que Caterina a conscience qu'elle aimerait bien elle aussi dire quelque chose, que Bethany devrait fermer son clapet, un moment durant lequel Otis partage avec Caterina un je-ne-sais-quoi de vrai et de sincère, un moment transcendant, un moment destiné aux livres d'histoire. C'est là que, bien sûr, la cloche sonne. Caterina se lève d'un bond, suivie de Bethany. « Attends-moi, attends-moi ! » Elle a d'autres informations à propos de la poupée. Les filles ont bientôt disparu.

Pendant le trajet de retour à la maison, Otis raconte à sa mère cet instant où Caterina l'a regardé. Le premier amour de son fils ! Que ces années ont passé vite ! Elle lorgne brièvement son enfant, souhaitant pouvoir capturer d'une manière ou d'une autre la lumière qui brille dans ses yeux et garder pour lui ce fameux instant, afin qu'à l'avenir il sache toujours ce qu'est l'amour, les jours où celui-ci lui paraîtra loin. Elle réagit par moult hochements de tête. « James et moi vivions des moments pareils tout le temps. Nous avions des conversations formidables, mais la moitié du temps nous n'avions même pas besoin de parler. Être simplement assis là tous les deux suffisait à notre bonheur. » Otis trouve cette nouvelle très réconfortante, en effet. Être simplement assis là avec Caterina suffirait à son bonheur. Ils ont déjà un peu jeté les fondations du juste-assis-là-tous-les-deux. C'est bien. Il n'a peut-être pas trop à s'inquiéter pour ce qui est de parler avec elle. Il aime parler, cependant. Il meurt d'envie d'énumérer à Caterina tous ses centres d'intérêt. Il a presque la sensation que, s'il parvenait juste à engager la conversation avec elle, il pourrait tout lui révéler et elle consignerait alors ses pensées, lesquelles seraient ainsi conservées pour plus tard, si d'aventure il les oubliait.

« Et la première fois où… poursuit Jean, avant de se reprendre : où nous nous sommes allongés tous les deux… Oh, comment dire ? C'était comme – eh bien, c'était comme si tout ce que tu préférais au monde se retrouvait en train de flotter dans un délicieux, onctueux, moelleux… oh, l'amour est une chose merveilleuse, Otie ! Un jour, tu rencontreras une personne et alors une chose très… presque spirituelle se produira. Je ne sais comment décrire cela autrement. Si tout va bien, ton amoureuse ne finira pas par se tuer. »

OK, alors c'est là où nous regrettons qu'il n'y ait pas une photo ou une série de photos de la palette d'expressions arborées par Otis pendant le discours de sa mère – un moment de réflexion sur « allongés tous les deux », un autre sur « spirituelle », un autre encore sur « délicieux, onctueux, moelleux » et le dernier, l'ultime moment, sur « se tuer » –, de la variété de mimiques affichées par Otis tandis qu'il s'efforçait de comprendre ces éléments descriptifs pour finalement en terminer par « se tuer », un froncement de sourcils se dessinant sur son visage au fur et à mesure que le concept prenait forme dans sa tête. Toutes ces paires et tous ces trios de mots font affluer dans l'esprit d'Otis une multitude d'images et à peine a-t-il le temps de les décrypter qu'arrive « se tuer », l'image la plus facile à se représenter, mais la plus difficile à comprendre. Pourquoi Caterina se tuerait-elle ? Est-ce fatalement ce qui finit par advenir ? *Est-ce que je vais me tuer ? Par accident ou autre chose ?* Il cherche les raisons pour lesquelles un tel événement arriverait. Il a du mal à penser que Caterina ou lui se tueraient de leur plein gré. En outre, il ne connaît pas tant de façons que cela pour une personne d'en tuer une autre ou de se tuer soi-même. Voici les moyens qu'il a découverts dans les livres : les pistolets et les épées magiques, les pommes empoisonnées, les canons. Un canon. Comment procéder ? Il est incapable de voir comment on peut se tuer avec un canon ; pour cela, il vous faudrait vous débrouiller pour l'allumer, puis courir vous placer de l'autre côté avant que le boulet sorte de la gueule de l'arme. Il ne peut sans doute pas courir aussi vite que cela. Peut-être que sa maîtresse pourrait déclarer : « Très bien, les enfants, sortez tous vos compas et poignardez-vous avec dans le ventre jusqu'à ce que mort s'ensuive. » Oui, mais pourquoi ? Et si un soir sa maman et son papa distribuaient des revolvers après le dîner ? « Priscilla, Otis, ce soir, au lieu de manger de la glace, nous allons tous nous tirer dessus. » *Mais non, maman a l'air trop triste pour James, et elle ne voudra pas qu'on se tue nous aussi. Ou alors, si on se tue tous, peut-être que personne ne sera triste ; oui c'est ça, l'idée.* Comme Jean est absorbée par la conduite, elle ne remarque pas les cogitations d'Otis et, à ce stade, la crainte d'en avoir trop dit ne l'effleure même pas. Otis ne pose pas une seule des questions qui lui trottent dans la tête, au lieu de quoi il continue juste à en générer d'autres, lesquelles engendrent encore plus de réponses erronées.

DIX-HUIT

Ces derniers temps, Gordon n'a pas le cœur à ses discours. Il est contrarié de ne pas avoir eu de réponse de Trudy. Et, sans qu'il en soit totalement conscient, depuis peu il n'aligne guère plus d'une ou deux phrases courtes sur n'importe quel sujet. Vous pourriez penser que le reste de la famille s'en apercevrait, Jean en particulier, mais en ce moment, tout le monde est obnubilé par son propre nombril. Priscilla a un peu comblé le vide – non sous l'angle informatif, mais au moins sous celui de la conversation. Elle a l'impression que la famille n'a pas pris la pleine mesure de ce qui se passe actuellement dans son existence, alors qu'elle en parle sans cesse et à chaque repas. « Est-ce que vous comprenez au moins, vous autres, ce que ça signifierait pour moi, que d'être dans cette émission ? » Gordon dit : « Certains pensent que s'il était encore vivant, Shakespeare écrirait pour la télé-réalité », avant de se remettre à saucer le jaune dégoulinant de son œuf avec un morceau de pain. Tout le monde attend de le voir poursuivre, mais rien ne vient, ce qui coupe court à la discussion (ou, plus exactement, à la causerie). Bien que tous aient formellement remarqué le phénomène, ils sont si habitués à ce que Gordon monopolise la parole qu'ils ne se sont jamais vraiment efforcés d'imaginer quoi que ce soit à ajouter à ses propos. Gordon s'essuie la bouche, se lève, donne une petite tape distraite sur la tête de Jean, geste extrêmement bizarre, et part au travail. Cette petite tape était-elle au départ destinée à Otis ? À Mott ? Nous sommes nous-mêmes incapables de répondre à la question.

Gordon va voir son généraliste, soi-disant pour la visite de contrôle qui était prévue, sauf qu'il l'entretient aussitôt de sa perte de mémoire.

— Pensez-vous que ce puisse être lié à mon régime alimentaire ? J'ai lu qu'il pouvait exister un rapport entre certains aliments et le développement du cerveau, ces superaliments comme le saumon sauvage, les noix, les graines et les choses de ce genre. Est-il possible que l'inverse soit vrai : que si vous n'en consommez pas suffisamment, cela accélère la baisse des fonctions cognitives ? J'ai toujours estimé avoir un régime bien équilibré et un palais raffiné, me permettrais-je d'ajouter, mais peut-être que j'ai négligé quelque chose.

Alors que son médecin n'est pas inquiet le moins du monde, le commentaire désinvolte par lequel il cherche à le rassurer ne manque pas de préoccuper Gordon.

— Rien que de très commun à votre âge.

Gordon n'aime aucune des deux parties de cette phrase. En fait, difficile de savoir laquelle des deux est la pire, le « très commun » ou le « à votre âge ». D'ordinaire, c'est le « très commun » qui ferait pencher la balance, car, ainsi que nous le savons, il se considère tout sauf très commun ; néanmoins, ce « à votre âge » ouvre toutes sortes de possibilités auxquelles Gordon ne veut même pas songer.

Il se sait proche de la cinquantaine, cependant, il s'était toujours jugé au-dessus de contingences aussi triviales que la crise de la cinquantaine. (Très commune, en effet.) Même s'il lui prenait l'envie irrépressible de conduire une Ferrari ou quelque chose de cet acabit, il reconnaîtrait certainement cette pulsion pour ce qu'elle était et la réprimerait sur-le-champ. Mais il s'égare. *À votre âge ?* Il n'est pas un homme d'âge moyen. Il est vieux. Vieux et probablement presque sénile. Presque mort. Non – la mort serait une bénédiction. Un mort vivant. Voilà ce qui l'attend. Gordon lâche une ou deux de ces réflexions à voix haute et, conscient qu'il ne risque pas d'arranger son cas, demande à son docteur de l'envoyer chez un psy.

DIX-NEUF

Quelques précisions supplémentaires sur l'aversion de Vivian pour la conduite : l'histoire qu'elle se raconte depuis plus de soixante-dix ans n'est qu'une partie de la véritable histoire. Sa peur de renverser un piéton est tout à fait réelle. Néanmoins, elle avait escompté la surmonter lorsqu'elle avait rencontré son mari, qui l'avait au contraire découragée. Il connaissait cette peur et, comme de toute façon il ne voyait aucune raison pour qu'une femme conduise, il avait simplement déclaré que ce serait lui qui s'en chargerait et ils n'en avaient plus jamais discuté ensuite. Et c'est ainsi que Vivian, qui, pendant toute la durée de leur mariage avait pourtant réussi à maintenir un contrôle strict sur les affaires de la maison, avait regrettablement capitulé sur ce point-là. Il était l'homme. Elle avait espéré qu'un jour peut-être il assouplirait sa position, imaginé qu'il finirait par lui apprendre, qu'il guiderait sa main avec la sienne pour passer les vitesses, lui dirait qu'elle se débrouillait bien, que personne n'allait être blessé. Elle s'était figuré de longues excursions tous les deux dans un coupé flambant neuf, à la peinture luisante, une Buick ou une Chevy, à se partager le volant, lui dormant sur le siège passager pendant qu'elle conduisait ; ils s'arrêteraient pour planter la tente, comme ils l'avaient fait une fois ou deux avant la naissance des gosses – peut-être n'avez-vous pas entendu l'anecdote sur les circonstances dans lesquelles avait « très probablement » été conçue Patricia, la sœur de Theodore, tandis qu'ils pique-niquaient sur les rives du Colorado une après-midi, après une randonnée. Celle-ci n'avait pas trop circulé pour des raisons évidentes, évoquer ces sujets-là étant quelque peu choquant, mais c'était une anecdote, peut-être même la seule, qui amusait tout le monde, et Vivian se plaisait à la narrer de temps à autre, parce qu'elle témoignait d'un esprit encore jeune, à l'instar de son allure, et que, dans le contexte du mariage, elle savait que de telles choses étaient acceptables.

La fois où Priscilla l'apprend, elle la trouve particulièrement intéressante. Au cours du dîner, le mot « torrent » est prononcé et il n'en faut pas plus à Vivian pour entreprendre d'amener la conversation sur son terrain. Peu importe que dans ladite conversation, le mot « torrent » ait fait référence à des vidéos sur Internet. Vivian n'hésite jamais à se saisir du moindre prétexte pour changer de thème et en revenir à des sujets plus intéressants, des sujets sur Vivian. Dans son esprit, elle lie « torrent » à « fleuve » et déclare : « Oh ! Cela me rappelle le jour où Baron et moi sommes allés camper. Nous avons pique-niqué sur les berges du Colorado, voyez-vous, et ma foi, oh, je n'ai jamais pu résister à votre arrière-grand-père. »

À ces paroles, Priscilla écarquille les yeux. Elle est un peu dégoûtée, parce qu'elle est incapable de se les représenter autrement que vieux et fripés. L'idée que sa mamie Bibbie ait jadis été une jeune personne, qui avait des relations sexuelles, genre, pour le pied, lui apparaît presque impossible, voire extravagante. Mais cet épisode la pousse à repenser entièrement Bibbie, au point d'avoir avec sa mère une discussion sur la question – une brève discussion.

— Alors, tu crois que mamie Bibbie, genre, *aimait* le sexe ? demande-t-elle le lendemain matin autour du café. Genre, qu'elle faisait ça dans la nature et tout ça ?

Jean sourit et répond qu'elle présume que oui.

— Ça t'étonne ?

— Eh ben, euh, elle est *vieille*.

— Elle ne l'a pas toujours été.

— Je sais, mais je veux dire : je suppose qu'en ce temps-là, on ne le faisait pas vraiment…

Priscilla laisse sa phrase en suspens, pour ne pas donner à entendre ce qui, dans son esprit, est la fonction des rapports sexuels.

— Pour s'éclater ?

— Ouais.

— Oui, ma chérie, le sexe a toujours été pour s'éclater.

Cet échange est en train de prendre d'un coup une direction sur laquelle Priscilla ne veut pas le voir s'engager ; plus déroutante encore que pour ses arrière-grands-parents, la pensée de ses propres parents en pleine relation sexuelle est de celles qu'elle refuse de laisser s'installer dans sa tête. De plus, Priscilla ne trouve pas personnellement que le sexe soit autant l'éclate que ça. En théorie, peut-être. Cependant, les deux partenaires qu'elle a connus n'ont pas fait grand-chose pour l'en convaincre. Il lui semble avoir eu un orgasme, une fois, quoiqu'elle n'en soit pas entièrement sûre. Cela lui plaît de posséder un certain pouvoir sexuel, mais pas forcément de l'utiliser à cette unique fin ; ce qui lui plaît surtout, c'est d'avoir pu s'en servir une fois ou deux pour obtenir ce qu'elle voulait. Cependant, la dernière chose dont elle ait envie en ce moment est une relation sentimentale. Ce qu'elle en a vu dans la vraie vie n'a pas de quoi l'allécher. Ce dont elle a envie, c'est d'avoir ce qu'elle veut par ses propres mérites. C'est juste qu'elle ne sait pas vraiment ce qu'elle veut.

Priscilla balaie les dernières paroles de sa mère dans un geste théâtral.

— Oh, ma chérie, quand tu auras rencontré la bonne personne, ce sera mieux, je te l'assure.

— De toute façon, qui est-ce que je vais rencontrer, m'man ? Dans cette ville ?

— J'y ai rencontré ton père.

OK, bon, Priscilla aime son papa, mais ce n'est pas franchement le meilleur argument à avancer et elle ne masque d'ailleurs guère son scepticisme.

— Ouais, mais c'était il y a longtemps, m'man. Avant les mises à jour de statut.

Ce que vient de dire sa fille est totalement abscons pour Jean.

— C'est un truc sur Internet, m'man.

Jean ne voit toujours pas. Jusqu'à ce jour, Priscilla n'avait pas encore révélé à sa mère la façon dont Kyle avait décidé de rompre avec elle : en postant sur la page de son réseau social : « Kyle Woolrich a largué cette pauvre naze de Priscilla Copeland ».

— Oh, non ! Qui peut voir ça ?

— Juste tout le monde, m'man.

— C'est affreux ! Pourquoi ne m'en as-tu pas parlé ?

Priscilla ne cherche pas vraiment à dissimuler sa mimique « Est-ce qu'il m'arrive parfois de te dire des trucs ? ». Elle n'est pas non plus d'humeur à souligner le fait que sa mère est de toute évidence ailleurs depuis, genre, un bon bout de temps – depuis avant l'histoire avec Kyle, ça, c'est sûr.

— Je suis terriblement désolée de ce qui t'arrive, Priscilla. J'aimerais que tu aies parfois envie de te confier à moi.

Nous savons que vous pressentez le moment qui pourrait survenir maintenant. Mais il ne va tout simplement pas se produire tout de suite. Priscilla n'en est pas encore là et nous ne sommes pas certains que Jean le soit non plus, contrairement à ce qu'elle croit. L'espace d'une seconde, Priscilla envisage de tout déballer à sa maman – de lui décrire combien Kyle avait été adorable au début, quand il s'était pointé à leur premier rancard avec des fleurs (achetées au supermarché, mais ce n'était pas grave), de raconter qu'il payait toujours lorsqu'ils sortaient en ville, qu'il lui avait offert un bracelet en argent orné d'un médaillon en forme de cœur dans lequel il y avait leur photo et puis qu'il lui avait dit qu'il l'aimait, genre, pour l'anniversaire de leur première semaine ensemble. Mais aussi que tout avait changé du jour au lendemain une fois qu'elle lui eut donné ce qu'il attendait d'elle, qu'il ne l'avait plus emmenée nulle part après cela, qu'il avait simplement envie de rester à la maison à boire de la bière et à s'amuser à des jeux vidéo, éventuellement à regarder un DVD, si elle avait de la chance, et puis de s'envoyer en l'air, et tout d'un coup, il n'a même plus eu envie de ça, et ensuite ils ont eu une dispute, une seule dispute, et après il y a eu la mise à jour de son statut. Sa mère n'a aucune idée des trésors d'imagination qu'elle a dû déployer pour limiter les dégâts avec des copines. Sérieusement, si elle n'avait pas été aussi populaire, elle aurait été foutue.

— Je m'en suis remise.

— Ils ne sont pas tous comme ça, Priscilla. Essaie juste de me croire, d'avoir confiance en ce que je te dis.

Priscilla aimerait croire sa mère. C'est sur le mot « confiance », qu'elle coince.

VINGT

Il n'y a aucun cours que Priscilla déteste plus que celui de la composition anglaise. Elle n'a jamais compris pourquoi on obligeait des gens à prendre des cours dans une langue qu'ils parlent déjà parfaitement bien. Elle ne veut pas devenir écrivain, ne conçoit pas une seconde qu'elle puisse avoir envie d'exercer un boulot qui lui demanderait d'écrire ou de faire des maths, les deux trucs les plus tartants qu'elle puisse imaginer. Alors, pendant que le professeur disserte sur je-ne-sais-quoi, « énoncé de la thèse » ou « organisation efficace », ou d'autres conneries tout aussi chiantes, elle se concentre juste sur ce qui lui est nécessaire dans l'exemple écrit au tableau pour commencer à griffonner des notes en vue d'un papier sur sa relation avec Brody Jenner.

I. Brody Jenner & moi nous rencontrons dans une méga teuf de stars de la télé-réalité.
II. Brody Jenner me drague, alors qu'il y a pourtant Avril Lavigne (ou une autre) à cette fête. M'aperçois que B. J. est un connard.
III. Tim Riggins & moi nous rencontrons dans une méga teuf de célébrités. Look crado.

Laisse tomber T. R. pour un mec de *Boardwalk Empire*. Crado lui aussi.

a) pourquoi le crado est branché ?

b) le crado ne devrait pas être branché.

V. Laisse tomber le mec de *Boardwalk Empire* pour Asiatique Sexy de *Glee*. Laisse tomber A. S. pour jeune Dark Vador anglais. (Super craquant, a aussi l'air intelligent & n'est peut-être pas trop naze.)

V. Comment j'arrache Dark Vador à Rachel Bilson (ou une autre).

a) ai des fringues super sexy.

b) croise son regard, coiffure sixties~~, langue sur le touilleur.~~

c) sors avec lui.

VI. ~~Mariage.~~ Relation.

a) comment on fait croire qu'on n'aime pas les paparazzi alors qu'en réalité on les adore.

i) se cacher le visage derrière une énorme sacoche de créateur.

ii) aller à Hawaï pour une escapade en amoureux, mais oups ! j'en ai parlé à deux ou trois personnes, un truc de ce genre.

VII. Grosse engueulade, Dark Vador n'aime vraiment pas les paparazzi, finalement.

a) *Tu te fous de moi, Non c'est toi qui te fous de moi, Fuck, moi je me fous pas de toi, tu savais qu'ils seraient là quand on est allés se faire tatouer.*

b) on se rabiboche en baisant comme des fous.

VIII. Demande en mariage romantique dans la campagne anglaise.

a) réserves.
   i) le soupçonne de tweeter en douce avec R. B.
   ii) trouve la bague pas terrible/il ne me connaît pas.

IX. Mariage.
X. Divorce.

La seule chose qui ressort de tout cela, au fond, c'est que Priscilla s'aperçoit qu'elle n'a rien en dessous de « Mariage », sinon « Divorce », même pas une belle robe, parce que ça ne l'intéresse pas réellement de se marier – pas de sitôt, en tout cas, pas avec ce qu'elle en a vu –, et puis elle ne veut pas se reposer sur la célébrité d'un autre pour devenir elle-même une star. Ne voit pas vraiment ne serait-ce qu'un seul mec célèbre qui la branche à fond, de toute façon. Tous les mecs sont des trouducs. Sa mère n'a pas idée.

Elle fait une boule de son plan et recommence sous le titre provisoire « Anna Wintour, un modèle ». Elle sait ce que beaucoup de gens pensent d'Anna Wintour, mais Priscilla pourrait sans doute remplir un livre avec tout ce qu'elle connaît de cette femme, si elle en avait envie. Elle ressent une certaine affinité avec la rédactrice en chef. On la considère froide, mais son amour de la mode l'a prise si jeune. Elle lisait le magazine *Seventeen* quand elle était môme ! *Priscilla* lisait *Seventeen* ! Anna faisait elle-même l'ourlet de ses jupes au collège ! Elle a travaillé dans une boutique ! Elle se porte très bien sans homme ! Priscilla a vu une demi-douzaine de fois *The September Issue*[1], a constitué un dossier

1. Documentaire américain sur Anna Wintour, ex-rédactrice en chef de l'édition américaine du magazine *Vogue*.

bourré d'articles sur Anna Wintour. Rien à foutre des garçons.

Enfin, non seulement elle a toujours détesté son prénom et rêvé de le changer en quelque chose de commun, comme Madison ou Olivia, mais elle se rend soudain compte qu'il n'existe aucune Priscilla célèbre, en dehors de cette dame qui avait épousé Elvis, et en plus c'était, genre, il y a un siècle.

Priscilla sera la première Priscilla à devenir super célèbre avec son vrai nom de famille.

Priscilla veut sa propre étoile distincte.

VINGT ET UN

Ce matin-là, en entrant dans la cuisine, Vivian découvre Theodore, le chien à ses pieds, affairé à démonter un ouvre-boîte électrique. C'est une autre occupation à laquelle il a pris goût ces derniers temps : démonter les objets. Ce n'est pas nécessairement pour les réparer, c'est surtout juste pour voir comment ils fonctionnent, même si, en l'occurrence, l'ouvre-boîte était en panne – ce dernier se présente désormais en autant d'éléments qu'il a de pièces, tous étalés sur la table.

À une époque, il se serait adonné à cette activité pour économiser quelques dollars. Autrefois, il était doué pour réparer les choses, mais il ne se rend pas vraiment compte qu'il ne l'est plus et, en ce moment, c'est principalement leur mécanisme qui l'intéresse. Son intention est de les remonter – c'est invariablement son intention –, mais cela n'arrive jamais. Les pièces qui ont l'air de s'assembler ne s'assemblent pas, mais alors pas du tout. C'est exactement comme avec les puzzles. Mais il persévère. S'il tourne ce machin d'un centimètre vers la droite, il sait qu'il s'enclenchera parfaitement dans le bidule et que ce sera alors comme neuf. Qu'importe si les mains de Theodore n'opèrent plus à l'échelle du centimètre.

Emboîter et ajuster. Un tout petit tour sur la droite. Sur la gauche. Sur la droite. Emboîte-r-et-ajuster. Bigre ! voilà qui creuse l'appétit. Il parviendra à le remonter, il le sait, s'il prend juste le temps de l'observer comme il faut.

La répétition du démontage des appareils rend Vivian folle. Elle en vient presque à regretter sa période sentimentale, quand il avait la larme facile, avant que ses facultés mentales se mettent à décliner un peu plus. C'était inconvenant, tout simplement inacceptable de la part d'un homme. Son fils n'avait pas versé une larme devant elle depuis l'âge de six ans, peut-être, se montrant toujours, eh bien, non pas stoïque, mais assurément posé – un garçon au comportement irréprochable –, et le voilà soudain qui perdait toute dignité, qui sombrait dans la sensiblerie la plus niaise, à pleurer pour un rien, pendant le repas, les parties de cartes.

Bref, le problème, ce n'est pas seulement que ses mains tremblent comme des feuilles, à présent, même sous médocs, ce qui lui vaut régulièrement des blessures bénignes. (Gordon n'a récupéré que depuis peu le cher canif de son père, après qu'une entaille assez sérieuse à la main gauche de ce dernier les eut envoyés aux urgences pour lui faire poser trois points de suture sur la paume.) C'est vrai que l'ouvre-boîte marchait mal, mais pour l'amour du ciel, c'est un engin des années soixante-dix ! C'est à ça que sert *Walmart*, songea Vivian : on jette ces vieux trucs et on va acheter du neuf. Elle s'en chargerait elle-même tout de suite, si elle n'était pas obligée de planifier avec la famille aussi longtemps à l'avance ses déplacements. Le pouce de Theodore s'approche alors dangereusement de la petite lame circulaire et, bien que recouverte d'un magma infâme constitué par trente ans de saletés accumulées, elle était hier encore assez acérée pour ouvrir une boîte de soupe.

— Theodore, dit Vivian.

Dans un premier temps, Theodore n'entend pas sa mère, absorbé qu'il est par l'observation d'une minuscule vis dont il cherche le logement correspondant.

— Theodore !

Theodore lève vers sa mère des yeux écarquillés. À cet instant, Vivian éprouve des sentiments mélangés, revoyant en un flash-back le Theodore petit garçon, toujours curieux, toujours avide de comprendre le fonctionnement des appareils, et ce souvenir apaise un peu son irritation.

— Mon chéri, il est cassé, maintenant. Pour l'amour du ciel, nous avons largement les moyens d'en acheter un nouveau.

Elle sait que là n'est pas la question, pour Theodore, mais c'était une chose qu'il fallait dire.

— Tu vas te blesser.

Elle devrait s'arrêter là. Elle sait qu'elle devrait s'arrêter là. Franchement, elle ne devrait pas prononcer un mot de plus.

— Encore une fois.

Vivian lui ôte des mains la pièce qui porte la lame.

Le visage de Theodore compose du mieux qu'il peut un froncement de sourcils. Il regarde le chien à ses pieds.

— Dans cette maison, y a plein de gens qui me disent ce que je dois faire, ces temps-ci… Très bien, mais ne le jette pas, s'il te plaît, demande Theodore à sa mère. Je suis sûr qu'on peut le réparer.

Vivian va chercher une boîte en carton. Elle a appris qu'il est parfois plus facile de l'amadouer en le calmant. Avec un peu de chance, il oubliera et elle pourra bientôt le jeter.

VINGT-DEUX

En dépit du drame récent, le club de lecture de Jean a décidé de ne pas modifier le calendrier de ses réunions, en « hommage » à James. Ils se disent que c'est ce qu'il aurait voulu, mais à la vérité, aucun d'eux, en dehors de Jean, ne l'avait suffisamment bien connu pour savoir ce qu'il aurait voulu, et nous avons vu que même Jean ne connaissait pas tout de lui. Le fait est que Margot avait choisi un livre atroce, *Sur la route de Madison*, un ouvrage que jamais James n'aurait ouvert par lui-même. Jean l'avait lu à sa parution, longtemps avant d'avoir ne serait-ce qu'imaginé être elle-même infidèle un jour, n'avait pas de mots pour dire combien elle l'avait détesté, à l'époque – l'histoire invraisemblable, l'écriture si épouvantable qu'elle se rappelle avoir été gênée pour l'auteur –, n'avait détesté avec autant de force qu'un seul autre livre de toute son existence. (*Conversations avec Dieu*. Pour elle, cela dépassait presque l'entendement que des millions et des millions de gens aient acheté ce bouquin et lui aient trouvé un sens – *qu'un type bavarde avec dieu, c'est bien joli*, pensait-elle, *mais payer pour se farcir ces échanges absurdes, c'est un peu comme de payer pour entendre les discussions entre quelqu'un et E.T.*) Alors elle n'avait aucune intention de relire *Sur la route de Madison* cette fois – déjà pas avant la mort de James et encore moins maintenant. Jean avait l'impression que ce roman avait été sélectionné en réaction au dernier choix de James. Tout le monde voulait quelque chose de romantique. Quelque chose de *facile*.

Ce jour-là, Jean n'est pas d'humeur à voir du monde, mais entre regarder par la fenêtre en compagnie de Theodore et sortir, elle n'hésite guère et va récupérer son exemplaire du livre, dont elle n'avait même pas réussi à se débarrasser à seulement vingt-cinq cents lors de leur dernier vide-grenier, puis franchit le seuil de la maison.

Quatre des cinq membres du groupe sont complètement captivés par le texte et très excités à l'idée d'en parler. Ils lisent chacun son tour leurs passages favoris. La plupart des extraits choisis l'auraient été par Jean pour démontrer la médiocrité du style. Margot déclame : « Ma vie… manque de romanesque, d'érotisme, de danses dans la cuisine à la lueur de la bougie et de la merveilleuse sensation d'un homme qui sait comment aimer une femme… » Jean se demande ce qui diable avait bien pu la convaincre d'intégrer ce groupe, au départ. Sans doute parce qu'on le lui avait proposé, se dit-elle. On pourrait croire qu'elle s'identifierait à ce personnage, mais en entendant ces phrases, elle a toutes les peines du monde à réprimer un haut-le-cœur. Une piètre écriture prend immanquablement le pas sur une histoire potentiellement intéressante. Peut-être devrait-elle écrire un livre. Ne serait-elle pas capable de rédiger un meilleur texte sur le même thème ? Elle pourrait imaginer un roman sur une femme seule se liant avec un homme qui se suicide parce que son cercle de lecture a choisi le pire livre jamais écrit. Elle sait que ces gens ne sont pas de mauvaises personnes, mais sont-ils vraiment aussi superficiels que cela ? Comment a-t-elle fait pour ne pas le remarquer du vivant de James ? Bah, ma foi. Jean demeure un certain temps muette, à endurer les *ooh* et les *aah* du groupe au sujet de l'amour de Francesca et de Kincaid – même de la part de Duncan, le seul homme restant du club, qui d'ordinaire n'est pas aussi niais –, à les écouter avouer combien ils s'étaient surpris à éprouver de l'empathie pour elle, alors même qu'elle avait trahi sa famille. Jean ne peut s'empêcher de s'interroger sur l'empathie dont ils feraient preuve si elle confessait son propre secret à cet instant. Ayant supporté leurs commérages pendant des années, elle doute de les voir se pâmer sur son histoire avec autant d'émotion que sur celle de ces personnages de fiction plats. Elle ne parvient pas à savoir ce qui la contrarie le plus : leur attrait pour ce récit ou le fait qu'ils semblent infichus de reconnaître que ce livre est une plaie pour le genre humain.

Margot finit par s'apercevoir du silence persistant de Jean.

— Tu ne dis vraiment rien, ce soir, Jean. Tu n'as pas aimé le livre ?

Comme à son habitude, Jean tend à se montrer polie, en dépit des pensées qui bouillonnent dans sa tête.

— Pour être franche, je l'ai lu il y a longtemps.

— D'accord. Mais tu as dû l'aimer à ce moment-là, non ?

Jean est courtoise, mais quand elle se sent acculée, elle ment aussi très mal.

— Eh bien, pas tant que ça, non.

Réactions de stupeur du reste du groupe. Ils n'arrivent pas à y croire. Ils le devraient : elle avait adoré *La Conjuration* et elle choisissait elle-même toujours des ouvrages *difficiles*, mais ils n'arrivent pas à croire que l'on ne puisse pas aimer ce livre.

— Tu n'as pas trouvé que c'était une magnifique histoire d'amour ?

— Pas vraiment.

— Mais pourquoi ?

Jean cherche une manière de contourner ce qu'elle veut réellement dire : qu'elle a quelque expérience dans ce domaine, mais que, même à l'époque où elle n'en avait pas, elle avait pourtant trouvé que l'histoire sonnait faux. Elle se contente de déclarer qu'elle jugeait ce roman mal écrit, puis inspire profondément et feuillette le livre pour dénicher un exemple.

— OK, ça : « Je suis la route et un faucon pèlerin et toutes les voiles qui ont jamais pris la mer. »

Pâmoison générale.

— Très bien, et celle-ci : « Dans un univers d'équivoques, une telle certitude ne se présente qu'une seule fois et plus jamais ensuite, quel que soit le nombre d'existences que vous vivrez. »

— J'ai été soufflée par cette phrase ! s'exclame Alisa. C'est tellement vrai !

— Est-ce que tu ne rêves pas de connaître une telle certitude ? demande Margot. Voilà dix-sept ans que je suis mariée. Je ne suis même pas sûre d'avoir éprouvé cela le jour de notre mariage.

— OK, encore une autre : « Me voici qui marche à l'intérieur de moi avec une autre personne. » Je veux dire, j'sais pas, mais vous ne trouvez pas ça un peu tordu ?

Jean avait aimé, avec James, avoir la sensation qu'il marchait toujours à ses côtés. Personne ne saisit la différence, et Jean comprend que c'est peine perdue. C'est sur cette note discordante que s'achève la réunion de ce mois. Jean attend les derniers *Eh-bien-moi-j'ai-adoré* avant de prendre congé, mais elle ne reviendra plus aux séances du cercle de lecture.

VINGT-TROIS

Le psy de Gordon lui suggère naturellement une thérapie. Gordon n'est pas très chaud pour s'engager tête baissée dans quoi que ce soit de ce genre, mais il est à bout. Il a toujours considéré la psychologie comme une branche du charlatanisme ou comme réservée aux personnes réellement perturbées, et que toutes les autres n'avaient qu'à se secouer et à trouver elles-mêmes une manière de se sortir de leurs problèmes. Sauf qu'en ce moment, Gordon est disposé à explorer toutes les pistes – dans l'espoir du scénario idéal qui verrait son médecin et le psy parvenir tous les deux au même diagnostic clair et précis, du style « Il n'y a absolument rien d'anormal chez vous ».

Gordon essaie de pousser le psy à lui expliquer les diverses causes de la perte de mémoire : est-ce oui ou non le début d'un long déclin, plus ou moins rapide ? Est-ce Alzheimer ? Parkinson ? La démence ? Une attaque ? Une tumeur au cerveau ? Quoi ? Le psy lui répond qu'il lui faudrait passer des examens pour déterminer si oui ou non il souffrait de quelque syndrome de ce type, mais que comme c'est généralement la mémoire à court terme qui flanche en premier et qu'une véritable amnésie serait suivie de nombreux autres symptômes, il ne croit pas que cela soit nécessaire à ce stade. Cette conclusion soulage brièvement Gordon, jusqu'à ce que le psy ajoute :

— Il n'y a rien que de très normal à réprimer certains souvenirs douloureux.

Des souvenirs douloureux ? Avec Trudy ? Jusqu'à quel point ont-ils pu être douloureux ? Et même si tel était le cas, est-ce qu'il ne se souviendrait pas au moins de *quelque chose* ? Est-ce qu'il ne se souviendrait pas de Trudy ? de son visage ? même s'il était incapable de le replacer dans son contexte ? Comment se faisait-il qu'il se souvienne de Sheila et pas de Trudy ?

— Le cerveau a une aptitude remarquable à contourner le trauma.

— Le trauma ?

— Oui. Par exemple, il existe une abondante littérature sur le lien entre le trauma psychique, causé par un événement horrible, et une personnalité fractionnée, c'est-à-dire double, voire multiple.

Gordon met « trauma », « psychique » et « personnalité multiple » dans le tambour du sèche-linge. Il sait que s'il était une espèce de Sybil[1], il y aurait fatalement d'autres symptômes, que sa famille s'en apercevrait sûrement, qu'il aurait probablement des trous de mémoire ; or, rien de tel n'est advenu. Mais un trauma psychique ? Qu'a-t-il bien pu se passer entre Trudy et lui que l'on pourrait ranger sous cette dénomination ? qui serait si impensable qu'il l'aurait littéralement effacé de sa pensée ?

1. Pseudonyme d'une jeune femme souffrant d'un trouble de la personnalité multiple, dont la thérapie a fait l'objet, en 1973, d'un roman biographique éponyme qui a connu un grand succès.

Aurait-elle pu le droguer, avoir commis sur lui quelque horreur pendant qu'il était inconscient ? Le psy reconnaît que c'est pousser un peu loin et suggère un trauma un peu plus subtil – un événement qui, d'une manière ou d'une autre, serait peut-être en rapport avec la mère ou le père de Gordon, voire un autre membre de la famille, un trauma de l'enfance qui, par interaction avec eux, entrerait en résonance avec quelque épreuve pénible depuis longtemps oubliée.

— Votre vie familiale a peut-être été heureuse, mais de tels événements se produisent aussi avec des amis de la famille, des baby-sitters, d'autres parents.

C'est là que Gordon dérape. Il sait qu'il a eu une enfance heureuse. Il *lui semble* qu'il le sait. Il le savait, en tout cas. À moins que ce que lui dit le docteur ne soit vrai. Ce qui n'est pas le cas. C'est impossible. Non, vraiment, impossible. Nous vous le certifions. C'est juste que, dorénavant, Gordon n'en sera plus jamais sûr à plus de quatre-vingt-dix-huit pour cent. Les deux pour cent restants sont ennuyeux, c'est certain, mais pas au point d'ébranler sa certitude. L'origine de sa perte de mémoire est à rechercher ailleurs, aucun doute.

— Pensez-vous qu'il y ait une quelconque possibilité que Trudy mente, qu'elle ait fabriqué cela de toutes pièces, qu'elle soit une sorte de désaxée qui me harcèle ? Une femme avec qui j'aurais peut-être eu une liaison par le passé et qui, par la suite, serait devenue obsédée au point d'inventer toutes sortes d'histoires auxquelles elle croit, mais qui sont fausses ?

— C'est une conclusion qui me paraît quelque peu tirée par les cheveux.

Pour Gordon aussi, mais même un scénario à la *Hantise* serait préférable à une déficience mentale.

— Les désaxés n'ont-ils pas pour habitude de vous traquer, de vous suivre partout ?

Il n'avait vu Trudy qu'une seule fois, mais se pouvait-il qu'elle soit habile au point d'avoir maquillé cet instant en une rencontre fortuite, qu'elle soit en train de manigancer quelque moyen pour le harceler au moment même où nous parlons, qui sait ? Qu'elle soit sournoise au point d'avoir refusé sa demande d'amitié sur le réseau social, rien que pour faire croire qu'elle ne le harcelait pas ? Gordon s'emballe pour cette théorie, même si cela signifie que sa vie pourrait être menacée. Si on lui offre le choix, il préfère l'idée que quelqu'un veuille le tuer à celle de perdre sa ressource la plus précieuse. Que deviendrait-il sans son esprit ? Il l'ignore et il n'aime pas être dans l'ignorance.

Gordon finit par appeler Phil, son colocataire à l'université, pour lui demander ce qu'il se remémore de Trudy.

— C'était l'année où tu m'envoyais balader presque tous les soirs pour être avec elle, dit Phil.

Gordon explique comment dernièrement ils s'étaient rencontrés par hasard.

— Sauf que je n'avais tout simplement pas le moindre souvenir d'elle.

— C'est vrai ? À l'époque, elle te rendait dingue, ça c'est sûr. Tu ne te rappelles pas comment je râlais contre vous quand elle passait la nuit à la piaule ? Bon sang, le boucan que vous faisiez me hante encore. Je croyais toujours que vous étiez malades ou je ne sais quoi.

Phil imite un bruit saccadé de soubresauts ; Gordon demeure silencieux.

— Mais, tu sais, on se fait vieux maintenant, mon gars. Ne te fais pas de mouron. Je confonds tout le temps le nom de ma femme avec celui de mon chien.

Ce n'est pas du tout pareil, pense Gordon. *Pas du tout.*

VINGT-QUATRE

Priscilla vient juste de recevoir un SMS de Taylor. *OMG, 3 rappels today !!! Kwa kom fringues ???* Priscilla n'arrive pas à croire que Taylor ait aussi peu de tact. Elle n'aurait pas pu envoyer ce texto à quelqu'un d'autre ? La candidature de Priscilla n'a pas encore été officiellement rejetée et elle n'a d'ailleurs pas eu d'autres nouvelles depuis le dernier entretien. Elle répond *Ton jean blanc*, celui que Taylor adore, mais dans lequel Priscilla trouve qu'elle fait vraiment putasse. On voit toujours son string dépasser au-dessus de la ceinture. Genre, de façon totalement délibérée. Putasse *et* vulgasse. Jamais Priscilla n'aurait un tel mauvais goût. *Avk kel top ???* En cet instant, Priscilla aurait envie de fracasser son téléphone en mille morceaux, mais elle s'y était amusée une fois et, comme ses parents avaient refusé de lui en acheter un autre, il lui avait fallu passer deux interminables mois sans SMS pour économiser l'argent nécessaire à l'achat d'un nouvel appareil. *Mets Nimp' !* réplique Priscilla – le N majuscule visant à exprimer son irritation – avant de couper son portable d'un brusque coup d'index frustré, accompagné d'un grognement. C'était une chance unique et Taylor lui avait fauché sa place, et désormais toutes les places étaient prises et elle n'avait même pas une autre cops-à-la-vie-à-la-mort auprès de qui s'apitoyer. Elle regrette à fond de ne pas être le style de fille à se suicider. Enfin, pas, genre, de manière définitive, mais ce serait trop génial si elle avait la capacité de se tuer brièvement, afin qu'ils puissent tous se rendre compte de l'erreur monumentale qu'ils commettaient en ne l'ayant pas sélectionnée immédiatement pour cette émission.

Elle consacre une ou deux minutes à réfléchir aux moyens de simuler un suicide, comme dans ce vieux film des années soixante-dix que sa maman aimait toujours revoir, avec la vieille dame et ce jeune type aux yeux exorbités. Comme ce serait super de pouvoir laisser croire qu'elle s'est planté, genre, un giga talon aiguille dans le cou ou un parapluie ou je ne sais quoi encore, avec plein de sang partout ! Ce ne serait peut-être pas très crédible. Elle pourrait juste éparpiller quelques cachets sur le sol et s'allonger à côté. Oui, mais : et si c'était Otis qui la trouvait ? Elle ne le déteste pas à ce point. En réalité, elle ne le déteste pas du tout ; il l'agace grave, c'est tout. Ça craindrait carrément, en fait ; son pauvre petit frère. De plus, comment celui ou celle qui la découvrirait pourrait faire remonter cette nouvelle aux gens de l'émission de télé ? En suivant le fil de ce raisonnement, P imagine plutôt que c'est Taylor qui tombe sur son corps inerte et ça lui semble au début être une idée de génie, genre, « Alors, est-ce que tu comprends *maintenant* combien c'était important pour moi ? Es-tu heureuse d'avoir décroché cette émission en passant sur mon cadavre ? Je parie que non », mais à ce moment, son imagination s'égare dans la mauvaise direction et, dans sa tête, l'émission s'attache à suivre le chagrin de Taylor, lui donnant une profondeur qu'elle n'aurait peut-être pas eue sans cela. Dans un cas comme dans l'autre, Priscilla s'aperçoit que ce serait toujours Taylor qui serait au centre de l'histoire. Fait chier. Il lui faudrait s'assurer que c'est sa mère qui la trouve.

Priscilla n'a aucune idée de ce qui arrive à sa maman, ces derniers temps – genre, comme si sa tête était partie dans un trip total en Mongolie-Extérieure ou dieu sait où. Ça la ferait retomber sur terre. Mais ça craindrait aussi méchamment. Elle ne le souhaite pas réellement à sa mère. Même un simple faux suicide, ça signifierait deux minutes grave nazes avant qu'elle ne se redresse pour dévoiler qu'elle n'était pas morte. Franchement, souhaite-t-elle une chose pareille à un membre quelconque de sa famille ? D'a-*ac*, elle ne le souhaite pas. Ce serait bien si les uns ou les autres prêtaient attention à elle, c'est tout. Elle croyait qu'elle pouvait au moins compter sur Taylor, mais à présent, elle se demande si elle peut se fier à qui que ce soit.

VINGT-CINQ

Aujourd'hui, Jean flâne dans le centre commercial. Elle s'y est rendue pour acheter un nouveau livre dont elle a entendu parler, même si depuis le décès de James elle a été incapable de se plonger dans le moindre ouvrage et qu'elle a encore le plus grand mal à feuilleter un magazine sans voir James sur toutes les pages : chaque publicité de parfum illustrée par une photo d'amants musculeux en noir et blanc représente Jean et James (bien que, dans la vraie vie, il n'y ait jamais rien eu de particulièrement « musculeux »), chaque recette contient un ingrédient d'un plat autrefois mangé par Jean et James, chaque article lui rappelle plus ou moins James, chaque titre inclut James quelque part.

Esclaves de James.
Des produits faits pour vous : testés par James, approuvés par les épouses.
Votre question sexuelle la plus secrète : comment convaincre James de regarder du porno avec moi ?
Dix positions dont James n'a jamais entendu parler, mais qu'il se doit d'essayer.
Comment trouver James en trente jours ?
Comment laisser James au travail ?

Comment rencontrer James au supermarché ?
Comment choisir une tenue qui vous fasse plaisir, mais en laissant croire à James que c'est pour lui faire plaisir ?
Que signifie votre James ?
Pourquoi les femmes sont obsédées par James ?
Six façons de vous remettre d'un James.
Pourquoi James aime les femmes avides de pouvoir ?
Les meilleurs tuyaux de James pour se masturber.
Le langage corporel de James.
À réaliser vous-même : un centre de table en James pour les fêtes.
Des signes de ménopause que James ne saurait peut-être pas déceler.
Devrait-on autoriser les gens à acheter James avec des tickets d'alimentation ?
Meilleurs trucs pour enlever les taches de James.
Quatre méthodes faciles pour un James sain.
Dure réalité : « James prend le contrôle de nos vies ! »
La robe de James est-elle trop racoleuse ?
Vous vous demandez pourquoi nous recommandons toujours de porter des Spanx sous vos vêtements en élasthanne ? Cette photo de James montre exactement ce que nous voulons dire par là.
James est la nouvelle variété de viande en conserve en vogue.
Les secrets de mode de James.
Planter un jardin de James en cinq étapes.
Méfiez-vous du lavage de James.
Une chose que James conserve pour lui.

Tandis qu'elle déambule dans un grand magasin, Jean touche machinalement du doigt divers produits cosmétiques, puis essaie un rouge à lèvres d'un rouge vif qui n'est décidément pas son style. Il ne la met pas en valeur, mais il a cependant quelque chose d'insolent. L'espace d'une seconde, elle envisage de le garder, comme un petit va-te-faire-foutre qu'elle lancerait au monde. Euh. Va te faire foutre ? Est-ce réellement ce qu'elle a en tête ? Alors qu'elle s'apprête à l'enlever, une vendeuse jaillit d'un bond de derrière le comptoir et affirme à Jean que c'est fabuleux, avant de lui sortir quelques échantillons et crèmes, puis de l'inviter à s'asseoir sur une chaise haute, où elle se propose de lui faire gratuitement un relooking. Un relooking ! Super idée. Elle n'a pas changé de look depuis une éternité. Si c'est comme dans ces relookings de la télé, ça peut basculer d'un côté ou de l'autre. Elle peut être comme celles qui finissent avec une peau au lustre standard, pas tant embellies que différentes, mais si c'est bien réalisé, elle peut être canon, pourra pousser la porte d'entrée pour dévoiler le résultat et attendre que Gordon la remarque, découvre à la fois son moi intérieur et son moi extérieur ; tel est le pouvoir des relookings de la télé. En fait, Priscilla pourrait sans doute aider sa mère à la faire paraître elle-même, mais en mieux, en plus fraîche. Sauf que personne n'y songe présentement. Ce n'est pas ce qui est en train de se produire. Elle est dans un centre commercial. Jean n'escompte pas de changement majeur, pense que cela permettra peut-être au mieux de lui remonter un peu le moral et, durant les premiers instants, elle parvient à faire abstraction du baratin de la vendeuse, à ne sentir que les doigts délicats de la femme sur sa figure, à laisser son esprit dériver un bref moment au cours duquel elle imagine que ce sont les mains de James, au cours duquel James lui caresse tendrement le visage comme il en avait coutume jadis. Mais lorsque la vendeuse lui tamponne de la crème anti-cernes sous les yeux, la dérive de Jean s'interrompt au mot « anti-âge ».

— Je suis désolée, s'excuse Jean, que disiez-vous ?

— Je disais qu'à l'heure actuelle, c'est l'un des meilleurs produits anti-âge du marché. Personnellement, je ne jure que par ça.

Jean regarde le pot de cosmétique. *Crème miracle*, ça s'appelle. Soin hydratant anti-âge miraculeux. Être témoin d'un miracle, c'est vous savoir pleine de vie, brillante, céleste. Tout est expliqué sur l'étiquette.

C'est la promesse de cette crème ? Sérieusement ?

— Pourquoi est-ce le gros truc du moment, les produits anti-âge ?

— Oh, vous savez, nous voulons toutes être en beauté, n'est-ce pas ?

— Je crois que vous ne comprenez pas ce que je dis. Anti-*âge*, répète Jean.

— Pardonnez-moi… je… ne vois pas ?

— Je pense que vous me vendez un mensonge.

La vendeuse fait tout son possible pour garder son flegme, se demandant avec une pointe d'inquiétude si cette femme s'en prenait personnellement à elle, insinuant qu'elle mentait.

— Oh, mais, madame, je vous assure que c'est un produit fabuleux.

— C'est ce que vous me dites. Mais vous voyez, il est impossible que ce produit accomplisse ce qu'il promet.

Silence stupéfait de la commerçante.

— Il nous dit *anti-âge*. C'est le gros truc. On voit ça partout. Partout. Mais franchement, pourquoi ne pas tout simplement employer le terme que l'on sous-entend en réalité ? Ne veut-on pas dire en fait *anti-mort* ?

— Quoi ?

— Sérieusement, c'est quoi l'idée qui est derrière le concept anti-âge ? Nous croyons que c'est parce que notre société est obsédée par la jeunesse, mais réfléchissez un peu : au fond, nous sommes tous obsédés par la mort.

— Madame, je ne sais que vous dire. Voilà des années que j'utilise ce produit. Il vous fait littéralement remonter le temps.

— Non, il ne peut pas *littéralement* faire cela.

Percevant l'hostilité croissante dans la voix de Jean, la femme marque une pause, car elle ne veut pas manquer une vente.

— Pardon ?

— Il ne peut pas littéralement faire cela. Savez-vous ce que signifie le mot *littéralement* ? Il signifie que quelque chose se produit dans la réalité. Donc, ce que vous cherchez à me dire, c'est qu'en utilisant ce produit, le temps *dans son intégralité* va revenir en arrière. Ce qui est impossible, littéralement ou autrement.

— Oh, eh bien, je veux juste…

— J'aimerais vraiment que ce soit possible. J'aimerais vraiment que cette crème anti-âge fasse littéralement remonter le temps pour que je puisse implorer l'homme que j'aime de ne pas se pendre.

Jean se lève d'un bond, un seul œil maquillé et la bouche encore fardée de rouge, puis quitte le magasin.

VINGT-SIX

Donc, Theodore a travaillé sur son article. Au fil des ans, il en a publié un bon nombre et donné des conférences devant un public en général assez enthousiaste. Sur un thème comme l'optométrie, les articles de Theodore se distinguaient par la faculté de leur auteur à toujours employer à bon escient son sens de l'humour, là où ceux de ses confrères avaient tendance à être ennuyeux. Mais depuis un an, avec l'étrange déclin de ses fonctions cognitives, il est dans une sorte de no man's land mental, où il est convaincu qu'il peut faire absolument ce qu'il veut, que tout est tel qu'il l'a toujours été, que le seul changement, c'est que son corps ne fonctionne pas tout à fait aussi bien qu'avant. C'est enquiquinant, mais ça pourrait être pire : ce n'est pas comme s'il avait été du genre sportif ou quelque chose comme ça, il a toujours été un « homme d'intérieur » (il en glousse encore de se définir ainsi). Cela signifie par conséquent qu'il a fignolé cet article, qu'il est sincèrement persuadé de pouvoir le présenter un jour à un congrès d'optométrie. Le hic, c'est qu'au cours des mois qui se sont écoulés depuis que Theodore a rédigé le premier jet de son brouillon (deux pages), « fignoler » en est venu à se traduire par « contempler », parfois des heures durant, et aussi « lire » à tout auditoire se trouvant dans les parages. Aujourd'hui, il a réuni toute la famille. À l'évidence, il a été passé un pacte tacite visant à se prêter au jeu quant à la qualité du contenu de son article et à l'avenir de celui-ci. Visiblement, la famille comprend que, malgré ses intentions, il n'ira jamais jusqu'à le soumettre à l'approbation de qui que ce soit. Jean a déjà entendu la lecture de l'article plusieurs fois auparavant, tout comme Otis. Mais pas Gordon, et le moment choisi ne pouvait plus mal tomber. Cependant, tout le monde a conscience que, dans l'esprit de Theodore, ces pages sont aussi brillantes que tout ce qu'il a pu écrire jusqu'alors. Il rayonne de fierté en les lisant. Il sait exactement ce qu'il veut dire, même s'il est le seul dans ce cas.

Voici un fragment de l'introduction :

LA VUE ET LA VISION – L'OPTOMÉTRIE,
UNE VISION À LONG TERME :
MYOPIE ET HYPERMÉTROPIE

Enfant, j'ai développé une passion pour les visions. Mon père était optométriste et tenait également une joaillerie, ces deux activités étant souvent associées en ce temps-là. J'aimais m'installer dans son fauteuil, j'aimais les objets utilisés, le petit bruit sec de l'énorme oculaire, les lettres floues. Mais ce qui m'a toujours le plus convoluté dans l'optométrie est peut-être quelque chose d'abscons et non pas la raison pour laquelle la plupart des gens s'engagent dans cette cour. Ce qui m'intéresse, c'est l'adhésion entre vue et vision. Nous ne pouvons pas voir si nous ne sommes pas dotés de la vision. Ou est-ce possible ? Voilà ce que je me propose d'obtenir aujourd'hui.

Dans la pièce, chacun fait de son mieux pour hocher la tête d'un air captivé, tout en s'efforçant d'éviter de croiser le regard de Theodore afin de ne pas se vendre. Ses mains tremblent beaucoup ; à se demander comment il peut même arriver à lire une feuille de papier qui ondule autant, mais nous supposons qu'il a presque entièrement mémorisé son texte, étant donné le temps qu'il prétend y avoir consacré.

— Arrête de bouger, s'agace Vivian.

— Vivian ! chuchote Jean.

— Quoi ? demande Vivian, la mine atterrée.

À ce stade, Theodore n'est plus trop en capacité de lancer un regard furieux ; son expression n'a désormais que peu de variations, mais la volonté de lancer un regard furieux à sa mère est patente.

— Je ne peux pas.

— Oh ! Bon, je ne savais pas.

Là, Theodore marque une assez longue pause. Il nous est difficile de conjecturer sur ce qui se passe dans sa tête. À l'époque où il avait toutes ses facultés, il lui aurait répondu sèchement. Leurs disputes n'étaient jamais très violentes : en règle générale, Theodore disait assez franchement le fond de sa pensée, Vivian niait avoir eu la moindre intention de se montrer méchante par ses critiques et, après une heure dans des coins séparés, ils se remettaient à bavarder comme si de rien n'était. Theodore était toujours le chantre d'une philosophie de la bonne humeur, répondant aux excuses par des « Mais non » et aux remerciements par des « N'en parlons pas ». S'il avait gardé quelque ressentiment, seule Laura devait être dans le secret. Ce qui est différent en cet instant, c'est que sa mère a directement attiré l'attention sur ses limites physiques. C'est une bulle que personne n'avait envie de voir éclater – Theodore moins que tous les autres, probablement. Comme, en apparence au moins, son existence est assez similaire à ce qu'elle était auparavant, nous imaginons qu'il lui est facile de se convaincre que rien n'a changé. Jusqu'au moment où quelqu'un met le doigt dessus.

— Theodore, continue, s'il te plaît, l'encourage Jean.

Theodore lit le reste de l'article. Il n'est guère plus long que les deux pages par lesquelles il a commencé et son contenu n'a pas connu non plus de modifications substantielles. C'est un rabâchage dans la veine de ce qui précède. Il lève les yeux de la feuille et indique qu'il en a terminé par un hochement de tête. Tout le monde applaudit ; c'est la seule réaction sur laquelle personne n'a le moindre doute. Leurs sourires gênés devraient les trahir, mais Theodore ne remarque rien. Vivian est la première à sortir ; Jean plante une bise sur le crâne de Theodore ; tout le monde lui donne des tapes dans le dos, en lui assurant que c'était super avant de marmonner les diverses obligations qui les appellent les uns et les autres hors de la pièce. Il est persuadé de leur approbation.

Otis est le seul à rester.

— Super boulot, papy !

— Ouais, tu as trouvé ?

Otis répond oui de la tête, n'a pas prévu de repartie, voulait juste tenir compagnie à son papy.

Theodore lui rend son geste en souriant. Il croit son petit-fils. Son article aura beaucoup de succès au congrès, il en est convaincu.

VINGT-SEPT

Après douze messages sur sa page du réseau social auxquels elle n'a pas donné suite, Trudy finit par répondre, dans l'espoir que Gordon lui fichera la paix. *Retrouve-moi au* Uncommon Grounds *lundi à midi et épargne-moi tes putains de conneries.*

Le lundi suivant, Gordon se présente au lieu dit à onze heures trente pour être sûr de ne pas la manquer, puis descend deux espressos et un café au lait avant qu'elle arrive. Comme s'il n'était pas déjà assez flippé comme ça.

Trudy entre dans le café et s'assoit à la table de Gordon. Il la remercie d'être venue. Elle le foudroie du regard.

— Je n'ai que cinq minutes, annonce-t-elle.

— OK. OK. OK. Bien, bien, bien ; Trudy, depuis notre dernière rencontre, je n'arrête pas de penser à toi. Je veux dire, pas à toi, mais à nous. Je veux dire, pas à nous, mais à la raison pour laquelle je suis incapable de me souvenir de nous deux. Je suis allé consulter des médecins, des psys.

Ses mains tremblent sous l'effet du café.

— Bon, c'est bien, je suppose, dit Trudy.

— Mais tous disent qu'il n'y a rien d'anormal chez moi.

Haussement de sourcils de Trudy.

— Donc, soit il y a un truc qu'ils n'ont pas vu, soit tu me harcèles.

Gordon ne se rend pas du tout compte de la brutalité de sa transition.

— Eh bien dans ce cas, c'est qu'il y a un truc qu'ils n'ont pas vu, c'est sûr, réplique Trudy. C'est une équation mathématique très intéressante que tu as faite dans ta tête, Gordon. Et comment est-ce que je te harcèle précisément ? Est-ce que je t'ai téléphoné une seule fois ?

— Je crois que tu agis à la dérobée, que tu es peut-être si douée pour ça que tu parviens à donner l'impression qu'il ne se passe rien de tel et que ce qui m'arrive réellement est un jeu extravagant destiné à m'embrouiller l'esprit afin que je sois à ta merci.

Trudy lève une main.

— À moi de parler, déclare-t-elle.

Bien qu'ayant lui-même l'intention de continuer, Gordon accepte d'un hochement de tête vigoureux.

— Il faut que tu me laisses tranquille.

— S'il te plaît, Trudy, je veux juste avoir une discussion.

— Tu l'as eue, ta conversation, Gordon. Tu vas cesser de m'envoyer des messages.

— Je t'en prie, Trudy. Tu es la seule qui puisse m'aider !

— Ne. Me. Contacte. Plus. Jamais, Gordon. Je ne plaisante pas.

— Mais je suis en train de perdre la raison ! lui crie-t-il tandis qu'elle prend congé.

— Oh, sans déc', Gordon ?

Et la voilà partie.

VINGT-HUIT

Pour ce qui est relatif à la prise en charge de Vivian et de Theodore, Jean est un peu dans une situation perdant-perdant. La dame de compagnie porte une part importante du fardeau, enfin théoriquement – elle s'occupe d'eux pendant la journée, veillant à ce que ni l'un ni l'autre ne tombent, empêchant Theodore de déambuler trop loin. Mais c'est à Jean qu'incombe le plus gros de la responsabilité ; Vivian étant la personne qu'elle est et habitant sous son toit, voilà qui a contribué de manière exponentielle à l'épuisement émotionnel de Jean. Il y a toujours eu des frictions entre elles. Vivian a le chic pour vous insulter avec le sourire, tout en vous laissant dans le doute par rapport à ce qu'elle vient de vous dire. (*Oh*, dira-t-elle en touchant le chandail de Jean, *je suppose que c'est ce que portent les gens de nos jours ; ma foi, c'est bien.*) Peu importe que Gordon prenne un peu le relais, en prêtant au moins physiquement son assistance, ce qu'il fait souvent. Les soirs, il se propose d'aider Theodore à se changer, de lui donner ses médocs à l'heure prévue, ce genre de choses, se montrant attentif (même si dernièrement il a l'esprit ailleurs – comme tous les autres) et désireux de consacrer du temps à son père et à sa grand-mère. Il a toujours cru dans la famille et, même s'il s'est un peu bercé d'illusions sur le degré de proximité qui existait réellement entre ses différents membres, au moins assume-t-il ses obligations.

Vivian est beaucoup plus autonome que son fils pour ce qui est de s'habiller, de se doucher, d'aller aux toilettes ; bref, les activités journalières de base. Elle est capable d'accomplir tout cela. Il y a malgré tout des moments où Jean remplacerait volontiers la seule Vivian par trois Theodore. C'est l'un de ces moments.

Aujourd'hui, Jean doit aller au supermarché pour faire quelques courses, sauf qu'elle a omis de le noter sur le calendrier – une particularité dont nous avons peut-être oublié de vous parler. Lorsque la famille avait emménagé, Vivian avait demandé un planning des activités quotidiennes de chacun. Elle aime savoir où sont les uns et les autres à toute heure de la journée. Même si Jean concède qu'il pourrait éventuellement être utile à Vivian de connaître les allées et venues de la famille (ce qui est totalement impossible avec Priscilla : ses horaires de travail figurent sur le calendrier et, en dehors de cette concession, elle refuse de participer), en ce qui concerne sorties pour les commissions ou le pressing, elle a tendance, comme la plupart des gens, à agir en fonction des exigences du moment et, par conséquent, ne songe pas toujours à les marquer sur le calendrier. Jean n'a jamais tout à fait saisi que, pour Vivian, gérer le calendrier entre dans la rubrique des *choses qu'elle peut contrôler*, une catégorie qui s'est réduite comme peau de chagrin au cours de ces dernières années. C'est un besoin qu'elle a toujours eu, mais qui est devenu plus pressant depuis l'arrivée de la famille. C'est si simple, de tout noter sur le calendrier, pense-t-elle. Si elle sait vers quelle heure chacun doit rentrer, cela lui évite de trop s'inquiéter. Vous pouvez imaginer comment cette idée a été accueillie par Priscilla, mais en fait c'est surtout Jean que cette contrainte a toujours le plus embêtée et la parade qu'elle a trouvée a été de s'inventer des occupations, rien que pour calmer Vivian. Ce qui fut particulièrement nécessaire du vivant de James. Jean avait beaucoup de rendez-vous quand James était encore de ce monde. Ces derniers temps, en revanche, Jean ne se met plus martel en tête pour le calendrier.

— Oh ! s'exclame Vivian. Je vois ! À quelle heure penses-tu revenir ?

Jean soupire.

— Je n'en sais rien, Vivian, d'ici une heure, peut-être.

Vivian consulte l'horloge.

— Oh, très bien, dans ce cas, je t'attendrai à onze heures trente.

Jean comprend soudain la manie qu'a sa fille de rouler des yeux. Sa version à elle consiste à les écarquiller tout en serrant simultanément les mâchoires. Le truc, dans la relation de Vivian au calendrier, c'est qu'elle calcule le temps qu'elle estime requis pour chaque occupation, afin de prévoir l'heure à laquelle elle peut espérer un retour sain et sauf et ainsi savoir à partir de quel moment elle doit commencer à se faire du souci. Ne pas s'en faire ne figure pas parmi les solutions envisagées, même si elle lui a été suggérée. Jean a envie de demander à Vivian ce qui risque de se passer, à son avis, si elle n'est pas rentrée à onze heure et demie précises, mais c'est une question qu'elle a déjà posée maintes fois auparavant et à laquelle la réponse est en général : « Oh ! Ma foi, rien, je suppose », parce qu'il serait déplacé d'évoquer la possibilité d'un accident de voiture ; ce qui amène alors Jean à répliquer : « C'est exact, rien, Vivian ; il ne va rien se passer, le monde que tu connais ne cessera pas d'exister. » Toutefois, Jean se sent ensuite coupable de s'être montrée aussi sarcastique avec une dame de quatre-vingt-dix-huit ans, prenant conscience que, sans le calendrier, le monde de Vivian pourrait très bien cesser d'exister, et elle finit alors par s'excuser. Une situation perdant-perdant. Peu importe que ladite dame de quatre-vingt-dix-huit ans soit une peste qui a besoin de tout régenter. Ce n'est pas bien d'être méchant avec les personnes âgées, c'est tout. Jean vaut mieux que cela. Mais. Les choses sont un peu différentes désormais.

Jean prend le crayon rouge qui pend au bout du fil fixé au calendrier et inscrit, à la date du jour, COURSES, puis quitte la maison.

Depuis que la famille a découvert la passion de Vivian pour les jouets mécaniques, ceux-ci ont constitué l'un des principaux éléments de son bas de Noël. À quatre-vingt-dix-huit ans, elle en a accumulé une belle collection – un plein tiroir, en fait –, qu'elle aime sortir de temps à autre pour montrer combien ces objets sont amusants. Celui pour lequel elle a une affection particulièrement durable est le Furby qu'elle s'était vu offrir il y a une dizaine de Noëls environ ; enfin, à l'époque où ces peluches étaient à la mode. Celui-là, elle le laisse sur sa coiffeuse. Vivian s'imagine, à tort, qu'il réagit directement à ce qu'elle lui dit, qu'il répète ses mots de la même manière qu'un perroquet. Elle le trouve trop chou, merveilleux, même si elle ne connaît pas la moitié de ses possibilités – nous soupçonnons que si jamais elle entendait des Furby dialoguer entre eux, elle flipperait complètement. Ce que fait le sien lui suffit amplement. Il dit « Le soleil s'est levé ! » le matin, chaque matin, ce qui la plonge dans une joie sans bornes ; il dit « Des chatouilles ! » et elle s'exécute ; il dit « Encore ! » et « Youp là ! » et puis il danse et dit « Hou ! » lorsque quelque chose lui déplaît. Mais ce que Vivian préfère par-dessus tout, c'est quand il dit « Bisous d'amour ». Quand le Furby lui dit « Bisous d'amour », elle croit presque qu'il l'aime, et nous savons sans le moindre doute que, pour sa part, elle l'aime. Il semblerait par moments que Vivian aime plus le Furby que sa propre famille, plus que son cher neveu brillant qui va à l'université, plus que tout, pratiquement. Vivian a toujours été prodigue du mot « amour » avec sa famille, qu'elle profère d'ailleurs d'un ton plutôt chaleureux, mais tous ou presque sont capables de déceler la différence entre la façon dont elle le leur déclare et celle dont elle le déclare à son Furby. Theodore en particulier. De surcroît, jamais elle ne fait de remarque désobligeante à son Furby, ce qui a tendance à annihiler toutes les paroles aimables qu'elle a envers la famille.

Aujourd'hui, ce n'est pas une bonne journée pour le Furby. Vivian est sortie avec ses amies et le Furby a commencé à crier. Jamais ce Furby-là n'avait crié avant ce jour. Theodore entre dans la chambre de Vivian pour voir ce qui se passe et, ayant rapidement localisé la source du bruit, il emporte le Furby jusqu'à la table de la cuisine pour tenter de résoudre le problème. Contrairement à Vivian, Theodore a toujours été conscient que le Furby n'était qu'un objet pourvu d'un mécanisme, dont il pourra sans doute interrompre les cris pour peu qu'il l'ouvre. Hélas, avec la fourrure qui recouvre toute la bestiole, Theodore ne parvient pas à détecter l'emplacement des vis qui lui permettraient de le démonter. Il consacre un temps considérable à appuyer et à tirer dessus, probablement une heure, avant de se décider à recourir à des mesures plus radicales.

En poussant la porte de la maison à son retour, Vivian est cernée par un atroce vrombissement aigu, dont elle ne comprend l'origine qu'en découvrant son fils installé à la table de la cuisine, une perceuse électrique à la main. Elle arrive beaucoup trop tard. Une heure plus tôt, environ, il a foré l'arrière du crâne du Furby avec la perceuse. Malheureusement, c'est exactement l'endroit qu'il fallait éviter : c'est là qu'est logé le capteur. Difficile de savoir si l'action de Theodore était motivée par d'éventuelles arrière-pensées. Son intérêt pour le démontage des objets en masque peut-être un autre, tout aussi grand, pour la destruction d'une chose que sa mère paraît chérir plus que lui. Il est tout à fait possible que Theodore l'ignore lui-même.

À présent, la table est jonchée de petites touffes de fourrure, de minuscules rouages et ressorts, d'un bec et d'une paire d'yeux nue. Comme pour l'ouvre-boîte, dont les pièces sont désormais réunies dans un carton sur son bureau (ayant été récupérées parmi les ordures par Jean, qui savait que Vivian les avait jetées et devinait combien Theodore serait contrarié d'avoir à abandonner sa réparation, même s'il ne devait jamais s'y remettre), Theodore est convaincu que tout fonctionnera bien à la fin. Vivian est hors d'elle.

— Oh ! Oh, Theodore, qu'as-tu fait ? Je vous jure, où sont-ils donc tous, quand tu te mets en tête de faire des trucs pareils ?

Elle se précipite dans la maison principale. Otis est penché sur ses devoirs à la table de la cuisine. Vivian est incapable de dissimuler son désarroi. Plantée dans l'encadrement de la porte, elle cherche Jean du regard.

— Où est ta mère, mon chéri ?

— Elle est allée au supermarché.

— Je crois que ce n'était pas mentionné sur le calendrier.

— Que se passe-t-il, mamie Bibbie ?

Vivian n'avait jamais goûté ce surnom, qui lui rappelait trop celui de Libby, une fille de l'école primaire qui avait toujours le nez qui coulait. Toutefois, il lui avait été donné à l'âge de deux ans par Priscilla, dont les V et les B constituaient une seule et même lettre, et ensuite le sobriquet lui était resté, même une fois le problème de diction de Priscilla résolu.

— Oh ! Ton grand-père a détruit mon Furby !

Personne n'avait jamais vu Vivian pleurer, parce qu'elle ne pleure pas. Même quand elle est seule. Jamais. N'a pas versé une seule larme depuis qu'elle était toute petite. Mais là, elle devine dans sa gorge et tout près de ses yeux une sensation qu'elle n'aime pas du tout et s'efforce de maîtriser du mieux qu'elle peut. Néanmoins, Otis a quand même le temps de s'en apercevoir.

— Oh, non, mamie Bibbie, c'est horrible !

Otis se lève et serre Vivian dans ses bras. Elle demeure un peu figée. D'habitude, elle apprécie les embrassades, mais là, elle est dans l'incapacité de rendre à Otis son geste. Elle a l'impression que ses bras, collés contre ses flancs, la contiennent tout entière, que les écarter libérerait quelque chose pour quoi elle n'est pas préparée, que ce qui arrive depuis quelque temps à son fils est peut-être pire que ce qui est arrivé à son jouet, que les fils ne sont pas censés mourir avant les mères, que la vie sans son mari *ni* son fils serait insupportable. Alors, elle demeure ainsi pendant toute la durée de l'étreinte de son petit-fils – la plus longue qu'elle ait jamais connue, elle en est certaine –, dans l'espoir que ce moment finira par passer.

C'est l'un des pires jours de l'existence de Vivian.

VINGT-NEUF

Gordon se réveille au milieu de la nuit, taraudé par son affaire. Franchement, il n'arrive pas à comprendre pourquoi Trudy a pu penser que c'était *lui* qui la harcelait. Il essayait tout simplement de découvrir le fin mot de l'histoire à propos de son amnésie. L'espace d'un moment, il tente de se mettre à la place de Trudy, de se représenter ce que cela peut être pour une personne que vous avez autrefois connue intimement d'apprendre qu'elle a été oubliée, qu'elle n'est pas restée gravée dans vos souvenirs. Oh. Mmm. Mais il n'a pas le temps d'approfondir cette réflexion. C'est lui qui a les difficultés les plus sérieuses, celles qui exigent une attention immédiate.

Depuis peu, il s'est mis aux puzzles et aux jeux de mémoire, ayant entendu dire que cela pouvait améliorer les facultés mnémoniques. Il s'est même pris d'intérêt pour les mots croisés d'Otis, bien qu'il les trouve parfois plus difficiles que ceux, mettons, du *Times*. Comme vous pouvez l'imaginer, ceux d'Otis, qui utilisent souvent des mots tirés de son quotidien, laissent en général Gordon perplexe – ce qui ne fait naturellement que confirmer la réalité de son problème mental et son éventuelle aggravation.

Plus tôt ce jour-là, Gordon s'était installé en compagnie de son fils autour d'une grille qu'il avait récemment créée. Exemples de définitions sur lesquelles Gordon coince :

a. 3 horizontalement. « Parle trop », en sept lettres. Ironiquement, il ne vient pas à l'idée de Gordon qu'il puisse s'agir d'une personne – Bethany, dans ce cas – et, n'ayant pas du tout conscience de sa propre volubilité, il s'évertue à trouver des mots de sept lettres répondant à la définition. PIPELETTE ? Trop de lettres. JACASSEUR ? Trop de lettres aussi. D'autant plus qu'il est sûr qu'Otis ne connaît pas le mot « jacasseur ». VERBEUX ? Non, il est pratiquement certain qu'il y a le T de TARÉ là où devrait se mettre le B ; même Gordon ne pouvait louper cette définition-là.

b. 21 horizontalement. La définition est « Sur la tête ». La réponse correcte, en cinq lettres, est PRISE. Gordon ne peut imaginer autre chose que CRÂNE, et puis il a déjà le R et le E, mais ses efforts pour réussir à placer CRÂNE lui font presque exploser le sien.

c. 7 verticalement. La définition est « Ils se tuent », en huit lettres. L'esprit de Gordon est bien sûr à mille lieues de la bonne réponse, AMOUREUX, même s'il y a déjà REU. Il ne se rend pas compte non plus que les définitions très personnelles employées par Otis dans cette grille sont peut-être le signe de problèmes à traiter. Il se souvient vaguement qu'il existe un insecte qui se tue après l'accouplement, mais il n'arrive pas à se rappeler son nom. Il inscrit le X de la fin, vu que la définition implique un pluriel, puis il teste une série de lettres pour composer des mots : FIÉVREUX, MACAREUX, MISÉREUX, COLÉREUX, AMOUREUX.

Gordon se remémore avoir peut-être évoqué l'histoire de *Roméo et Juliette* une ou deux fois ; est-ce que ça pourrait venir de là ? Ça doit venir de là. Encore qu'il doute avoir conclu par « se tuent » devant son jeune fils. Se pouvait-il qu'Otis ait appris la nouvelle pour l'ami de Jean, ce professeur ? Mais quel rapport avec les amoureux ? A-t-il envie de le savoir ? Non. Inutile de dire que le fait qu'il soit incapable de penser à quelque chose qui est à portée de main est extrêmement troublant.

Le voilà donc réveillé au beau milieu de la nuit, à remâcher l'énigme de cette grille de mots croisés pour en déduire qu'il est royalement niqué de la tête. Peut-être qu'il n'a pas été assez attentif à sa femme et à ses gosses ; peut-être qu'il a *effectivement* des traumatismes inconscients, comme le suggérait son psy, ou qu'il a souffert de quelque lésion cérébrale, ainsi que le laissait entendre son toubib. Il descend pour se servir un autre grand verre de jus de myrtille, l'un de ces superaliments susceptibles d'améliorer la mémoire, à ce qu'il avait lu, puis s'installe devant la télé pour tenter de chasser de son esprit sa préoccupation sur les dysfonctionnements qu'il présente. Il zappe entre plusieurs chaînes qui, d'ordinaire, l'intéressent beaucoup. La chaîne Histoire passe une rediffusion de *Swamp People*[1] ; Gordon regrette silencieusement que la chaîne se

1. Émission à mi-chemin entre le documentaire et la téléréalité, qui s'attache à suivre la vie quotidienne des Cajuns du bayou de l'Atchafalaya River Basin, en Louisiane.

détourne petit à petit de son domaine principal, l'histoire. Sur PBS, c'est l'émission de déco *This Old House*, qu'il aime énormément, mais ce n'est pas ce qu'il lui faut en cet instant. D'habitude, il peut revoir sans se lasser n'importe quelle émission de Paula Deen : il adore les émissions culinaires et la trouve secrètement sexy. Cependant, ce dont il a besoin désormais, c'est d'un programme scientifique comme *Nova*, ou quelque chose qui traitera du cerveau, plus particulièrement du cas où une ex se pointe et que vous êtes incapable de vous souvenir d'elle. Mais ça aurait été trop beau. Tandis qu'il continue de zapper, il tombe finalement sur mieux que cela : un publireportage pour un produit appelé *Stop amnésie*. Sa composition n'est pas immédiatement détaillée, mais, dans son état présent, Gordon serait prêt à le commander, même s'il lui fallait pour cela s'attacher à une fusée et décoller pour Mars. L'un des téléspectateurs qui téléphonent décrit son expérience personnelle, affirmant que non seulement sa mémoire s'est améliorée, mais qu'en plus il s'est senti pénétré par la sensation d'avoir un nouveau but dans sa vie. Gordon se rue sur le téléphone, carte de crédit à la main, en moins de temps qu'il n'en faut pour dire : « C'est vraiment une idée bien peu judicieuse. »

TRENTE

Voilà des semaines que Priscilla n'a pas eu de nouvelles pour l'émission de télé-réalité. Elle n'a pas totalement abandonné l'illusion de voir quelque chose advenir, bien qu'elle ait les super boules de savoir que Taylor avait été reconvoquée plusieurs fois. Jusqu'au jour où elle finit par recevoir un SMS de Taylor : *OMFG V à L.A-L.A. !*

Oh, s'il vous plaît, pense Priscilla, *faites que ce soit pour d'extravagantes vacances en famille* (quand bien même l'idée que se fait la famille de Taylor d'un séjour de vacances, c'est de passer une nuit sur le bateau-casino de la ville d'à côté), et non pour ce qu'elle sait être la réalité. Priscilla la rappelle immédiatement.

— Putain, mais qu'est-ce que tu délires, Tay ?

Priscilla est contrainte d'éloigner le combiné de son oreille pour échapper aux cris perçants de Taylor.

— Ils m'envoient à Hollywood ! Hollywood ! Ça y est, P ! Putain, Hollywood !

— Et tu vas y aller ?

— Quoi ? Bien sûr, que je vais y aller, qu'est-ce que tu racontes ?

— Ce que je raconte ? La semaine dernière, ça ne te branchait même pas plus que ça.

— Eh bien, ça me branche, maintenant ! Je pars à Hollywood !

— Je n'arrive pas à croire que tu puisses me faire une chose pareille.

— Quoi ?

— Si c'était l'inverse, je ne partirais pas sans toi.

— Oh, c'est des putains de conneries ! Arrête de te la jouer.

— Non, je ne partirais pas.

C'est bien évidemment le plus gros tas de craques jamais entendu.

— Tu délires total, dans ta tête de bitch ! Personne refuserait d'aller à Hollywood.

— Moi, si. Pas sans ma soi-disant meilleure amie.

— Pourquoi tu réagis comme ça ? Tu devrais être heureuse pour moi !

— Et toi, tu devrais être plus délicate avec moi.

— Oh merde, lâche-moi et vis ta vie !

C'est bien sûr ce que Priscilla devrait faire, mais c'est précisément ce que personne ne fait jamais quand on en reçoit l'injonction.

— Eh bien, je voudrais bien, mais quelqu'un m'a piqué ma putain de vie sous mon nez.

— Je ne t'ai rien piqué !

— Tu sais à quel point je voulais ça.

— Priscilla, t'es conne comme une bite, là ! Ça n'a rien à voir avec toi !

— Bon, je sens les choses comme je les sens. Bon voyage et amuse-toi bien. J'espère que tu décrocheras le putain de rôle et que tu deviendras une star de la télé-réalité et que tu auras les putains de bébés étrangers de Brad Pitt et de Tom Cruise et que tu vivras heureuse jusqu'à la fin de ta putain de vie !

Taylor est en train de hurler que « Tom Cruise n'a pas de bébés étrangers ! » quand Priscilla raccroche sur « pas ». En fait, ce n'est même pas la pire dispute qu'elles aient jamais eue, mais c'est certainement celle que Priscilla retiendra le plus longtemps.

Priscilla se souvient de la Grande Cata de la maison de poupée, en 1997, quand sa mère lui avait offert cette horrible valise au plastique craquelé renfermant une maison de Barbie, qu'elle avait essayé de lui faire passer pour le manoir de Barbie qu'elle lui avait réclamé, le même que Taylor avait eu. Priscilla se demandait depuis l'âge de six ans pourquoi elle était aussi incomprise de ses parents. Elle avait toujours l'impression de formuler très clairement ses vœux, qui pourtant étaient presque immanquablement inexaucés. Comment sa maman pouvait-elle ne pas déceler la différence entre un manoir de Barbie et ce machin en plastique fendillé qu'elle avait eu à la place ? Toute à son excitation de donner à Priscilla sa propre maison de Barbie, Jean aurait pourtant dû s'attendre à la réaction évidente de sa fille ; elle aurait dû au moins penser à lui offrir à la fois celle qu'elle lui réclamait *et* la sienne. Au lieu de cela, elle avait vu là une occasion pour elles deux de partager quelque chose, pour sa fille de découvrir qui avait été sa mère au même âge qu'elle – de découvrir qu'elle avait autrefois *eu* l'âge de Priscilla. Et donc elle l'avait emballée pour la lui offrir à Noël et Priscilla n'avait pas cherché à dissimuler son mécontentement. « Ce n'est pas ce que je voulais », s'était-elle plainte en écartant d'un geste le paquet sans regarder ce qu'il contenait. Jean avait ouvert les portes et disposé le mobilier, ayant bon espoir de voir Priscilla changer d'avis.

— Regarde, ma chérie, voici le canapé et les fauteuils du salon, et il y a aussi ce chouette petit lustre ; quand j'avais ton âge, je trouvais qu'il n'y avait rien de plus cool…

— Ce n'est pas un lustre, c'est l'image d'un lustre.

— Eh bien, ma puce, tu dois utiliser ton imagination.

— Non, je ne veux pas !

— Regarde, mon cœur, là, c'est la chambre ; j'ai passé tellement de temps à m'y amuser ; voici le lit…

— Mais il est *orange*, crache Priscilla en prononçant le mot « orange » comme s'il désignait la couleur du caca. Et puis on dirait un porte-savon ou je ne sais quoi.

Elle le repousse.

— Voici la petite penderie…

— Ce n'est pas une penderie ! C'est plat !

— Il faut que tu en imagines une, ma chérie, que tu joues à faire comme si.

Difficile de mentir. Cette maison de poupée était peut-être le top du top quand Jean était gosse, mais force est de reconnaître qu'elle était assez minable. Même les anciens modèles, en carton, étaient nettement plus cool que celui-ci.

— Non ! Je ne veux pas jouer à faire comme si ! Il me faut le manoir ! Il a de vrais petits cintres. Je ne peux pas accrocher de vêtements dans celui-ci.

Si les cintres étaient essentiels, c'est parce que les fringues l'étaient. Sa mère connaissait certainement l'importance qu'avait déjà prise la mode pour la petite Priscilla. Elle n'était pas encore assez grande pour songer à détailler les subtilités qui expliquaient la supériorité du manoir et trop jeune pour apprécier ce qu'avait tenté de faire sa mère. Elle avait l'impression d'être une robe remisée au fond d'un placard.

Peu après cet incident, Priscilla était allée chez Taylor pour une après-midi de jeux – durant laquelle Taylor ne manqua pas d'exhiber le fameux manoir que Priscilla désirait tant. Priscilla avait du mal à cacher sa jalousie, même si elle brûlait de l'examiner et de s'amuser avec. Il était tout rose, avait trois étages et était pourvu de salles de bains, de vrais meubles et de tout le reste. Tout ce que Priscilla avait eu, en dehors de la maison d'*occasion*, était un ensemble de nouvelles toilettes pour ses Barbie. Taylor commença à lui montrer chaque élément du manoir et, au moment où elle parvint à l'armoire, c'en fut trop pour Priscilla.

— Regarde !

Taylor avait déjà suspendu quelques-uns des vêtements de ses Barbie sur les minuscules cintres et aligné une dizaine de paires de chaussures par terre.

Priscilla grinça des dents, puis se remit debout et renversa l'édifice en quittant la pièce.

Theodore avait remarqué la réaction de sa petite-fille le jour de Noël et, s'il n'était pas fier d'elle, il l'aimait et voulait qu'elle soit heureuse. Alors il lui construisit une maison de poupée. Jean n'était guère ravie à l'idée d'encourager ainsi sa fille, mais elle était consciente d'avoir commis une erreur et Theodore lui dit que les grands-pères avaient le droit – et elle savait que rien ne lui ferait plus plaisir. La maison qu'il bâtit avait quatre étages et mesurait trente centimètres de plus que Priscilla. Elle possédait quatre chambres, deux salles de bains, une cheminée et avait l'électricité ; à la suggestion de Jean, elle fut même équipée d'une penderie, avec une porte qui fonctionnait et une vraie barre pour cintres. Il posa des parquets, fabriqua la plupart des meubles et des installations, façonna étagères à livres et lits, sofas et tables en utilisant du bois où ce qu'il trouvait dans la maison (le mobilier standard des maisons de poupée n'était pas à l'échelle de Barbie), puis convainquit Jean de confectionner des rideaux ainsi que du linge de maison et même un tapis au crochet. Il fallut trois mois à Theodore pour achever son travail et le résultat était spectaculaire. Première réaction de Priscilla : un silence inhabituel. Elle était beaucoup plus grande que celle de Taylor, ce qui était positif, et elle avait de vraies lampes qui s'éclairaient. Mais elle n'était pas en plastique. Les maisons de poupées étaient censées être en plastique. Le mieux qu'elle put faire fut de remercier son grand-père et de le serrer mollement dans ses bras, sans qu'il relève son attitude visiblement dépitée.

Cependant, Priscilla s'était en réalité sentie déchirée intérieurement par le cadeau de son grand-père. Au fond d'elle-même, elle avait été totalement épatée : elle n'avait jamais rien vu de tel et tous les petits détails qu'il avait incorporés étaient incroyables. Elle aimerait carrément pouvoir entrer dedans. L'ensemble était largement mieux que le manoir de Taylor. Mais avec les milliers de publicités que les émissions du samedi matin lui avaient enfoncées dans le crâne, Priscilla avait déjà appris malgré son âge ce qui avait le plus de prix dans le monde : les choses que l'on pouvait *acheter*, et celle-ci n'en était pas une. Heureusement, l'envie que déclencha la maison chez ses amies retourna quelque peu la situation – chaque fois qu'Ashley et Danielle venaient chez elle, elles se répandaient en *oooh* et en *aaah*, tandis que la jalousie se lisait sur le visage de Taylor, même si elle répétait à n'en plus finir que ce n'était pas un *vrai* manoir de Barbie. Et Priscilla ne manqua pas de remarquer ce point-là, comme vous vous en doutez.

Alors qu'elle sort pour aller retrouver ses copines, Priscilla croise son père dans l'escalier. Il prononce son prénom, mais elle ne s'arrête pas. Pourquoi le ferait-elle ? 'Tain.

— Priscilla ! Priscilla, Priscilla. Priscilla.

Priscilla tourne la tête aussi vivement que si son père venait de lui lancer : « Connasse ! Connasse, connasse. Connasse. »

— Quoi ?

Elle prononce « quoi » à la façon d'un mot de deux syllabes, le « oi » devenant sa propre syllabe. Elle ne veut même pas dire « p'pa » à voix haute, à cause de ce qu'implique le terme : qu'il l'est – son papa.

— Hé, tu es souvent sur le Net ? Comment se fait-il que tu n'aies pas encore accepté ma demande d'amitié ?

Priscilla roule des yeux : comme si la question méritait réellement une réponse ! Visiblement oui, mais s'il n'est pas fichu de la trouver seul, ce n'est pas elle qui la lui fournira.

— Wow, genre, là, tout de suite ? T'es sérieux ?

— Bien sûr, que je suis sérieux.

— OK. À ton avis, p'pa ?

Merde, elle l'a dit.

— Je suis à la bourre. OK, ciao !

Ici, Priscilla donne un côté exagérément enlevé à son « OK, ciao » pour tenter d'en rester sur une note enjouée, mais jamais un « ciao » n'a été moins sincère que celui-là.

Priscilla, Ashley et Danielle ont rendez-vous dans leur boîte favorite. L'idée, c'est de se torcher la gueule. Priscilla est bientôt en très bonne voie pour y parvenir.

Elle n'a pas le moindre scrupule à débiner Taylor dans son dos. Elle ne s'en prive pas. Enfin, aucune ne s'en prive, mais c'est P qui est la plus expansive. De loin. Elle se penche vers ses amies et braille par-dessus le vacarme tonitruant des basses : « J'veux dire, je lui ferais pas ça si je savais que c'était aussi important pour elle que ça l'est pour moi. » Ashley et Danielle répondent en chœur « C'est clair », avant de plonger à l'unisson le nez dans leurs cocktails et de tirer sur la paille. Mais Priscilla le ferait sans hésiter et elles le savent toutes les trois. Quatre, si on inclut Taylor. En réalité, chacune d'entre elles aurait sauté dans cet avion aussi vite que Taylor, si elle avait été sélectionnée. C'est juste que Priscilla est la seule à ressentir cela comme un affront.

— C'est bien elle, ça. Genre, rien à foutre, quoi. Vous, les filles, vous y êtes pas allées. Pourquoi elle est partie, elle ? C'est une salope. Pas vrai ?

Ashley et Danielle demeurent silencieuses.

— Une salope.

À la fin de cette tirade, Priscilla est bien soûle. *Salope* sonne comme *chalope.*

L'ex de Priscilla, Kyle (Monsieur Mise-à-jour-de-statut-pourrie), est présent dans le club. Elle s'est depuis longtemps remise de la rupture, du moins au sens où elle se fiche éperdument de lui, maintenant.

Les dégâts de l'incident avaient bien sûr eu des répercussions beaucoup plus durables que ses sentiments pour Kyle. Il l'avait humiliée publiquement *et* avait trahi sa confiance, ce qui l'avait incitée à reléguer les mecs au second plan pour une période indéfinie – et/ou, avec quelques verres dans le nez, à les allumer à sa guise. Ce soir, elle a envie qu'on la remarque, alors elle se déhanche de manière provocante, juchée sur une enceinte, bien que la seule raison pour laquelle elle s'agite sur cette baffle est qu'il n'y a pas de barre de pole dance, et il est heureux qu'il n'y en ait pas, car sinon, Priscilla ne se bornerait peut-être pas à simplement danser.

Priscilla se trémousse sur *Bootylicious*, articule quelques-unes des paroles qu'elle connaît en direction de Kyle *(Je crois que t'es pas à la hauteur pour moi)*. Ashley crie quelque chose à Priscilla pour la faire descendre, mais celle-ci la chasse d'un geste – elle est sur son nuage. Kyle s'approche des filles, puis se penche vers elles et dit, assez fort pour que Priscilla l'entende : « Votre copine est une putain de salope. » Elle ferme les yeux, ne voulant pas lui offrir la satisfaction d'une quelconque réaction de sa part, même si ça cuit l'espace d'une seconde. Rien qu'une autre lampée de mojito ne saurait guérir. Priscilla n'est guère surprise de voir Kyle se comporter une nouvelle fois comme un con et elle sait qu'elle n'est pas une salope, qu'elle est une adulte et que, ce soir, elle veut de l'attention, l'attention de quelqu'un. Elle a au moins attiré celle de Kyle et, pour l'heure, elle s'en contentera.

— La ferme, Kyle, siffle Ashley. T'es qu'un putain de connard.

Ivre lui aussi, Kyle réplique à Ashley :

— Qu'est-ce que tu viens de dire ?

Naturellement, Kyle l'a entendue.

— Tu as de la chance que je ne frappe pas les filles.

Danielle essaie de le repousser.

— Kyle, fous-lui la paix, tire-toi de là.

Priscilla adresse à Kyle un doigt d'honneur qu'elle incorpore dans sa danse.

— T'es une putain de salope, de salope !

Priscilla sourit, tournoie, détourne le regard, le reporte sur Kyle, s'efforce de rendre sa danse hyper racoleuse rien que pour le provoquer, manque de perdre l'équilibre quand l'une de ses chevilles chancelle, pas vraiment aussi super sexy qu'elle le croit, mais elle se redresse. (Au cas où vous vous poseriez la question, Priscilla n'est pas du tout une salope. Ainsi que nous l'avons précisé, elle est sortie avec exactement deux mecs, Kyle et un autre garçon avec qui elle a eu une liaison pendant deux ou trois mois en année de seconde. Elle vous déclarera que, dans ce bled, il n'y a personne qui mérite vraiment qu'on couche avec lui, ce qui est peut-être vrai, mais peut-être pas non plus. Il est certain que son affirmation vaut pour les types qu'elle a connus, mais nous ignorons s'il n'y aurait pas dans cette ville un ou deux gars bien que Priscilla pourrait éventuellement rencontrer.) Pendant un moment, elle clôt de nouveau les paupières et, tandis qu'elle fait tourner ses hanches et passe ses mains le long de son joli corps désirable, elle oublie Kyle, oublie l'émission de télé, oublie tout. Il n'y a plus que cet instant, perchée sur l'enceinte. C'est une soirée géniale.

Demain, elle ne se souviendra plus de rien. Non, ce n'est pas exact. Elle se souviendra d'une chose : « Salope. »

TRENTE ET UN

Toutes sortes de ratés autour de la table, ce soir-là. Jean a passé l'après-midi à cuisiner une recette de gumbo dénichée sur Internet, dans l'espoir d'y trouver un dérivatif à ses pensées. Elle reçoit des compliments pour son repas, très réussi, mais pour ce qui est d'effacer sa douleur obsessionnelle, sa recette ne connaît pas le même succès. En cet instant, elle en est revenue à l'idée que James était à deux doigts de vivre, que si elle était arrivée ne serait-ce que quelques minutes plus tôt… Sentant son menton trembloter, elle serre les mâchoires pour empêcher l'émotion de la submerger.

Priscilla est la seule de la tablée à se montrer loquace. Même si elle a encore la gueule de bois après sa soirée en boîte de la veille, elle a envie de parler.

— Pff, ça craignait grave. Kyle était là, à se comporter comme un gros naze. Il a rien à dire. Genre, rien à dire. Genre, qui lui a demandé de venir me brancher, d'abord ?

Vivian dit :

— J'ai été fiancée deux fois avant de rencontrer votre arrière-grand-père, vous savez.

Oui, ils le savent.

— Ma chérie, dit Jean, le grand amour est une chose très rare.

— M'man, qu'est-ce que ça vient faire là-dedans ?

— Rien, rien, répond Jean.

— Est-ce que Kyle est ton amoureux ? s'enquiert Otis.

— Hein ? Non, réplique Priscilla. Otis, où est-ce que tu as…

Gordon repense fugitivement à la grille de mots croisés de son fils – c'était bien AMOUREUX, il avait raison…

— Quelqu'un veut encore du gumbo ? se hâte de demander Jean avant que la conversation s'engage sur cette voie-là. Il en reste plein !

… Et à présent, en observant la tentative de diversion enjouée de son épouse, les synapses de Gordon commencent à se mettre en branle, mais alors Theodore intervient d'une voix flûtée :

— Tu te souviens quand on faisait du canoë, Otis, quand tu étais petit ?

— Oui, papy, on pourra en refaire ?

— Bien sûr ! déclare Theodore.

Jean secoue négativement la tête à l'intention d'Otis. Pas question.

… Et en un claquement de doigts, Gordon est revenu dans le présent. Il n'avait pas aimé ses dernières pensées de toute façon, pas du tout, et il était sûr qu'il n'y avait aucun fondement à celles-ci.

— Peut-être que je t'emmènerai faire du canoë, Otis.

— On pourrait tous monter dedans ! s'enthousiasme Otis.

Jean secoue de nouveau la tête, mais sans s'adresser à quelqu'un en particulier, cette fois.

— J'arrive toujours pas à croire que Taylor m'ait plantée pour se barrer à L.A. comme ça, sans même me demander si ça me faisait quelque chose, repart Priscilla. Qui peut faire un truc pareil ? Je n'avais jamais rien désiré aussi fort de toute ma vie.

— De quoi parles-tu, ma chérie ? interroge Vivian.

— De l'émission de télé. Celle pour laquelle j'ai passé une audition. Celle dont je parle depuis dix minutes.

— Oh ! Ma foi.

Vivian trouve tout cela bien inconvenant. Les jeunes filles comme il faut ne vont pas dans de tels établissements sans cavalier. Et la télévision ! Si Priscilla avait d'abord choisi d'entrer en faculté de droit, comme cette Nancy Grace, alors peut-être, peut-être – mais elle suppose que ce n'est pas ce que son arrière-petite-fille a en tête. Et pour l'amour du ciel ! cette jupe ne lui cache pas les genoux, et puis elle a les cheveux qui lui tombent sur les yeux ! Vivian tend le bras pour glisser les cheveux de Priscilla derrière ses oreilles.

— Ça te plaît d'être coiffée comme ça ? Tu devrais me laisser t'emmener au salon.

Priscilla a les yeux qui lui jaillissent presque des orbites. Les cheveux de mamie Bibbie sont, genre, quasi violets.

— Euh, merci, mamie, dit Priscilla en écartant la tête.

— Bon, et comment est-ce que ça se passe à l'école, ma chérie ?

— Hum, grommelle Priscilla.

Theodore n'a pas bien respecté l'heure de prise de ses médocs, aujourd'hui, et il s'est endormi avec sa cuiller périlleusement remplie de gumbo à la main. Il se réveille à l'instant où Mott lui lèche la cheville, glousse un peu, puis porte la cuiller à la bouche, donnant l'impression qu'il lui était nécessaire de s'octroyer un petit somme entre deux bouchées.

— Ton cousin a obtenu son diplôme à Princeton ! poursuit Vivian.

— Ouais, c'est ce qu'on m'a dit, mamie Bibbie.

— Avec mention bien !

— Tu te souviens quand on faisait du canoë, Otis ? Quand tu étais petit ? redemande Theodore.

Otis opine du chef, car il ne sait que répondre lorsque son grand-père radote.

— Il faudrait qu'on en refasse.

— Écoute, dit Gordon à sa fille, tu devrais déjà être bien contente de te souvenir de ce qui s'est passé hier soir.

Priscilla considère son père comme s'il avait fumé du crack, puis balaie la table du regard. Tous ces braves gens ont l'air de méchamment péter un câble, en ce moment. Priscilla ne comprend rien de ce qu'ils racontent. Est-ce que ça a déjà été aussi grave ?

À vingt-huit centimètres du sol. Jean brûle de se frapper le crâne avec la paume de la main pour chasser cette pensée.

Allez savoir pourquoi ils ont décidé de prolonger cette épreuve en se lançant dans un jeu.

Une fois la table desservie, Otis distribue des bouts de papier, des crayons et une pile de livres pour une partie de livre menteur. Il s'agit d'une variante du jeu du dictionnaire à laquelle il a récemment joué à l'école – la suggestion vient de lui.

— Sauf qu'au lieu d'écrire une définition, on écrit la première phrase du livre, explique Otis. On sera le « lecteur » à tour de rôle – celui qui l'est montre le titre du livre et écrit la première phrase, puis ramasse toutes les phrases et les lit à voix haute.

Priscilla se propose pour être la lectrice de la première partie, parce qu'elle ne veut pas écrire.

— Et ensuite, on fait un tour de table et tout le monde essaie de deviner laquelle est la bonne, exactement comme au dictionnaire. C'est rigolo !

Priscilla roule des yeux, puis brandit *La Conjuration des imbéciles*.

— Je ne sais pas ce que veut dire « conjuration », dit Otis.

— Une opération menée en concertation contre quelqu'un ou quelque chose, par des membres liés par un serment, dit Gordon.

— Concertation, c'est quoi ?

— Eh bien, fiston, la concertation, c'est quand plusieurs personnes s'accordent en vue d'un projet commun.

Sérieux, on dirait que p'pa mémorise les définitions de Wikipedia, pense Priscilla. En réalité, c'est précisément ce qu'il fait. Ce n'est pas intentionnel de sa part, c'est juste qu'il a une bonne mémoire pour des choses que la plupart des membres de sa famille jugent inutiles.

Otis est toujours perplexe.

— C'est comme un groupe, Bébé taré.

Chacun réfléchit à la phrase, puis, un par un, ils rendent leur morceau de papier à Priscilla. Elle redonne le sien à Theodore une seconde, expliquant qu'elle n'arrive pas à déchiffrer le mot qu'elle lui indique. Il le gomme et tente de le rédiger de manière plus lisible. Son écriture n'a jamais été très bonne, mais elle ondule carrément, à présent.

— Il faut que tu les mélanges pour qu'on ne sache pas à qui sont les papiers, précise Otis. Parce que si jamais quelqu'un t'a regardé les ramasser…

Personne n'a regardé.

— OK, commence Priscilla. Allons-y.

Elle bat les réponses et tire la première.

Il était une fois des gars qui n'étaient pas très malins et l'un d'eux était amoureux d'une dame appelée ~~Caterina~~ Mary.

Il est arrivé à une ou deux occasions à Otis de gagner à ce jeu, mais ce qui le trahit, ici – en dehors du « Il était une fois » –, c'est le mot « dame ».

Janet croyait que son amoureux avait été guéri parce qu'elle croyait l'avoir été elle-même, croyait qu'ils s'étaient guéris mutuellement ; elle se trompait.

Dans un premier temps, Gordon est persuadé que c'est de Vivian, car elle dévore beaucoup de romans à l'eau de rose. L'espace d'une seconde, il repense brièvement au AMOUREUX de la grille d'Otis, puis repousse les implications de cette idée déplaisante aussi vite qu'elles sont arrivées. C'est Vivian, il en est certain. Otis est le seul qui devinera la bonne réponse, pour celle-ci. Mais en fait, il ne saura même pas pourquoi. C'est par instinct, mais il n'en tire pas franchement de conclusions.

~~Sebastian Montgomery~~ Un homme se réveille un matin et se rend compte qu'il a tout oublié.

Jean ne soupçonne pas du tout que c'est de Gordon. Il ne l'a pas encore entretenue de ses inquiétudes au sujet de sa mémoire. À l'instar de Jean, s'il a pu les évoquer au détour d'une conversation, c'était dans l'abstrait. Gordon a eu la présence d'esprit de barrer au dernier moment l'indice révélateur, Sebastian Montgomery.

Une casquette de chasse verte enserrait le sommet du ballon charnu d'une tête.

Beaucoup pensent que c'est de Gordon.

Les imbéciles en avaient vraiment assez d'être envoyés au piquet.

Tout le monde sait que celle-ci est de Theodore, ce qui est l'occasion d'un moment d'hilarité bienvenu. Theodore doit s'essuyer les yeux avec son mouchoir, tant il rit de sa propre plaisanterie.

Une femme svelte et élégante, vêtue d'un tailleur intemporel, est assise au volant d'une magnifique automobile à la capote baissée.

Gordon a confondu les réponses de sa femme et de sa grand-mère. Il est désormais sûr que la dernière est de Jean. *C'est bien écrit*, se dit-il, *et crédible*.

C'est la première phrase de Gordon qui l'emporte.

Priscilla n'a pas envie de continuer à jouer, mais alors pas du tout ; cependant, la lumière qui brille dans les yeux de son grand-père parvient à vaincre sa réticence.

Elle souffle. C'est à Vivian d'être lectrice. Elle n'aime guère plus écrire que Priscilla. Elle a mis pratiquement tout ce qu'elle avait dans sa dernière phrase. Elle montre le livre, *Catch 22*, note la première ligne, s'aperçoit que c'est l'heure de Nancy Grace, change de chaîne avec la télécommande, monte le volume du poste. Lorsque Vivian et/ou Theodore sont dans la pièce, le niveau sonore a tendance à atteindre des degrés insupportables – au moins pour Jean. Elle baisse discrètement quand elle pense qu'ils ne font pas attention, puis met le sous-titrage pour sourds et malentendants. Priscilla grommelle en rédigeant son texte. Otis griffonne et gomme plusieurs fois de suite. Theodore glousse.

Tous remettent leur papier à Vivian.

— N'oublie pas de les mélanger, mamie Bibbie, dit Otis.

Vivian bat, puis lit.

~~Elle~~ Il se demandait ~~si elle~~ s'il arriverait un jour à comprendre ce qui s'était passé.

C'était la plus belle œuvre d'art que l'on ait jamais vue.

Ce fut le coup de foudre.

Gordon et Theodore pensent à Priscilla pour celle-ci ; Jean à Otis. Priscilla roule des yeux. *'Tain, est-ce que quelqu'un à cette table, genre, la connaît ?* Personne ne soupçonne que c'est la première phrase du livre. La plupart pensent que la vraie est celle de Jean.

Le lutteur était triste.

Quelque chose ~~d'énorme de géant~~ d'énorme était sur le point de se produire ~~grave~~.

Il espérait monter une équipe de catch à 24, mais n'a pu en réunir plus de 22.

Cette dernière provoque des ricanements, tout le monde ayant deviné qu'elle était de Theodore, mais peu de suggestions sont avancées : certaines phrases sont plus convaincantes, ce coup-ci, et comme tous sont à mille lieues de la bonne réponse – ils sont sûrs que c'est celle de Jean : *Il se demandait s'il arriverait un jour à comprendre ce qui s'était passé* –, le jeu commence à perdre de son intérêt avant même qu'ils aient voté. Priscilla a envoyé vingt textos, incapable de s'arracher à son téléphone. Theodore se laisse distraire par le chien, se lève pour aller lui chercher des gâteries, revient, lui en donne une et s'endort. Mott lèche la cheville de Vivian. « Oh ! Seigneur, ce chien. » Elle se met debout pour quitter la pièce afin de se nettoyer. « Franchement. » Fin de la partie.

TRENTE-DEUX

Voilà une semaine que Gordon prend la poudre anti-amnésique de la télé. Il n'a aucune idée de ce qui peut entrer dans sa composition et il s'en moque. Il est empli d'une étrange énergie, positive, mais étrange – comme lorsque les gens s'intéressent à vous, mais *trop*, vous voyez ? Gordon n'a jamais été cafardeux, mais n'a jamais été non plus gai comme ça, toujours souriant, les yeux écarquillés. Franchement, c'est bizarre, demandez donc à Priscilla. Soudain, au beau milieu du repas, dès que quelqu'un dit quelque chose de vaguement personnel, son père le prend à cœur au point d'en être crampon. Par exemple, quand elle reparle du voyage de Taylor à Hollywood en expliquant combien elle a les giga boules de n'avoir jamais été rappelée, son papa hoche la tête, genre, beaucoup ; genre, avec ce regard de barge qui est censé exprimer sa préoccupation, mais qui amène plutôt Priscilla à être préoccupée pour lui. « Oh, oh, je vois, dit Gordon, ma foi oui, ça me semble vraiment injuste, vraiment injuste. » Ou quand Otis raconte qu'il va avoir besoin d'argent pour sa sortie scolaire chez un producteur de pommes, Gordon s'exclame : « Aller cueillir des pommes ! N'est-ce pas super, ça ? Combien te faut-il ? » À ce stade, toute la famille est plongée dans un silence stupéfait, car, ayant entendu au fil des années maints exposés sur les pommes, personne n'arrive à croire que Gordon ait eu ce qui semble être une réaction appropriée, une réaction qui entrouvre la porte à une réponse en retour, même si ladite réaction est exprimée avec une extravagance quelque peu surprenante.

Et puis, il s'est lancé dans la peinture. Il a tout déplacé dans le garage – lequel avait de toute façon toujours été plus entrepôt que remise à véhicules – pour le transformer en un atelier un peu anarchique. Peu après avoir commencé la poudre anti-amnésique, ne sachant que faire du trop-plein de dynamisme qu'elle lui procurait, il s'était mis en tête, en contemplant la reproduction de l'un de ses Matisse favoris sur le mur de son bureau, de prendre le pinceau. L'idée avait semblé surgir de nulle part, mais aussitôt qu'elle se fut emparée de lui, il eut l'impression qu'elle avait toujours été là et il avait sauté dans sa voiture pour foncer au magasin de fournitures de beaux-arts claquer des centaines de dollars en matériel. Il s'inquiète de moins en moins de sa perte de mémoire, s'intéresse à de moins en moins de choses en dehors de la peinture. Plusieurs de ses tableaux sont si grands, qu'il est contraint de les démonter de leur cadre pour qu'ils puissent passer par la porte du garage.

Hormis un cours d'art à l'université, Gordon n'a aucune formation dans ce domaine, même si, comme vous vous en doutez, il prétend avoir de grandes connaissances en la matière, ayant visité l'Art Institute et le Prado. Il avait également pris des cours d'art au lycée, mais pas plus que ce qui était requis et, comme il n'avait jamais suivi de quelconques cours de dessin du corps humain, ses personnages sont dépourvus de qualités naturalistes au niveau des dimensions ou des proportions. Ils ont un peu l'air d'être plats. Un portrait de Trudy la représente avec le visage dénué de traits ; en arrière-plan se trouve Sheila, la danseuse du ventre. On distingue tous les traits de son visage. Ses peintures ne sont pas du tout atroces, elles possèdent même le caractère artistique de ces œuvres d'amateurs que vous trouveriez peut-être géniales si vous pensiez que ce type avait passé son enfance enfermé dans un placard sous l'escalier ; il y a un aspect fascinant dans leur maladresse. Bien sûr, sur le plan technique, il *est* un amateur, mais c'est une notion trop élevée ou sérieuse ou dieu sait quoi pour s'appliquer là. Peut-être plus tard. Pour une fois, il ne pense pas au-delà de l'instant présent.

Dans l'ensemble, il a surtout réalisé des autoportraits, jusqu'à présent. Sur l'un d'eux, Gordon est debout, les poings serrés, les bras le long du corps, mais légèrement écartés des hanches, avec une espèce de mine constipée, son cerveau flottant au-dessus de sa tête. C'est le premier d'une série qu'il entreprend sur la famille. Actuellement, il n'en est qu'aux esquisses ; à côté de son autoportrait sont disposées cinq autres toiles grandeur nature – grandeur nature signifiant que chacune est exactement à la taille du membre de la famille concerné, avec trente centimètres de marge de chaque côté pour permettre à ce dernier de prendre la pose qu'il désire. Pour l'heure, il a juste croqué grossièrement leurs silhouettes au crayon. Il s'assoit pour réfléchir à la suite. Pour la troisième fois de la semaine, Gordon va arriver en retard au travail. Il est même possible qu'aujourd'hui, il n'y aille pas du tout. Il sent que l'illumination va le toucher d'une minute à l'autre.

TRENTE-TROIS

Priscilla s'est vu demander de garder son grand-père, car personne d'autre n'est disponible ce jour-là. Elle accepte – probablement parce qu'elle vient de sortir du lit et est incapable d'imaginer une excuse assez vite – et ce, malgré les nombreuses consignes qui lui sont données, comme l'aider à se déplacer dans la maison, s'assurer qu'il ne sorte pas seul dès qu'il remarque un écureuil (la dernière fois où il s'y est aventuré, il a failli tomber dans l'étang aux poissons rouges) ou lui changer ses draps et/ou ses couches pour adulte et/ou ses vêtements. Il est plus ou moins en mesure de se débrouiller seul pour ces diverses tâches, mais il y a des jours avec et des jours sans.

Priscilla tombe sur un jour sans.

Elle et son grand-père s'installent pour jouer au jeu Malveillance et malice. La famille avait fait plusieurs parties la semaine précédente et Theodore en avait gagné deux, comme souvent. Aujourd'hui, le grand-père de Priscilla n'arrête pas de poser ses cartes complètement dans le désordre – un sept sur un quatre, un neuf sur un valet, et ainsi de suite. Les deux ou trois premières fois, Priscilla pense qu'il est distrait par un joli oiseau ou un truc de ce genre, mais comme le phénomène se reproduit à plusieurs reprises, elle en vient à s'inquiéter sérieusement. Elle tente de temps en temps de lui expliquer ses erreurs.

— Non, papy, c'est un quatre : tu ne peux jouer qu'un cinq, ici.

— Oh, bien sûr, répond-il.

De sa place, Priscilla ne saurait dire si effectivement il comprend ou si ça lui est égal de comprendre. Il semble imperturbable. À la longue, il devient clair qu'ils ne peuvent pas vraiment continuer ainsi et c'est à peu près au même moment qu'elle commence à remarquer une odeur particulièrement épouvantable.

— Est-ce que tu as besoin que je te change, papy ?

C'est l'une des seules choses dont Theodore se plaigne – c'est humiliant et il n'aime pas admettre qu'il s'est sali ou qu'il a besoin d'être assisté.

— Mmm… peut-être, reconnaît-il en haussant les épaules.

Priscilla pousse son fauteuil roulant jusqu'à la salle de bains. Il arrive à baisser son pantalon seul : il n'a pas de mal à enlever ses bretelles des épaules, à ouvrir la fermeture Éclair et à laisser tomber le futal au sol, mais il faut l'aider pour retirer la couche et lui nettoyer le derrière.

Priscilla n'y est pas préparée. Genre, pas du tout. Et elle n'y est pas non plus préparée en elle : elle s'approche pour intervenir. Elle est complètement dégoûtée – entendons-nous : l'odeur est infecte, il y a une merde géante dans une couche géante et c'est incontestablement le spectacle le plus répugnant dont elle ait jamais été témoin. Elle préférerait accomplir mille autres corvées plutôt que de ramasser cette couche par terre, torcher le cul de son grand-père et voir ses couilles pendantes qui, je vous jure, lui descendent pratiquement aux genoux. Mais là, elle a envie de pleurer, en réalité. Genre, pour *lui*. Genre, elle n'a pas envie de pleurer parce que ce moment est méchamment dégueulasse pour elle ni parce qu'elle a peur de la mort ni quoi que ce soit de ce style (ce que, franchement, elle n'a jamais compris, car si vous êtes mort, est-ce que vous n'êtes pas juste *mort* ? Il est donc assez évident que vous ne vous inquiétez plus de grand-chose, non ?). Ce qu'elle ressent, c'est une tristesse sincère pour son papy. Voilà qui est carrément nouveau.

TRENTE-QUATRE

Jean retourne une ultime fois au groupe d'entraide. Elle a essayé tout ce qui était imaginable pour arrêter son cerveau et rien n'a marché. Mais cette réunion est identique à la précédente. Ce n'est qu'une bande de cafardeux hyper--émotifs et versés dans le contact physique, qui croient aux anges et qui pensent qu'il y a une raison à tout ce qui arrive. Une femme a l'audace d'affirmer être certaine que dieu lui a donné une place de stationnement juste en face du bâtiment aujourd'hui, parce qu'elle allait être en retard à la séance. Une autre déclare carrément croire que sa mère est morte pour lui permettre de pouvoir « s'épanouir ».

Mais qu'est-ce que c'est que toutes ces salades ? S'épanouir ? La colère qu'elle sent croître en elle depuis quelque temps, son exécration des histoires d'anges morts débitées par son groupe d'entraide, s'est muée en un fiel putride. Jean ne peut pas se retenir.

— Tu crois ça ?

Il est juste de préciser que cette réunion-là entre dans le cadre de ce que le travailleur social appelle « échange à bâtons rompus », un truc qui brise les règles. Le groupe est censé être un lieu où vous pouvez partager vos sentiments avec des personnes qui vous comprennent et ne portent pas de jugement. Un lieu *sûr*. Elle est bonne, celle-là. Rien n'est sûr.

— Oui, répond la femme. Je le crois.

Nous ne sommes pas certains que ce soit vraiment le cas, même si nous voyons bien qu'elle le voudrait.

— Dieu a un dessein pour toi, rebondit la dame à la place de stationnement. Un bon dessein.

L'espace d'une milliseconde, Jean aimerait partager cette conviction, mais elle balaie l'idée.

— Les faits te contredisent, réplique-t-elle.

— Il te sera révélé davantage.

— Est-ce que vous croyez réellement tous que cela vous aide ?

Le groupe est dans son ensemble stupéfait, et même trop pour parler.

— Jean, s'interpose le travailleur social.

— Non, sérieusement, qu'espérez-vous tous trouver, ici ?

— De l'entraide, Jean, tous sont là pour être soutenus, assure le travailleur social. Tout le monde ressent la même chose, ici.

— Ne me dis pas ce que je ressens. Est-ce que tu éprouves le sentiment que la personne que tu aimais de tout ton cœur t'a envoyé un coup de poing dans la figure avec un gant de boxe hérissé de pointes alors que tu avais tes lunettes, avant de t'expliquer que tout ce que tu croyais vrai n'était qu'un mensonge ? Et ensuite t'a donné le gant pour que tu achèves le boulot toi-même ? Parce que c'est ça, ce que je ressens.

Son menton tremble et ses yeux s'emplissent de larmes pour la première fois depuis qu'elle participe aux séances.

— Jean, pourquoi ne nous dis-tu pas ce que tu espérais trouver en venant ici ? demande le travailleur social.

— Très bien, je vais vous expliquer exactement ce que j'espérais en venant ici. J'espérais pouvoir arrêter de me demander en quoi j'aurais pu agir différemment, ce que j'aurais pu faire pour empêcher ça, arrêter de me dire que si j'avais été une meilleure personne, rien de tout cela... J'espérais que ça me ramènerait mon mari afin qu'il m'explique ce qui s'était passé. J'espérais que ça me ramènerait mon mari afin que je puisse lui demander à quoi il pensait, lui demander ce qui allait si mal pour qu'il refuse de m'en parler, si mal pour qu'il en vienne à se soustraire aux gens qui l'aimaient, à abandonner le monde, à m'abandonner ; lui demander pourquoi il m'a poussée à m'interroger de nouveau sur ce qu'était le grand amour, alors que je croyais qu'il m'avait appris tout ce que je savais sur la question, lui demander comment on pouvait faire une chose pareille à la personne qu'on aime ; je veux que ça me ramène mon mari pour qu'il puisse me dire pourquoi il m'a laissée voir ce que j'ai vu, putain ! Je veux que ça me ramène mon mari.

Jean remarque, pendant un poil de poil de seconde, que lorsqu'elle a dit le dernier « mari », elle songeait en fait à son vrai époux, vivant. Mais elle ne sait que faire d'une telle pensée, n'a pas eu une telle pensée depuis bien avant l'entrée en scène de James.

— Je veux que ça me ramène mon mari, conclut-elle.

L'assemblée hoche la tête.

— Nous pouvons éclairer ta lanterne, avance une femme en tendant d'un geste timide un Kleenex à Jean.

— Alors allez-y, dit Jean.

Voilà qui devrait être intéressant.

— Ce n'était pas à cause de toi, reprend la femme.

— Mais si.

— Jean, intervient le travailleur social. Nul n'a un tel pouvoir sur une autre personne. Cela n'est pas arrivé parce que tu n'étais pas quelqu'un de bon. Ton mari a fait un choix terrible à cause d'un dysfonctionnement dans son cerveau, et pas pour une autre raison.

— Mmf ! lâche Jean en secouant la tête de gauche à droite. Vous n'en savez rien. Vous ne savez pas le genre de personne que je suis.

Elle continue à secouer la tête en essuyant les larmes avec sa manche.

— Il avait une maladie mentale. Tu n'aurais rien pu faire, même s'il te l'avait avoué. Tu nous avais expliqué que certains des membres de sa famille étaient au courant, n'est-ce pas ?

— Ouais.

— Mais eux non plus n'ont pas pu l'aider.

— Mais moi j'aurais dû en être capable. Il m'a aidée.

— Oui, mais ça ne marche pas comme ça.

Jean médite quelques instants ce que le groupe vient de lui dire. À l'évidence, elle n'arrive pas à transmettre ce qu'elle éprouve. Elle comprend des bribes de leur discours. Dans sa tête, elle comprend le sens des mots « maladie mentale », lorsqu'ils sont ainsi accolés. Mais l'impression qu'en retire Jean est en conflit avec ce qui lui semble réellement logique en fait. James lui avait rendu des parties d'elle-même qu'elle avait perdues, pensait-elle, et lorsqu'il l'a quittée de cette façon-là, il les a remportées avec lui. Néanmoins, ces réflexions ne sont pas pleinement formées dans son esprit ; elles ne sont que des fragments d'informations mélangés à des sentiments qu'elle est incapable de formuler. *C'était à cause de moi. C'était à cause de moi,* se dit Jean. *Rien n'avait jamais été fait à cause de moi, jamais, jusqu'à James. C'était à cause de moi.*

TRENTE-CINQ

Theodore est assis dans la cuisine, en train d'étudier la possibilité d'ajouter de nouveaux cailloux à sa crèche, quand Mott entre dans la pièce pour lui lécher le visage. Theodore lâche un petit rire et tire la porte pour permettre au chien de sortir, mais au lieu de la franchir, celui-ci se retourne pour regarder Theodore, comme s'il voulait de la compagnie. Ma foi, bien sûr que oui. Theodore se met debout, accroche au collier de Mott la laisse suspendue à côté du battant, éprouve quelques difficultés, parce que ce n'est pas facile, la boucle refusant de rester ouverte assez longtemps pour qu'il l'enfile dans l'anneau – « Hop ! Ça y est ! » –, puis sort dans le jardin avec le chien. Il a gardé ses pantoufles et, avant qu'il soit parvenu au plan d'eau, l'une d'elles aura disparu. *Pas grave. Oh, qu'est-ce qu'il est brave, ce chien ! Quel merveilleux compagnon, c'est super de l'avoir avec soi.* « Allons voir les poissons, qu'est-ce que tu en dis, Mott ? » La dernière fois où Theodore s'était rendu à l'étang, cela ne s'était pas bien déroulé, sauf que ce n'est pas le souvenir qu'il en a conservé, mais jusqu'ici, pas de chute.

Sur la rive, il regarde dans l'eau. « Oh, on dirait qu'ils ont faim ! » s'exclame-t-il. Nous ignorons ce que font au juste les poissons pour exprimer leur faim, mais Theodore semble le savoir. « Il vaudrait mieux qu'on leur donne à manger. » Il plonge la main dans un petit bac couvert installé sur la berge et en ressort une poignée de flocons qu'il jette dans l'étang, attirant les poissons qui se précipitent vers la surface. *Oh ! Oh, ça ferait une belle photo.* Il a son appareil avec lui – il avait jadis été assez bon photographe, mais aujourd'hui, si son sujet n'est pas flou ou à moitié en dehors du cadre, c'est un peu le fruit du hasard, même si le résultat possède très souvent une certaine beauté abstraite. Theodore lève l'appareil, prend quelques photos de gueules de poissons affleurant à la surface, un orange et blanc brouillé très richteresque. Ce ne serait peut-être pas une mauvaise idée d'aller voir ce qui se passe sur l'allée des fleurs sauvages. *Oh là ! Un campagnol !* Mott détale d'un bond à la poursuite de l'animal et, fort heureusement, la laisse échappe à la faible poigne de Theodore, lui évitant ainsi de tomber. Theodore fait encore quelques photos, mais le campagnol n'apparaîtra sur aucune d'elles. *Pfft.* Le rongeur échappe bien sûr à Mott, qui s'en revient d'un pas tranquille vers Theodore, lequel l'avertit de « ne pas recommencer ces bêtises ».

L'allée aux fleurs sauvages offre toutes sortes de découvertes. Des bestioles, des fleurs, des pierres. « Des myosotis ! Oh, c'était l'une des fleurs favorites de Laura, Mott. Oh, ceux-ci lui auraient énormément plu. » Theodore mitraille encore un peu, traces de zébrures céruléennes. Il consacre moins de quelques minutes à examiner et à rejeter des cailloux, avant d'en glisser un dans sa poche pour le rapporter à sa crèche. *Ooh, celui-ci a un peu de lichen dessus, c'est joli*. Il est sur le point de ramasser une petite pierre verdâtre pour la mettre dans sa poche, quand il s'aperçoit qu'il s'agit en fait d'un crapaud. *Oups !* Il rit sottement, se demandant comment il a bien pu ne pas distinguer une pierre d'un crapaud. Il tente quelques autres photos, mais le batracien a disparu. *Oh, attends, le voici !* Il prend une dernière photo à l'instant où la bête bondit hors du cadre, traînée verte non identifiable.

Malgré quelques égratignures aux pieds et aux bras, causées par des branches qui n'avaient pas été taillées, Theodore s'en retournera à la maison avec le chien ni vu ni connu. *Oh, c'était si merveilleux*, pense-t-il. *Quel formidable compagnon, ce Mott !* « Demain, je vais poster mon article, Mott. Voudrais-tu m'accompagner au bureau de poste ? Ma foi, bien sûr que oui, bien sûr que oui. » Il tapote le crâne de Mott. Le sens de « demain », dans l'univers actuel de Theodore, recouvre diverses variantes : dans son esprit, il signifie encore le jour qui suit le jour présent (encore qu'il soit peut-être utile de préciser que, pour Theodore, la signification courante de « hier » soit désormais *n'importe quel* jour précédent le jour présent), mais lorsqu'il est prononcé à voix haute devant des membres de la famille, il peut désigner tout moment sur une échelle allant de plus tard dans la journée à jamais – avec une beaucoup plus grande probabilité de se rapprocher de l'extrémité « jamais » de cette échelle.

Le temps qu'il rentre, Theodore aura fait cent quarante-huit photos, fragments de ciguës et de douces-amères, feuilles, cailloux, un petit roitelet grassouillet dans un buisson. Cette dernière est presque nette, bien que pas tout à fait centrée. *Ce sont de jolies photos*, se dit Theodore. *Très jolies.*

Lorsque Jean interroge Theodore sur l'origine des écorchures, il répond :

— Oh, je ne sais pas. J'ai dû me faire ça quelque part. Pas grave.

TRENTE-SIX

Otis est dans sa chambre, où il se prépare pour la sortie scolaire. Ses bonbons à la gelée sont pour l'heure alignés sur un chevalet de jetons de Scrabble, mais il n'a pas prévu de créer quelque chose de plus définitif. Il ne devrait sans doute pas les laisser comme ça à l'air libre. Il n'a aucune idée de la durée de conservation de ces pastilles, qu'elles soient emballées ou pas, mais il ne veut pas les voir prendre la poussière ou attirer des bestioles ou quoi que ce soit de dégoûtant. Il a remarqué, dans les affaires d'artisanat de sa mère, des petites boîtes pour perles en plastique transparent, qui font environ deux à trois centimètres de diamètre et qui seraient susceptibles de convenir.

Il a choisi cet instant pour manger celui à la grenade, afin d'avoir deux parfums dont il pourra discuter avec Caterina. Sans surprise, il est nettement meilleur que le « gâteau d'anniversaire » ; un peu acidulé, pas tout à fait ce qu'on attend d'un bonbon rouge, quand on sait combien sont succulents ceux à la cerise et à la fraise, mais, à bien y réfléchir, ceux à la grenade ont un aspect légèrement marbré qui peut laisser augurer soit quelque chose de carrément mauvais, comme le « pimentmangue », soit quelque chose d'exceptionnel – pour des bonbons à la gelée –, comme le « tutti frutti ». Si un jour Caterina voulait partager avec lui un « tutti frutti », ce serait assurément une journée magnifique, mais Otis refuse d'accorder la moindre place à la pensée qui est sur le point de s'insinuer dans sa tête : que Caterina lui avait peut-être donné ceux-ci parce qu'ils étaient mauvais, et, ou, que, si tel était le cas, elle exprimait l'opinion qu'elle avait de lui en lui offrant de mauvais bonbons, et, ou, qu'elle les lui avait donnés uniquement parce que le hasard voulait qu'il se trouve là. Il s'accroche à une image du moment où ils avaient échangé un regard. Le souvenir de cet instant rend maintes choses possibles, dans l'esprit d'Otis, et le convainc que, bonbons ou pas bonbons, Caterina n'a envers lui que de bonnes intentions.

Otis établit une liste de sujets à évoquer avec Caterina lors de la sortie pommes.

1. Les parfums pas bons des bonbons à la gelée (gâteau d'anniversaire, grenade et, suppose-t-il, jalapeño).
2. Les pommes.
3. Les mots croisés.
4. Les insectes : quelle est sa position sur la question ?
5. Les robots.
6. Les maths : quelles sont les matières qu'elle aime ? (Otis connaît déjà la réponse à cette question, en fait : Caterina aime l'art, la lecture et l'orthographe, mais il la lui posera quand même.)

Otis imagine que cet éventail de sujets sera amplement suffisant pour lancer une conversation qui, espère-t-il, sera le prélude à d'autres discussions. Et puis, il a utilisé une partie de l'argent donné par son père pour acheter un petit sachet de Jelly Belly, qu'il envisage de partager avec Caterina ; il a le remarquable bon sens de subodorer que lui offrir des Jelly Belly aurait des implications trop claires quant à ses intentions (non qu'il n'ait pas envie de les dévoiler, mais il la devine hésitante dans le choix des gens à qui elle va décider d'accorder son amitié, et il ne veut surtout pas risquer de l'effaroucher), mais suppose que s'il lui propose des siens, cela pourrait les amener au stade suivant, que cela dirait sans qu'il ait besoin de le faire lui-même : « Maintenant que nous partageons des bonbons, est-ce que tu voudrais bien être mon amoureuse ? » Voici ce que l'on trouve également dans le sac à dos d'Otis : des crayons, des marqueurs de diverses couleurs, un classeur à trois anneaux, l'un de ses robots en fer-blanc préférés, le déjeuner préparé par sa maman ; dans la poche latérale, les six dollars et quelques qu'il lui reste des dix donnés par son père ; sur le côté gauche, l'une de ses anciennes grilles de mots croisés, de celles qu'il concevait avant de commencer à y inclure Caterina ; sur le côté droit, quelques robots en carton à découper et à coller.

À l'école, Otis commet une erreur capitale en montant dans l'autocar affrété par l'établissement : il entre le premier, avant Caterina, et se rend compte trop tard qu'il n'a pas prévu de plan pour les sièges. Celui qu'il concocte en dernière minute est de s'installer près de l'avant et d'empêcher quiconque de s'asseoir à côté de lui, puis de se glisser afin de faire de la place pour Caterina au moment où elle s'approchera de lui. Les choses ne se passent pas exactement ainsi, mais il se produit néanmoins un petit miracle : elle se met sur le siège voisin du sien, de l'autre côté de l'allée centrale. C'est un petit miracle, parce que Otis sait que Bethany n'est pas loin derrière et aussi parce qu'il est toujours possible que quelqu'un essaie aussi de se placer à côté de lui. Mais, pour la plupart, les autres gamins se précipitent au fond du bus et, bien que Bethany s'installe effectivement sur le siège de Caterina, cette dernière lui dit de prendre la place près de la vitre.

Et ensuite ceci : Caterina se tourne vers Otis pour lui parler. Elle engage une conversation. Cette journée dépasse déjà toutes ses espérances. Tout à son étonnement que ce soit Caterina qui l'a abordé, Otis ne fait presque pas attention à ce qu'elle lui dit.

— Je ne veux pas m'asseoir à côté de la vitre, si jamais le car a un accident.

Qu'est-ce que c'est que ça ? Cet aveu empli d'appréhension ouvre une porte inattendue pour Otis. Que répondre à cela ? Otis l'ignore. Il passe en revue sa liste de sujets sans trouver de lien entre un éventuel accident de bus et l'un ou l'autre d'entre eux. Il va lui falloir imaginer autre chose sur-le-champ. Le temps file. Combien de minutes se sont écoulées ? En réalité, une dizaine de secondes, mais, dans l'esprit d'Otis, le soleil commence à décliner. *Dis quelque chose, n'importe quoi.*

— Est-ce que c'est mieux ? En cas d'accident ? D'être assis au milieu ?

— Je crois.

En étudiant de plus près son visage, Otis constate que Caterina semble extrêmement inquiète à l'idée d'un accident d'autocar. Elle n'a pas encore expliqué à Otis qu'elle avait vu le film *Speed* à la télé. Les parents de Caterina, aussi négligents que ceux que connaît Otis, mais dans un registre différent, ont omis de contrôler ce que regardait leur fille, de sorte qu'elle en est venue à voir au fil du temps nombre de films et de programmes de télévision encore moins indiqués que *Speed*, comme *Nip/Tuck*, mais, pour des raisons qui lui sont propres, c'est *Speed* qui l'a le plus affectée, qui a résonné en elle. Maintenant que Caterina lui a avoué sa plus grande peur, Otis comprend qu'il peut lui confesser la sienne à son tour. Il sait précisément par quoi entamer le marathon de cette journée à bavarder.

— Est-ce qu'il t'arrive de penser que tu vas te tuer ?

Caterina ne saisit pas la question. Elle n'a naturellement jamais envisagé la possibilité de se tuer, même si, au moins de manière indirecte, elle a envisagé celle d'être tuée, dans un accident de bus, par exemple.

— Je ne crois pas. Pourquoi, ça t'arrive ?

— Non. Mais ma mère a dit que c'est ce que font les amoureux.

Encore une fois, réjouissons-nous que, dans la tête de Caterina, le mot « amoureux » signifie uniquement « personnes qui aiment » et rien de plus. Et en fait, c'est plus ou moins la signification qu'il a fini par prendre également pour Otis. Il aime Caterina et, bien qu'il ignore si la réciproque est vraie, son espoir qu'elle le soit la place dans la catégorie des gens susceptibles de se tuer.

— Exprès, tu veux dire ?

— Peut-être, répond Otis.

Il n'est pas encore parvenu à des conclusions quant au pourquoi et au comment de la chose.

Caterina réfléchit un moment au problème.

— Non. Si je me tuais, ce serait seulement dans un accident.

Voici la meilleure nouvelle qu'Otis ait jamais entendue. La meilleure nouvelle de tous les temps.

— Est-ce que tu aimes les mots croisés ?

Caterina n'a pas de position sur les mots croisés.

— Je ne sais pas, fait-elle en haussant les épaules. J'aime l'orthographe.

Bien sûr ! songe Otis. Les mots croisés, ce n'est *rien d'autre que* de l'orthographe. Il pourrait répliquer un truc de ce genre, mais la seule repartie qu'il lui vienne est « Oh ! ». Il se décide finalement à lui expliquer qu'il invente des grilles de mots croisés et sort son classeur pour les lui montrer. Elle hoche la tête. Son geste est difficile à interpréter, mais ce qui est incontestable, c'est que la mine anxieuse qu'elle avait quelques minutes auparavant a désormais disparu. Otis a réussi à détourner l'attention de sa future amoureuse des accidents d'autocar, a décidé qu'elle n'était pas suicidaire.

Ce seul point suffit à faire de cette journée la plus belle qu'ait jamais connue Otis de toute son existence.

TRENTE-SEPT

Dernièrement, Gordon n'a pas abattu beaucoup de travail, au bureau. Le surcroît de dynamisme qu'il ressent depuis qu'il prend la poudre anti-amnésique ne s'est pas traduit en termes de productivité. Il a délégué nombre de ses tâches habituelles à d'autres, ce dont personne ne s'est vraiment aperçu jusqu'à présent. Aujourd'hui, il se connecte sur le réseau social pour voir s'il a reçu un mot de Trudy. Non, *grmpf*, et pourtant elle est allée sur sa page, parce qu'il y a une nouvelle photo d'elle, au restaurant avec des copines. Avec un petit côté sexy, en fait : Trudy y porte une robe bustier turquoise et les filles ont l'air un peu pompettes. Bien qu'ayant l'esprit préoccupé par le sien même – d'esprit –, ce cliché l'excite un peu. Officiellement, il ne se rappelle plus la dernière fois où Jean et lui ont fait l'amour. Ce détail en soi est perturbant, comme presque tout ce qu'il ne parvient pas à se rappeler, ces derniers temps, même les choses que les gens oublient communément, les choses qu'il n'est pas nécessaire de garder la trace, sauf si vous ne les avez pas faites depuis un bon moment – vos derniers rapports sexuels avec votre épouse, par exemple, à moins, bien sûr, que ceux-ci ne remontent à si loin que ce pourrait être aussi bien un an que six ans. Il s'efforce de se remémorer à quoi avait pu ressembler cette dernière fois. Non que cela ait été particulièrement intéressant, depuis quelque temps, mais il faut dire que Gordon n'a jamais spécialement recherché l'inhabituel. Il n'était pas que position du missionnaire stricto sensu, mais il ne songeait jamais non plus à oser des trucs un peu plus fous – debout, mettons. Il avait sans doute juste dû monter sur elle, l'avait peut-être fait rouler sur le côté ou quelque chose de ce style ; il était certain d'avoir éjaculé, car il éjaculait toujours, mais il n'arrive pas à se remettre cet instant. Il se souvient de l'époque où Jean et lui étaient jeunes amoureux, se remémore combien il l'avait désirée, combien il frissonnait rien qu'au contact de ses mains glissant le long de ses flancs, repense à tout le temps qu'ils passaient au lit, ces premières années. Le simple fait de rester allongé après l'acte, à contempler la silhouette dévêtue de Jean, suffisait à son bonheur, même si elle ne se laissait que trop brièvement admirer ainsi. Il la désirait toujours, aimerait tant qu'elle partage ce désir.

Enfin bref, entre ça et l'image de Trudy en robe bustier, le voilà qui sent le début d'une érection. Comme ce serait idiot de la gâcher – ça fait longtemps, suppose Gordon –, il plonge la main dans son pantalon pour « reproduire la magie » (Jean avait fini par détester cette expression, qu'il ressortait en un immuable cérémonial et qui était autrefois censée être drôle, même si elle ne l'était pas réellement, mais n'avait en rien amélioré la fréquence de leurs rapports sexuels au fil des années) et commence à se caresser furieusement, regardant tour à tour la photo de Trudy et celle de Jean posée à côté de l'ordinateur. Gordon qui jouit, c'est… ma foi, nous ne sommes pas sûrs que vous ayez envie de voir ça, mais même sans témoins, il se débrouille d'une façon ou d'une autre pour être Gordon pendant qu'il répand la purée sur son bureau. « Aaahngh ! » s'écrie-t-il, tandis qu'il abat violemment sa main libre sur le meuble, presque en un geste de victoire, oubliant que Doris se trouve dans la pièce voisine.

— Oui ! Oui ! OUIOUIOUIOUIOUIOUI !!!

Doris n'a jamais entendu Gordon dans un tel état. Elle l'appelle à l'interphone pour lui demander ce qui se passe. Gordon se ressaisit, tente de calmer son souffle, de donner à sa voix des inflexions normales, puis appuie sur le bouton de l'appareil, se met sur le doigt un peu de foutre, qui a giclé ici aussi.

— Je regardais juste les chiffres, Doris ! Des chiffres fantastiques !

Fort heureusement pour l'un et pour l'autre, Doris prend au pied de la lettre l'argument des chiffres imaginé par Gordon pour justifier son excitation et ne pose pas plus de questions. Entre-temps, redescendu de ses cinq minutes d'extase, Gordon s'aperçoit soudain qu'il a totalement salopé son bureau et entreprend de tout nettoyer. Commençant par lui, il saisit un tas de Kleenex, la seule chose qu'il ait immédiatement sous la main, et, alors qu'il se regarde, il remarque que ses testicules pendent un peu plus que dans son souvenir. Gordon avait toujours été fier de ses couilles, fermes et hautes, de la taille et de la forme de deux œufs parfaits de bécassin à long bec, mais dorénavant elles étaient légèrement plus basses, leur contour légèrement moins net, se rapprochant, lui semble-t-il, un chouïa des bourses pendantes et informes de son père, détail qui perturbe encore Gordon à plusieurs niveaux.

TRENTE-HUIT

Un bon moment s'est écoulé depuis que Taylor est partie à L.A. pour l'émission de télé-réalité, quand elle reçoit enfin l'appel l'informant qu'elle n'avait pas été retenue. « Oh, je ne le voulais pas tant que ça, de toute façon, prétend-elle à Priscilla. Je me suis juste emballée sur le coup. » Là, Priscilla a comme envie de plonger le bras dans le téléphone pour flanquer à Taylor un coup de poing dans la figure : si elle ne le voulait pas tant que ça, ne pouvait-elle pas tout simplement laisser tomber, ce qui aurait peut-être offert sa chance à quelqu'un qui le désirait réellement ? Priscilla s'invente de petites histoires comme celle-là qui n'ont rien à voir avec la réalité du système, le fait étant, bien sûr, que s'ils avaient vraiment été intéressés par Priscilla, la présence ou l'absence de Taylor ne serait pas entrée en ligne de compte. Mais fait chier, c'est fini, maintenant.

Depuis le rejet de sa candidature, Priscilla a été incapable de s'ôter de la tête la dernière question qu'ils lui avaient posée : « Quelle est, parmi les choses que vous avez accomplies, celle dont vous êtes le plus fière ? » Priscilla est plus ou moins consciente qu'elle n'a pas accompli quoi que ce soit à proprement parler. Elle a obtenu quinze UV de son premier cycle universitaire. Est-elle fière de cela ? Elle sait qu'elle est censée l'être, mais ce qu'elle éprouve, c'est plutôt une sorte de vide. Est-ce un sentiment ? Toujours est-il que c'est ce qu'elle ressent. Une fois, elle avait tenu l'alcool au point de faire rouler sous la table le running back de l'équipe de football américain du lycée après le bal de début d'année des anciens élèves, ce dont elle avait été extrêmement fière à cette époque-là, mais cet instant de gloire a naturellement été éphémère. Elle tire vanité de son apparence, mais ne considère pas tellement cela comme une réussite et voudrait juste que les autres l'imitent dans ce domaine.

Priscilla se connecte à son réseau social pour examiner les infos que donnent les gens, afin de voir ce qu'eux ont accompli. Pas grand-chose, mais elle tombe sur un quiz : Vous êtes né pour quoi ? *OMG, ce n'est pas un coup de bol, ça ?* Priscilla décide de jouer, mais ce n'est pas aussi super facile qu'elle s'y était attendue et les réponses ne font qu'accentuer sa perplexité. « Faire des histoires ? » Elle avait espéré des suggestions beaucoup moins vagues que ça ; même un truc comme « Devenir célèbre » aurait été un peu plus tangible. Ou encore des propositions comme « Faire un bon mariage », qu'elle aurait au moins pu repousser en bloc, vu que ça aurait été absolument naze, bien évidemment. Mais *faire des histoires* ? Priscilla n'a pas la moindre idée de la manière dont elle doit interpréter cela. En quoi peut-on l'interpréter comme une chose bien ? Elle ne se considère pas franchement comme une rebelle ; ça ne l'intéresse pas. Faire des histoires. Qu'est-ce que c'est que ces conneries ? C'est totalement bidon. Stupides quiz.

Elle retourne à l'espace restauration pour sonder ses copines sur la question, mais les résultats ne lui sont pas d'un grand secours : une série de réponses tournant principalement autour des mecs avec qui elles sont sorties/sortent en ce moment. Ces types vivent chez leurs parents. Ce ne sont pas des superstars. Ashley la surprend en répliquant : « Obtenir mon bac. » *Il y a de quoi en être fière ?* songe Priscilla. *C'est si dur que ça ? Est-ce que ça a été dur pour elle ?* Ça n'a pas été facile, mais ce n'est sûrement pas le genre de chose dont elle penserait se glorifier. Ça se fait, c'est tout. Il apparaît soudain à Priscilla que l'école n'est jamais, mais alors jamais, matière à conversation avec ses amies, sauf pour des commentaires visant à dire combien c'est *chiant* avant de changer de sujet pour évoquer quelque nouveau drame social. Bien sûr, nous savons déjà que P n'aime pas l'école, donc, de ce côté-là, il n'y a rien d'étonnant à sa réaction ; ce qui est curieux, ici, c'est cette petite évolution dans la perception qu'elle a d'Ashley, du fait que quelque chose considéré par Priscilla comme relativement insignifiant puisse être essentiel aux yeux de son amie. Priscilla ignore même à quoi elle s'attendait au juste en termes de réponses. Celle d'Ashley ne modifie en rien son indifférence pour l'école en général, mais elle comprend simplement que celle-ci revêt de l'importance pour quelqu'un d'autre, quelqu'un qui au moins lui ressemble un peu. Aucune d'entre elles n'a réellement accompli quoi que ce soit, pour ainsi dire. Elles n'ont même pas vingt ans, ne l'oubliez pas. Combien de jeunes de vingt ans ont réalisé de grandes choses ? Si vous aviez posé la question à Priscilla quelques semaines plus tôt, elle vous aurait énuméré un grand nombre de stars de la télé-réalité, mais à présent, elle se rend compte qu'elles ne font finalement pas trop de trucs en dehors de, vous savez, frimer et peut-être picoler et coucher avec des mecs riches craquants et être jolies. N'était-ce pas ce qu'elle voulait, cependant ? Se pouvait-il qu'elle désire un tantinet plus que cela ?

Taylor rappelle à Priscilla l'été qu'elle avait passé comme baby-sitter et où elle avait aidé un gamin à apprendre à lire. « Mais c'était il y a longtemps. » L'espace d'une seconde, ce souvenir semble donner un peu le cafard à Taylor. À Priscilla aussi. Elle ne voulait même pas aider Otis à apprendre comment lacer ses chaussures. Elle n'avait même pas voulu l'*aider* à les lacer. Priscilla a subitement la sensation d'être nulle en tant qu'individu. C'est nouveau.

N'ayant pas obtenu de ses copines des réponses satisfaisantes – satisfaisantes, ici, signifiant en gros : qui lui apprennent de quoi elle était susceptible de s'enorgueillir –, Priscilla se décide en fin de compte à demander aux membres de sa famille les réussites dont ils sont les plus fiers.

Son papa répond :

— J'ai fait de nouveaux tableaux. J'en suis plutôt content. Ce sont peut-être mes plus belles réussites.

— Mmm, fait Priscilla. C'est vrai ? Je ne savais pas que ça te branchait à ce point.

— J'ai toujours peint. C'est juste que, jusqu'à peu, je n'avais pas eu le temps de m'y consacrer.

— Quoi ?

Il parle sérieusement, là, ou quoi ?

— J'ai étudié la peinture à l'université.

— Mmm, répète Priscilla.

Elle ignore qu'il entend par là un simple cours d'art. Elle devrait s'en souvenir, car il l'a déjà évoqué, mais elle a oublié.

— Tiens, non, attends une seconde.

Gordon lui demande de l'accompagner au garage afin de lui montrer quelques-unes de ses autres œuvres, retirant la bâche qu'il a jetée dessus pour les protéger. Il n'a pas encore entamé la suite des portraits de la famille et n'a peint jusqu'ici que lui, Sheila et une Trudy au visage dénué d'expression.

— Celui-ci est très bon aussi, très bon. Encore que celui-là ne soit pas dépourvu de certaines qualités. Bref, je dirais l'ensemble des tableaux. Voilà la réussite dont je suis le plus fier. Oui.

'Tain, songe Priscilla, *p'pa pète un câble. Et en plus ça ne m'a rien apporté. Et en plus ces peintures sont un peu zarb'. Les gens n'ont* pas du tout *l'allure qu'ont les gens en réalité.*

— C'est m'man ?

— Non, c'est moi !

Priscilla scrute la toile de plus près.

— Regarde, c'est ma montre.

— Ahem. Je croyais que tu avais, genre, le poignet cassé ou je ne sais quoi.

— Non, c'est ma montre !

Priscilla examine de nouveau le portrait.

— Mouais, sauf qu'elle est couleur chair ? Et qu'on dirait un poignet cassé ?

Son père est extrêmement fier de chaque détail, même de ceux qui ne ressemblent en rien à ce qu'ils sont censés représenter.

— C'est la liberté de l'artiste !

Pour être juste, il faut avouer que l'obsession de Gordon pour sa mémoire commence à être éclipsée par sa passion toute récente pour la peinture. En revanche, nous sommes dans l'incapacité de dire si c'est ou non un progrès. Il se peut que ce ne soit qu'une nouvelle orientation.

Priscilla étudie un instant son papa. Il est un peu échevelé, mais il semble s'être retiré le balai qu'il avait dans le cul. Après cela, elle n'est pas plus avancée dans le domaine réussite-dont-elle-serait-le-plus-fière, mais elle l'est un tout petit peu plus dans le domaine voir-sa-famille, domaine dans lequel elle ne s'était jusqu'alors pas aventurée.

La réponse de Vivian :

— Oh là là ! Mon dieu, il y en a tellement. J'ai un diplôme universitaire, évidemment ; après tout, peu de femmes allaient à l'université, en ce temps-là. Je suis extrêmement fière de mes saintpaulias, qui ont été primés. Je suis plutôt fière d'être restée en forme pendant toutes ces années. Et bien sûr, ton arrière-grand-père Baron et moi avons été mariés pendant soixante merveilleuses années. Oh, nous avons eu une vie formidable ! Nous avons été vraiment privilégiés. Je suppose que c'est la réussite dont je suis le plus fière.

Priscilla est pratiquement certaine que Vivian parle du mariage, mais n'exclut pas totalement qu'elle veuille parler du côté privilégié, et elle ne pose pas la question.

La première idée qui vienne à l'esprit de Theodore est d'aller chercher sa crèche pour la montrer à Priscilla. Mais ce ne peut pas être ça. Il a accompli d'autres choses.

— Oh, bon, comme tu le sais, je me suis toujours piqué de photographie ; j'en ai fait pas mal de toi quand tu étais petite. Tu étais un vrai mannequin, à l'époque.

Priscilla se revoit poser dans diverses toilettes, se souvient que son grand-père attendait toujours patiemment tandis qu'elle prenait son temps pour trouver les bons accessoires, qu'il la laissait même l'aider à choisir les photos à tirer, celles à écarter. C'est en contemplant ces clichés qu'elle a pu affiner son goût, même si elle n'avait probablement pas fait le rapprochement.

— En voici quelques-unes que j'ai faites l'autre jour.

Il les regarde avant de les lui passer.

— Bon. Certaines sont un peu floues. Mais il y en a une ou deux qui sont bonnes dans le lot.

Priscilla considère les photos, en trouve quelques-unes chouettes, même parmi les floues. Puis elle se rend compte qu'elles ont été prises à l'extérieur.

— Papy, est-ce qu'il y avait quelqu'un avec toi, quand tu as fait ces photos ? Est-ce que la dame de compagnie t'a emmené faire une promenade ?

Theodore fait oui de la tête.

— Oh ! Je travaille sur un article pour le congrès d'optométrie.

Theodore a toujours tiré vanité des articles qu'il a écrits et lus en conférence au fil des années. Priscilla et tous les autres ont entendu parler de ce nouvel article, naturellement, dont la dernière lecture avait mis tout le monde au supplice. C'était sans queue ni tête, tout simplement – pour Priscilla, en tout cas. Je veux dire, non que P y connaisse quoi que ce soit en optométrie, mais quand même. Elle avait eu l'impression d'un fouillis de phrases mises bout à bout de manière aléatoire.

— Je pense que c'est peut-être mon meilleur travail à ce jour. Est-ce que je peux te le lire ?

— Bien sûr, papy.

Soudain, Priscilla a de nouveau envie de pleurer.

Otis a envie de répondre : « J'ai une chérie ! », mais il n'est pas sûr de pouvoir confier cette information à sa sœur, alors il donne comme exemple ce qui était jusque-là sa plus grande réussite :

— Ma grille de mots croisés symétrique.

Priscilla, qui, comme vous le savez, n'accorde qu'une attention minimale à son petit frère, n'était pas au courant – c'est tout juste si elle avait remarqué sa passion pour les mots croisés – et elle est à vrai dire impressionnée, même si elle ignore à ce moment-là que la grille en question ne présente pas une symétrie particulière.

— Cool.

Elle lui ébouriffe les cheveux. C'est son geste le plus affectueux envers Otis depuis celui qu'elle avait eu quand il était bébé et qu'elle avait dix ans, bien qu'en vérité, lorsqu'elle l'avait pris dans ses bras ce jour-là, elle s'était sentie aussi gauche que pour le rancard qu'elle avait laissé Taylor lui arranger avec le copain new-yorkais de son cousin, qui était soi-disant mannequin, alors qu'il ne l'était pas du tout, ça c'est sûr.

— Est-ce que tu veux la voir ?

— Peut-être plus tard.

Jean prend un moment pour réfléchir à la question avant de déclarer :

— Toi et Otis, vous êtes ce que j'ai accompli de plus beau.

Puis sa mère éclate en sanglots. Priscilla commence à se demander si Otis n'est pas la seule personne semi-normale de la maison avec elle.

Voici à quoi se résument ces investigations pour Priscilla : aucune des réponses qu'elle a recueillies ne lui sont d'un quelconque secours pour déterminer ce dont elle aurait effectivement lieu d'être fière. Elle avait eu la certitude absolue que si elle avait décroché l'émission de télé, c'est la chose dont elle aurait été le plus fière. Elle est encore persuadée qu'elle y aurait été très bonne. Mais elle ne l'a pas eue. Priscilla s'aperçoit qu'en dehors des fringues, il n'y a pas vraiment quoi que ce soit qui l'excite. Elle ne peut pas se prévaloir d'une quelconque réussite glorifiante.

TRENTE-NEUF

Tandis qu'il s'apprête à sortir de la maison pour aller peindre au garage, Gordon tombe sur son père à la cuisine. Theodore est en train de parcourir une pile de photos qu'il a demandé à Otis de lui imprimer.

— Viens jeter un coup d'œil, Otis, dit Theodore à son fils.

— Gordon.

— Comment ?

Gordon inspire, essaie de passer outre, puis s'assoit auprès de son père. Ces derniers temps, il ne sait jamais si son père confond simplement les prénoms, comme il l'a toujours fait, ou si son état s'aggrave. Il n'a jamais compris non plus le besoin qu'éprouve son père depuis un bon moment de tout imprimer, de créer de nouvelles piles de papier qui se perdent, alors qu'il pourrait tout aussi bien les contempler sur l'ordinateur. Gordon a déjà regardé ces clichés – ou des clichés similaires, difficile à dire. Le sujet principal des plus récentes photos de Theodore, c'est le spectacle de la nature qu'offre le terrain. Il n'y en a qu'une sur huit, environ, où la mise au point soit bonne, et une sur seize qui soit effectivement belle : un cardinal dans un buisson couvert de neige, même le chevreuil un peu flou qui broute dans le pré. Gordon peut difficilement ignorer le fait qu'une bonne partie de celles dont Theodore paraît le plus fier ne semblent rien représenter du tout : des images entières essentiellement constituées d'herbe, de feuilles, de ciel. Il y a encore peu, Gordon aurait eu tendance à combler l'espace avec des discours sur chacune des espèces d'animaux ou de plantes photographiées, aurait peut-être été jusqu'à comparer le sens du cadre de Theodore avec celui de quelque grand artiste, emplissant alors son père d'une joie sans bornes. Mais là, il ne sait quoi dire et est conscient de n'avoir rien à dire, ce qui est profondément différent, et étrange, et embarrassant. Entre-temps, Theodore s'est de nouveau assoupi. Il finit par ouvrir les yeux, mais a l'air toujours endormi.

— Veux-tu que je t'aide à t'installer sur le canapé pour une petite sieste, papa ?

— Je crois que je ne t'enverrais pas paître si tu le fais.

Gordon sourit, guide d'un geste doux, mais ferme, son père du déambulateur au sofa, ramasse les photos.

— Celles-ci sont bien, papa.

— Artistiques, hein ?

Gordon est incapable de savoir si c'est un trait d'humour de son père sur l'état de ses capacités à faire des photos toutes simples ou s'il avait vraiment eu une volonté artistique quand il les avait réalisées.

L'une d'elles est un gros plan de la moitié supérieure de la tête de Theodore uniquement, de ses yeux surpris et joyeux au sommet de son crâne, et elle est prise de côté.

— Celle-ci est ratée, admet Theodore. Mais elle a ses qualités, ajoute-t-il en souriant.

Gordon acquiesce d'un hochement de tête. Depuis des mois, il cherche à éviter de se retrouver seul avec son père. Il sent quelque chose, là. Il y a un je-ne-sais-quoi dans sa gorge, comme un cachet resté coincé.

— C'est vrai, papa.

Gordon demande à son père s'il peut en avoir quelques-unes.

— Bien sûr ! s'exclame Theodore. Prends celles que tu veux !

Tandis qu'il clôt les paupières, Gordon le couvre avec un plaid.

Gordon choisit celle de son papa, celle du cardinal dans le buisson et celle de l'herbe, puis sort pour aller au garage.

QUARANTE

Obsession du jour de Jean : *Qu'aurais-je pu faire pour empêcher cela ?*

Cette nouvelle série de questions qui se posent à elle n'amène aucune conclusion. Tandis qu'elle s'attelle à réunir les ingrédients du dîner, Jean se demande si elle avait rendu à James toute l'attention qu'il lui avait prêtée, si ses talents d'observation n'auraient pas été plus faibles qu'elle ne l'avait cru, si elle n'aurait pas réussi à lui tirer des confidences sur sa maladie pour peu qu'elle ait été plus à l'écoute. A-t-il pu penser qu'elle le quitterait si elle savait ? Jean n'avait jamais envisagé de mettre un terme à leur relation. Elle était heureuse de la façon dont celle-ci se déroulait et croyait qu'il en était de même pour James. Ou peut-être « heureuse » n'est-il pas le bon terme, mais pendant l'année et demie qu'avait duré leur liaison, elle avait été enveloppée par le brouillard onirique de l'amour. Ils n'avaient guère parlé de l'avenir, en tout cas en ce qui concernait Jean. Ils n'évoquaient pas la fin de son mariage. Il faut reconnaître que c'était une idée à laquelle Jean n'était pas tout à fait préparée à réfléchir. Le mariage avait une signification, pour elle, ou il en avait eu une, ou elle voulait qu'il en ait une ; ce genre de notion, qu'elle acceptait autrefois comme étant juste l'une de *ces choses qui se font*, lui apparaissait brumeuse aujourd'hui, comme tout le reste. Mais il est certain que sa famille est importante à ses yeux et elle comprend maintenant qu'elle avait peut-être éludé cette discussion, que James espérait peut-être une histoire plus solide, que ses besoins n'étaient peut-être pas satisfaits, qu'il avait peut-être désiré plus que de simples après-midi avec Jean, que si elle avait regardé de plus près, elle aurait peut-être perçu la souffrance qui le minait et aurait pu lui apporter son aide.

De surcroît, elle commence à éprouver par intermittence un autre sentiment étrange : que James n'avait jamais existé, comme si tout ce qui s'était produit entre eux n'avait été qu'un beau rêve qui s'était achevé en un cauchemar éveillé, que cela avait dû être la vie de quelqu'un d'autre, car la sienne était ici, avec cet homme qui parle sans cesse, avec une fille qui semble la détester et deux personnes âgées qui réclament des soins constants, et où tout paraît soudain dépourvu de sens. Pas plus tard que ce matin, alors qu'elle préparait le café, elle a songé : *À quoi bon ?* Elle ne prendra plus jamais le café avec James. A-t-elle même seulement envie de prendre encore le café ? Le café ne lui apporte aucun plaisir, à présent. Et maintenant, là voilà qui cuisine encore un autre repas, du poulet au riz et aux asperges accompagné d'une sauce au beurre citronnée. *Pourquoi consacrons-nous du temps à une telle activité ?* songe Jean. *À quoi cela rime-t-il ? Ce n'est que de la nourriture.* Elle pourrait tout aussi bien jeter l'ensemble dans l'eau bouillante – le poulet, le riz et les asperges –, puis balancer la mixture obtenue dans les assiettes en laissant chacun assaisonner comme il l'entend, encore qu'elle se demande pourquoi il faudrait même relever un plat. À quoi rime le concept de goût, franchement ?

Tout ce sur quoi Jean pose son regard ces temps-ci rencontre la même indifférence désespérée. Elle a l'impression d'avoir épuisé la dose d'émotions, bonnes et mauvaises, que l'existence lui avait allouée. Ce qui n'est pas totalement nécessaire à sa vie provoque chez elle des réactions ambivalentes. Si cela ne lui imposait pas de sortir pour aller acheter de nouveaux vêtements, elle ne porterait que des T-shirts et des sweat-shirts gris, à partir de maintenant. Aucune des tenues plus sexy qu'elle avait choisies pour James ne l'avait empêché d'accomplir son acte. Pourquoi persistons-nous à nous vêtir comme nous le faisons ? pourquoi diable Priscilla attache tellement d'importance à son look ? ne voit-elle pas l'inanité de tout cela ? Lorsque Jean allume la télé et que, tombant sur un talk-show ou une sitcom, elle entend les rires du public, elle se sent vide. Cela aussi, on le lui a enlevé. C'est réservé aux autres, maintenant. Encore qu'il lui soit franchement difficile de concevoir comment on pouvait rire de quoi que ce soit depuis la mort de James. Elle trouve cela complaisant. Comme dorer au soleil, et dormir, et respirer. *À chaque inspiration*, se dit Jean, *je respire, mais pas lui. Il a choisi de ne pas respirer.*

Jean a la sensation d'être une femme incomplète, maintenant, la sensation qu'on l'a creusée avec une cuiller, comme une courge, qu'on a retiré la meilleure partie pour ne laisser que la peau.

QUARANTE ET UN

La journée d'Otis se passe de mieux en mieux. Même si Caterina lui avait assuré ne pas être suicidaire, il ne s'est pas entièrement dépouillé de son angoisse à propos des gens qui se donnent la mort. C'est juste que tout se déroule si bien qu'il ne s'arrête pas pour se dire que s'il se tuait, ma foi, il terminerait sur une bonne note. S'il existe de plus belles journées que celle-ci, il ne se les est pas encore imaginées et peut-être est-ce pour cette raison que les amoureux se tuent. Mais bien sûr, comme Otis n'est pas suicidaire lui non plus, nous n'avons pas à nous inquiéter à ce sujet. Venons-en au fait : bien avant la fin de la visite du verger, Caterina accepte de devenir la chérie d'Otis. Mieux encore : c'est d'elle que vient l'idée.

Ce qui se produit, c'est qu'on les met par paires à leur descente du bus et que, par le plus heureux des hasards, Otis et Caterina sortent de l'autocar l'un après l'autre – un autre gamin dans le siège de devant ou un petit faux pas, et il aurait pu se retrouver avec Bethany, un cauchemar auquel il préfère ne pas penser. Inutile de préciser que Bethany a les super boules d'être avec quelqu'un d'autre que Caterina, surtout qu'elle est associée à celui qui trimballe dans sa poche le bout qui lui reste de sa vieille couverture de bébé. (Tous les mômes affirment que c'est bien connu, mais en vérité, ce n'est qu'une rumeur. Personne ne le sait vraiment ni n'a même vu le doudou en question. Ce pourrait tout aussi bien être un mouchoir, mais même si ce n'est rien du tout, le destin du gamin est scellé jusqu'à ce qu'il change d'école, voire jusqu'à ce qu'il devienne grand et invente le nouvel Internet.)

— Deux camarades par pommier, annonce la maîtresse.

C'est peut-être la plus belle phrase qu'Otis ait jamais entendue de sa vie. Il se figure dans l'arbre, à partager avec Caterina des tartes aux pommes, des pommes d'amour, des pommes au caramel, des pommes au beurre de cacahuètes, des pommes au miel, des pommes au fromage. Ils habitent dans le pommier et se repaissent de pommes, et boivent du jus de pomme, et du thé à la pomme, et parlent des insectes et des oiseaux et des écureuils qui demeurent dans l'arbre, et font des mots croisés tous les deux, et se tiennent la main, et contemplent les constellations, et se demandent ce qu'est la lune rousse et si c'est réellement le visage d'un bonhomme qu'on voit sur sa surface, et ils vivent ici à jamais et personne ne meurt à la fin.

— Lorsque chacun d'entre vous aura ramassé un plein panier de pommes, veuillez vous asseoir au pied de l'arbre avec votre camarade en attendant que tout le monde ait fini. Ensuite nous irons payer à la boutique et nous reprendrons le car pour rentrer à l'école.

Reprendre le car. Rentrer à l'école. Il n'y a pas de temps à perdre, songe Otis. Caterina et lui commencent à cueillir des fruits sur les branches tout en reprenant leur conversation interrompue. Il a pratiquement oublié toute sa liste originale de questions, sauf pour les bonbons à la gelée.

— Oh ! s'exclame Otis. Des bonbons à la gelée !

Il ne voulait pas parler trop fort, mais après tout il s'en fiche.

— J'ai apporté des bonbons à la gelée. Tu en veux ?

— Mais oui.

Caterina examine très attentivement plusieurs pommes avant de choisir celle qu'elle jugera suffisamment parfaite pour être mise dans son panier.

Otis farfouille dans son sac à dos, en sort le sachet de bonbons et l'ouvre.

— Bon, les « gâteau d'anniversaire » ne sont pas terribles, hein ?

Ce qui s'était passé en réalité, c'est que Caterina s'était trompée et avait confondu les bonbons « gâteau d'anniversaire » avec les bonbons « cheesecake aux fraises », de sorte qu'elle croit maintenant qu'Otis est en train de lui dire qu'il n'aime pas les gâteaux d'anniversaire. Les vrais gâteaux d'anniversaire.

— Tu n'aimes pas les gâteaux d'anniversaire ? Même ceux au chocolat ?

L'espace d'un instant, Otis est lui-même déconcerté et la discussion est à deux doigts de verser dans le quiproquo, mais heureusement, il comprend bien vite la méprise.

— Oh ! J'adore les gâteaux d'anniversaire ! Je parlais des bonbons à la gelée parfum gâteau d'anniversaire.

— Oh ! Oh. Bien. Alors tu peux toujours venir à mon anniversaire.

Otis évite de s'appesantir sur le fait que « peux toujours » sous-entendait qu'il avait failli ne pas venir, préférant se concentrer sur les merveilleux mots qui ont suivi : « à mon anniversaire ».

— Oh ! Oui !

— Mais si tu viens à mon anniversaire, il faudra que tu sois mon chéri.

Otis est pris au dépourvu par la tournure des événements. Il n'avait pas prévu de demander officiellement à Caterina de s'engager ainsi, mais il est plus que ravi de se plier à sa requête. Il ignore pourquoi c'est une condition de l'invitation et il s'en moque éperdument. Néanmoins, il s'interroge à présent sur la signification de ce mot pour Caterina ou pour lui. Est-ce pareil qu'« amoureux » ? Caterina est-elle en train de lui déclarer en substance qu'elle l'aime ? Serait-il prêt à accepter presque toutes les conditions requises pour conserver ce titre ? Oui, oui, il y est prêt. Il fera tout ce que Caterina lui réclamera. Si Caterina exige qu'il mange une chenille, il mangera sans rechigner une chenille. Il n'imagine pas une seule chose qu'il ne ferait pas pour Caterina.

— Oh ! D'acc !

En fait, Caterina ne sait pas réellement ce qu'elle veut. Dans les films, les femmes ont un chéri à la fin et alors tout va mieux. C'est à peu près tout ce qu'elle a en tête. Mieux.

Après cela, le dialogue se tarit un peu. Tandis qu'ils poursuivent leur cueillette, Otis se rappelle sa liste de questions, mais il les débite beaucoup plus vite qu'il ne le pensait. Caterina a une réponse ambivalente pour ce qui est des robots. Otis se souvient de plusieurs informations données par son père sur les pommes, mais, à l'instar de celui-ci, ses efforts ne sont guère récompensés en termes de conversation. Contrairement à lui, cependant, Otis note cette réaction dans un coin de sa tête en vue de leurs discussions ultérieures. Il veut un véritable échange entre eux. Les sujets qu'apprécie Caterina, il le sait, sont la lecture, l'art et l'orthographe. Otis est pris de court, mais il remarque que son panier est presque plein et que celui de Caterina ne contient que trois fruits.

— Tu n'aimes pas les pommes ? s'étonne-t-il.

— Si, mais je n'aime pas quand elles ont des taches. Genre à cause des vers et tout ça.

— Moi non plus, affirme Otis, alors que son panier déborde de pommes tachées.

Dans la boutique de cadeaux, Otis entraîne Caterina vers Bethany une minute afin de pouvoir lui acheter pour son anniversaire un crayon rouge surmonté d'une gomme en forme de pomme, qu'il lui offrira avec la grille de mots croisés à laquelle il a l'intention de s'atteler aussitôt qu'il sera rentré à la maison. Il glisse le cadeau dans son sac à dos pour qu'elle ne le voie pas et, enhardi par son statut de *chéri*, repart chercher Caterina. Il lui saisit la main et l'écarte de Bethany, qui continue nonobstant de parler. Ils se mettent en rang pour monter dans l'autocar, puis Otis prend la place de la vitre pour que Caterina puisse avoir celle du couloir. Il ne lui a pas lâché la main. Il ne lui lâchera jamais la main.

QUARANTE-DEUX

Theodore consacre une heure à relire son article. Il trace de-ci de-là quelques marques au crayon, marques qui pourraient éventuellement être interprétées comme des lettres ou peut-être des signes de correction d'épreuves, mais à vrai dire, quelques minutes après les avoir griffonnées, même Theodore n'est plus très sûr de leur signification. Bien qu'il ait à maintes reprises expliqué à la famille qu'il préparait cet article en vue d'une conférence et ait récemment annoncé son intention de le porter à la poste le lendemain (plusieurs lendemains étant passés depuis ce jour-là), il était entendu pour tout le monde que rien de tout cela ne se produirait, ni l'achèvement de l'article, ni le trajet jusqu'au bureau de poste, ni, bien sûr, la conférence. Depuis la première fois où sa maladie avait été diagnostiquée, Theodore avait rédigé un certain nombre d'articles, mais l'aggravation récente et rapide de son état de santé était une évidence pour tous, sauf pour lui.

Cependant, mis en confiance par sa dernière sortie avec Mott, qui lui a prouvé que sa famille faisait preuve de trop de prudence pour ses déplacements, Theodore se dit qu'une petite promenade n'était pas une affaire. Il se dirige d'un pas traînant jusqu'à son bureau et ouvre le tiroir qui renferme les fournitures d'expédition. Introduire le document dans l'enveloppe en papier kraft est assez délicat – pourquoi les enveloppes sont-elles moins coopératives qu'auparavant ? –, mais il s'en sort au quatrième essai et cachette son pli. Aucune lettre n'est jointe à son article, formalité qu'il a omise. Theodore prend grand soin d'inscrire l'adresse de retour dans le coin supérieur gauche, ayant toujours été conscient qu'il arrivait à ses bien-aimés services postaux de commettre à l'occasion des erreurs. Il farfouille parmi un tas de papiers pour trouver une adresse à laquelle envoyer son courrier et, ce faisant, quelques feuilles glissent de la pile pour choir doucement par terre. Des incidents similaires, des instants comme celui où des papiers descendent jusqu'au sol en flottant dans l'air, constituent l'ordinaire des journées de Theodore, désormais ; ramasser une feuille peut prendre jusqu'à quinze minutes, longues et traîtresses, réussir à ce qu'elle adhère à ses doigts pouvant déjà en prendre cinq, avec le papier retors qui s'échappe de ceux-ci comme s'il agissait de son propre chef, et quand enfin Theodore se remet debout, c'est pour heurter d'un coude récalcitrant la pile et renverser autre chose, une telle série pouvant durer un temps indéfini, comme une interminable partie de Badaboum ! Bien que Theodore paraisse tout au plus modérément contrarié, nous supposons plutôt que son rapport au temps est différent, à présent. Pour un simple observateur, difficile d'imaginer que semblable changement dans les capacités physiques puisse être rien moins que profondément frustrant, mais pour Theodore, qui aura sans doute oublié avoir semé autant de papiers (voire en avoir semé ne serait-ce qu'un seul) presque aussi vite qu'il en laissera tomber d'autres, c'est juste le même enchaînement d'événements que d'habitude. C'est en tout cas ce que nous espérons pour lui.

Un peu plus tard, il parvient à écrire sur l'enveloppe quelque chose qui, dans son esprit, représente un contact et une adresse. Il ouvre, sur la droite de son bureau, le tiroir dans lequel il range son pèse-lettre et les timbres-poste qu'il a gardés à portée de main pendant ces soixante dernières années environ, glissés dans une petite chemise qu'il a pourvue d'enveloppes en papier cristal renfermant des vignettes de toutes valeurs, pour la plupart toujours en cours de validité, mais dont certaines ont trente ans. Même s'il s'est assez facilement adapté aux e-mails, Theodore n'a jamais perdu sa prédilection pour la Poste des États-Unis et tous les accessoires liés au courrier. Il a son pèse-lettre de poche depuis qu'il est gosse, une minuscule pince en cuivre lestée par un poids pour l'enveloppe, et un appareil de mesure en quart de cercle muni d'une flèche. Il en possède également un plus gros pour les objets de plus grande taille, mais pour les plis normaux, c'est toujours celui-ci qu'il utilise. C'est vraiment un outil merveilleux. Il doit s'y reprendre plusieurs fois avant de pouvoir positionner la pince entre ses doigts tremblants et en écarter les mâchoires assez longtemps pour y placer l'enveloppe ; tenir l'ensemble suspendu en l'air et suffisamment immobile afin qu'il puisse lire le poids indiqué est encore plus délicat – ce fichu truc n'arrête pas de bouger ; jamais il ne faisait ça, avant. Comme avec les feuilles de papier, le nombre de tentatives nécessaires avant d'ouvrir enfin la pince peut varier de deux à dix. Il ne voit pas cela comme un obstacle insurmontable. Theodore finit par avoir une assez bonne idée du poids de son envoi et, comptant une quinzaine de grammes en plus, il prend pour un dollar et trente-huit cents de frais d'affranchissement dans sa chemise. Il ne réussit que partiellement à détacher les timbres du carnet, à les poser sur sa langue, puis sur l'enveloppe : l'un des timbres de dix cents se colle sur sa langue, puis sur ses doigts, avant qu'il l'enlève enfin, tout chiffonné, pour le jeter à la poubelle, mais sans le remplacer, tout simplement parce qu'il a oublié.

Il va lui falloir attendre le moment propice pour s'esquiver – c'est une chose qu'il a apprise. Theodore a parfois été découvert dans des endroits où il n'a plus le droit d'aller : un jour, Jean l'a surpris avec son déambulateur coincé derrière une porte, alors qu'il tentait de monter à l'étage, « juste pour voir s'il y avait du nouveau, là-haut », et Gordon l'a arrêté à plusieurs reprises sur le seuil de la maison, s'apprêtant à sortir avec son appareil photo dans l'espoir d'obtenir de meilleurs clichés de telle ou telle bestiole. Certes, il y a la dame de compagnie et il est rare qu'il n'y ait personne à la maison, mais les Copeland croient – fort peu judicieusement – que Theodore sait ce qu'il peut et ne peut pas, devrait et ne devrait pas faire. La famille a supposé que l'autoriser à se déplacer toujours librement d'une pièce à l'autre était encore sans risque, mais ce temps-là est révolu.

Theodore n'a aucun mal à trouver le créneau pour s'échapper. La dame de compagnie a fini sa journée, Jean a filé au supermarché, Gordon n'est pas encore rentré du travail, Priscilla non plus, Otis est chez une amie et Vivian s'est endormie sur le canapé. Que le bureau de poste soit fermé lorsque Theodore y arrivera enfin est un détail qu'il néglige.

Que tenir à la fois le chien et son enveloppe soit deux tâches incompatibles n'est pas la première de ses préoccupations. Theodore va dans la maison principale d'une démarche traînante ; son copain Mott se faufile aussitôt à ses côtés. Après quelques tâtonnements, Theodore parvient encore à accrocher la laisse au collier du chien, qu'il emmène avec lui pour sortir par la porte de derrière.

À peine ont-ils atteint l'avant de la maison, que Theodore se sent essoufflé et décide de faire une pause.

— Ouh, dit-il au chien à voix haute. On ferait mieux de s'arrêter une minute.

Theodore monte sur la véranda de devant avec l'animal et s'assoit sur la balancelle. Mott se couche. Theodore imprime un léger mouvement à la banquette.

— C'est bon, ça.

Theodore se balance quelques minutes ; un petit groupe de moineaux exquis se pose sur un arbre placé dans son champ de vision. L'observation des oiseaux qui volettent absorbera ses pensées jusqu'à ce qu'il s'endorme.

QUARANTE-TROIS

En revenant à la maison après son travail, Priscilla découvre Mott couché à côté de l'entrée de derrière, la laisse encore attachée – quelle chierie ! –, alors elle lui ouvre, appelle par l'encadrement de la porte ses parents, n'obtient aucune réponse. *Qu'est-ce que c'est que ce bordel ?* Elle entre chez Theodore et Vivian, laquelle se réveille à l'instant de sa sieste.

— Mamie Bibbie, je viens de trouver le chien dehors. Où sont-ils tous ?

Vivian, encore un peu endormie, s'exclame :

— Oh mon dieu !

Priscilla jette un coup d'œil dans la chambre de son grand-père ; lui non plus n'est pas là.

— Où est papy ? Est-ce que m'man l'a emmené quelque part ?

— Non, elle est juste allée au supermarché. Il doit sans doute être dans votre partie de la maison.

— Non, Bibbie.

— Oh là là ! Oh là là ! J'espère qu'il n'est pas encore tombé.

— Je vais retourner voir. Je reviens tout de suite.

Priscilla va dans la maison principale, crie dans l'escalier : « M'man ! P'pa ! Papy ! Otis ! » Rien, personne. Nous aimerions qu'il existe une orthographe phonétique précise du son exaspéré qu'émet Priscilla à cet instant. Nous nous contenterons de dire qu'il est fort, qu'il a plusieurs syllabes et qu'il traduit très efficacement sa lassitude face à l'impéritie croissante de sa famille. Ressort, ne voit son grand-père ni vers l'étang ni dans le jardin, fait le tour du bâtiment, le trouve assoupi sur la balancelle de la véranda de devant. « Papy. Papy. » Priscilla s'installe à côté de son grand-père, tente de le tirer de son sommeil, s'aperçoit alors qu'il ne bouge pas, qu'il ne respire pas. « Papy. » Putain ! Priscilla éclate en sanglots, essuie ses larmes, ce n'est pas le moment, « Putain », serre son grand-père dans ses bras, essuie de nouveau sa figure, téléphone à sa maman, tombe sur sa messagerie vocale. « Putain, t'es où ? » Appelle son père, tombe sur Doris, sa secrétaire, qui lui apprend qu'il a fini sa journée et vient de repartir.

Priscilla retourne à l'intérieur afin d'y prendre une couverture pour son papy, se rend compte que c'est probablement idiot, qu'il est froid et même plus que froid, mais a malgré tout l'impression qu'elle devrait faire quelque chose, même si elle ne sait pas quoi. Elle s'assoit sur la balancelle, un bras lové autour de son grand-père, la tête sur son épaule, et y demeure jusqu'au retour de son père.

À son arrivée, remarquant que personne n'est rentré avant lui, Gordon contourne à son tour la maison et demande à Vivian ce qui se passe. Elle l'ignore, mais « aimerait bien le savoir ». Il ressort donc et finit par découvrir Priscilla et Theodore sur la véranda.

— Oh, vous êtes là. Vous alliez vous balader ou quoi ?

Le sang de Priscilla se réchauffe jusqu'à parvenir à petits bouillons. L'a-t-il déjà vue se balader avec son grand-père depuis, genre, ses huit ans ? Putain, même ses pensées ne suivent pas la direction qu'elle voudrait leur donner.

— Vous avez merdé. Tu as merdé, p'pa. Vous avez merdé.

Gordon n'aime pas quand sa fille emploie ce langage. Cependant, il ne lui faut guère de temps pour constater que Theodore n'a pas l'air très bien et commencer à percuter que ce n'est pas seulement le cinéma coutumier de Priscilla, mais qu'il y a un problème avec son père. Il demande à sa fille de se calmer et, dès qu'elle le regarde dans les yeux, Gordon prend conscience de ce qui est advenu, prend conscience que son père est mort.

Gordon étant l'homme qu'il est, sa première réaction est d'essayer de comprendre le pourquoi du comment du décès de son père sur la véranda. Il bombarde Priscilla de questions auxquelles elle est incapable de répondre. Priscilla ne connaît évidemment pas les détails, mais elle a saisi l'essentiel des circonstances – que son grand-père a été laissé sans surveillance et qu'il s'est aventuré dehors – et fait tout ce qu'elle peut pour ne pas exploser totalement, là, sur la véranda. Son père a accepté cette responsabilité et il aurait dû être maître de la situation.

— Tu te fiches de moi, p'pa ? Est-ce que tu te rends compte de la cata qu'il aurait pu y avoir ? Tu t'en rends compte ? Et s'il s'était fait renverser par une voiture ? Et s'il était tombé dans une ruelle et que personne ne l'avait trouvé ?

Pour l'heure, Gordon est encore plus ou moins abasourdi, quoiqu'il ne puisse s'empêcher de songer qu'il n'avait rien fait d'autre que d'aller au travail comme d'habitude. Mais Priscilla, elle, ne le voit pas du tout ainsi. Il lui est arrivé d'utiliser diverses formes du mot « cata » avant cela, pour des drames qui dépassaient rarement le stade de l'épi dans les cheveux, devine confusément que son goût pour l'exagération restreint sa faculté à faire toucher du doigt à son père la gravité des événements, mais pense malgré tout que quelqu'un aurait dû prendre les choses en main, genre, il y a cinq minutes. Et en cet instant, son père n'est pas le meilleur candidat pour cela, avec son visage méchamment dépourvu d'expression, comme s'il s'était enfermé dans une sorte de petit caisson d'isolation sensoriel mental. La disparition de la mère de Gordon quelques années plus tôt – bon, peut-être devrions-nous fournir quelques éléments à ce sujet, mais vous ne serez sans doute pas surpris d'apprendre que la méthode employée par Gordon pour surmonter ce malheur ne suivait pas le scénario Kübler-Ross[1] type ; si nous devions la représenter sur un graphique circulaire, nous dessinerions deux camemberts séparés : l'un avec neuf dixièmes de déni (et un mince dixième consacré à une tristesse tout aussi temporaire que malvenue) et l'autre plein de Wikipedia. Ce n'est pas une phase du deuil très reconnue, la phase Wikipedia, mais pour quelqu'un comme Gordon, utiliser l'Internet ou la bibliothèque pour obtenir des réponses à ses questions est la seule manière qui lui vienne à l'esprit. Alors Gordon a de grandes connaissances sur la façon dont les autres affrontent le deuil, mais il va probablement sans dire que de

1. Elisabeth Kübler-Ross, psychiatre helvético-américaine, célèbre pour ses travaux sur les « phases du mourir ».

là à remarquer ce processus à l'œuvre chez eux, il y a un pas.

D'accord, le contexte est un peu différent, à présent, même si Gordon n'arrive pas nécessairement à mieux en articuler le pourquoi et le comment. Il est figé et, bien que ce moment ne soit pas aussi long que cela, il l'est assez pour que diverses images lui traversent la tête : la Trudy entre deux âges photoshopée par son cerveau en un copier-coller maladroit dans le décor de sa chambre d'université ; sa femme, superbe, le jour de leur mariage ; sa femme, triste et absente, aujourd'hui ; son père, du temps où il était en meilleure forme, qui l'aidait à faire ses devoirs, qui lui montrait comment encrer une gravure sur bois ou cadrer une photo, son menton désormais perpétuellement sale, ses mains tremblantes, ses yeux encore grands ouverts. Sa fille a raison. Il n'avait pas été présent. Il avait été occupé à résoudre un problème insoluble. Mais tout ce que ces pensées contribuent à faire, c'est à renforcer son immobilité. Il est figé.

— P'pa. Reprends-toi. Sérieux.

Priscilla n'a pas envie de hurler devant un mort, ça craint trop, mais elle s'exprime sur le ton le plus sévère possible.

— P'pa. Il faut que tu téléphones. Genre, tout de suite.

Est-ce qu'elle va devoir expliquer à voix haute qu'ils ne peuvent pas laisser son grand-père seul sur la véranda ? Quand même pas, non ? Son père est peut-être largué, mais il n'est pas stupide, dieu sait s'il le leur a bien assez souvent fait comprendre. Elle sent d'autres réflexions lui venir par la bande. Elle avait eu l'intuition que son grand-père lui avait raconté des craques, lorsqu'il lui avait affirmé qu'il n'était pas seul le jour où il avait pris les photos qu'il lui avait montrées. Pourquoi n'en avait-elle parlé à personne ? Avait-elle sa part de responsabilité dans tout cela ? Son père vient de perdre son papa. Il doit sans doute être abattu. Mais là, il faut que les choses bougent, pas le temps pour ces considérations.

— P'pa !

Priscilla hausse légèrement le ton, à un volume qu'elle espère suffisant, puis regarde son grand-père comme si elle craignait de le réveiller, même si elle sait bien qu'elle ne risque pas.

Gordon inspire profondément, dit « OK, OK, OK » à voix haute, puis commence à réfléchir à ce qu'il convient d'entreprendre ensuite. Il appelle Jean, lui laisse un message pour lui intimer de rentrer immédiatement à la maison, où qu'elle soit, appelle le médecin de son père, appelle les pompes funèbres, n'emploie pas l'expression « est mort », essaie « a expiré », mais ce n'est pas très bien, opte pour « s'en est allé », décide de l'adopter, dit à Priscilla qu'il va rester dehors auprès de son père pour attendre leur arrivée. Priscilla finit par cesser de marmonner sur la chierie de la situation et choisit d'attendre en sa compagnie. À ce moment précis, elle préférerait être n'importe où ailleurs, mais laisser son papy et son papa lui semble impensable, étant donné les circonstances. Ce malgré le comportement débile de Gordon, qui s'efforce de meubler le silence entre deux coups de téléphone, alors que Priscilla a toujours autant les boules.

— Arrête de parler, p'pa. Sérieux.

Quand Jean est enfin là, Priscilla déclare à sa mère qu'elle a merdé elle aussi ; Jean sait que sa fille a raison. Elle grimace en pinçant les lèvres, approuve d'un hochement de tête, dépose un baiser sur le crâne de Theodore, lui chuchote qu'elle est désolée, fait également une bise sur la tête de son mari et se met à pleurer.

— P'pa, tu devrais aller le dire à mamie Bibbie, suggère Priscilla.

Jean reste avec Theodore et sa fille.

— C'est une telle chierie, répète Priscilla.

— Je sais, dit Jean. Je sais.

— Où est Otis, m'man ?

— Je crois qu'il est allé dîner chez Caterina.

— Tu *crois* ?

Priscilla a l'impression qu'elle pourrait se mettre à saigner spontanément par les deux oreilles.

— Non, il y est, il y est, corrige Jean.

— Et alors, à quelle heure est-il censé revenir ?

— Ils ont dit qu'ils appelleraient au moment où ils partiraient.

— Eh bien, dis-leur de passer par l'arrière, au cas où.

— Je le ferai, je le ferai.

Franchement, il est étonnant que Vivian ne se soit pas déjà précipitée sur la véranda pour découvrir ce qui se passait – c'est bientôt l'heure du repas et elle n'aime pas quand on mange trop tard, même si c'est ce qui se produit le plus souvent ces derniers temps –, mais elle regarde un *Nancy Grace* enregistré sur TiVo auquel elle est incapable de s'arracher. Gordon demande s'il peut mettre la pause, ce qui déplaît à Vivian, mais lui donne aussi une minute pour voir l'heure et constater que le souper va être servi tard.

— Juste ciel ! que diable se passe-t-il donc, Gordon ? Où est ta femme ? Où sont-ils tous ? Cela fait dix minutes que nous devrions être à table. Ça se répète bien trop souvent, depuis quelque temps.

— C'est papa, mamie. C'est papa.

Gordon espère de tout cœur qu'il n'aura pas besoin de rajouter quoi que ce soit. Il n'a pas envie d'annoncer à sa grand-mère que son fils les a quittés avant elle ; personne n'a envie d'apprendre une telle nouvelle à une mère, même si son fils avait soixante-dix-sept ans.

— Il est parti, mamie.

— Seigneur ! où est-il allé, cette fois ? Est-ce qu'il est encore tombé ? interroge Vivian.

— Non, il est sur la véranda, mamie, mais ce n'est pas ce que je voulais dire. Je voulais dire qu'il était parti. Qu'il s'en est allé. Il s'en est allé.

Gordon ne veut toujours pas prononcer à voix haute l'expression « est mort », pas devant sa grand-mère, pas plus qu'il ne souhaite y songer lui-même. Vivian considère Gordon d'un air interdit, regarde l'image figée de Nancy Grace sur l'écran, avec sa bouche ouverte en pleine vocifération/diatribe à la Nancy Grace, exactement le sentiment que Vivian pourrait éprouver en cet instant si elle se l'autorisait. Toutes ces émotions sont nichées quelque part en elle, mais honnêtement, une telle effusion serait un inacceptable manque de distinction pour une dame de son âge ; elle a toujours pensé que Jackie Kennedy, une *démocrate*, était un modèle de flegme en la matière. Vivian sait que les gens meurent, mais elle a toujours été persuadée qu'elle accueillait ce type de nouvelle avec le degré de dignité qui sied à la situation. Il se trouve simplement que, cette fois, c'est son fils. Elle rajuste son chandail. « Je vois » sont les seuls mots qu'elle lâche, avant de baisser les yeux une minute. Elle est sur le point d'ajouter *Eh bien, ce n'était pas marqué sur le calendrier*, mais se retient.

QUARANTE-QUATRE

Les jours qui suivent le décès de Theodore se déroulent sans incident notable. Heureusement, son corps a été enlevé de la véranda avant qu'Otis soit revenu de chez Caterina. Comme on pouvait s'y attendre, Otis a de nombreuses questions sur ce qui est arrivé à son grand-père. Ce qu'il sait de la mort à ce stade (en dehors de la perte de sa tortue), il l'a principalement appris avec l'histoire de James, l'amoureux de sa mère. Alors, quand Gordon, avec Jean, vient s'asseoir à côté de lui et commence à lui expliquer ce qu'est la mort en des termes qu'il juge appropriés pour l'âge de son fils, il est désarçonné par la première question d'Otis.

— Est-ce que papy s'est tué ?

Gordon est naturellement plus qu'interloqué par cette réflexion.

— Seigneur ! non, Otis ! Où es-tu allé chercher cette idée ?

— Eh bien, maman disait que…

En un éclair de lucidité, Jean s'aperçoit qu'elle a peut-être partagé trop de choses avec son jeune fils et elle tente de se rattraper à la hâte.

— Non, mon cœur, papy était malade et il s'est tout simplement endormi. À jamais.

Gordon observe sa femme, scrute un moment son visage. Elle laisse malgré elle leurs regards se croiser. Tout ce qui sera jamais révélé de la transgression de Jean l'est à cet instant précis. Ni l'un ni l'autre n'ont envie d'en discuter : certainement pas Jean et encore moins Gordon. Il l'avait négligée tout autant qu'elle l'avait trompé. Il n'y a rien de plus à connaître ou à dire.

Otis est encore sur les termes « endormi » et « à jamais », qu'il rumine pendant un moment, son expression trahissant une succession d'inquiétudes sur les diverses fois où il s'était endormi alors qu'il était malade : avait-il échappé de peu à la mort ? comment sa mère avait-elle même pu le laisser aller se coucher ? Ce genre de choses. Mais ni Jean ni Gordon ne s'intéressent réellement à ses mimiques. Jean a le bras passé autour de ses épaules et Gordon a les yeux levés au plafond, dans l'espoir d'y dénicher les mots qui conviennent. « Il était très vieux, fiston, et il a eu une bonne vie. » *Ma foi, c'était pas mal,* pense-t-il, *que dites-vous de cela ?* Bref et pertinent, mais c'est autant les mots qui conviennent pour un jeune garçon que ceux qu'il désire précisément entendre lui-même. Mmm. Tant pis si les termes clés « endormi » et « à jamais » ont déjà été lâchés et que ce sont eux qui demeureront.

Gordon se charge de la plupart des démarches, prévient famille et amis par téléphone. Il s'est mis dans la tête qu'il faisait ce que le patriarche de la famille devait faire, qu'il se tenait debout, que la vie continuait, toutes ces choses qu'il se rappelle avoir vu son père accomplir en cas de décès. Theodore avait procédé aux arrangements nécessaires aux obsèques de son propre père et, quand était venu le tour de Laura, il avait encore eu assez de présence d'esprit pour gérer cet événement aussi, malgré son immense chagrin. Et donc Gordon s'assoit avec Jean pour prendre toutes les dispositions relatives aux funérailles, pour appeler sobrement toutes les personnes qu'il fallait appeler, amis, parents, s'efforce d'adopter la gravité qui sied à la situation, de dire les phrases que lui avaient livrées ses précédentes recherches sur le deuil, « Oui, il s'en est allé paisiblement », comme s'il parlait d'un cousin éloigné, comme si ce n'était pas lui qui avait le plus besoin d'être consolé.

Le service funèbre est résolument dépouillé. Bien que la famille ne soit pas pieuse et n'ait jamais assisté à un office ensemble, Jean suggère que ce pourrait être une chouette idée, mais cette proposition n'est pas dénuée d'arrière-pensées : secrètement, elle est curieuse de découvrir une certaine église non confessionnelle dont elle a entendu parler. Gordon accepte et prend lui-même contact avec l'église en question ; comme celle-ci n'a pas de pasteur attitré et que ses membres croient qu'il faut « parler sous l'impulsion de l'esprit », Gordon et Jean décident qu'il est plus logique que ce soit Gordon qui prononce l'oraison. Si Theodore était mort ne serait-ce que quelques semaines plus tôt, le discours aurait été d'une tout autre nature, très probablement beaucoup plus long et bourré d'extraits de livres sur ce que cela signifiait de perdre un être aimé, mais dorénavant la tête de Gordon n'est plus du tout au même endroit. Priscilla est toujours convaincue qu'elle est profondément fourrée dans son cul, comme d'habitude, mais, parce qu'il veille à tous les détails, Gordon a l'impression d'être un exemple pour sa famille. Il n'a que très confusément conscience des modifications de son comportement depuis l'incident avec Trudy. Tout ce qu'il sait avec certitude, c'est que quelque chose a changé depuis qu'il a commencé le traitement de *Stop amnésie* et qu'un nouveau changement, plus intangible, est survenu. Son père est décédé. Alors il fait ce que l'on fait quand se produit ce genre de drame et il rédige quelques brèves pensées pour les partager, mais lorsqu'il se lève pour aller lire son texte, son esprit l'entraîne dans une causerie impromptue, alimentée par des souvenirs de son père, dont certains remontent à son enfance.

— Mon père était un artiste. Il a gagné sa vie comme optométriste, mais son humeur et son âme appartenaient à l'art. Il a été mon inspiration. Quand j'étais petit, il m'a appris à creuser le bois pour créer des gravures. Dès mon enfance, son amour de l'art s'est enraciné en moi. Mais à un moment donné, celui-ci a été mis de côté pour des questions pratiques. Il a été un époux, un fils, un grand-père et un père aimé pour moi.

L'adjonction singulière de la locution « pour moi » par Gordon à cet endroit sous-entend que Theodore a été tout cela pour lui, détail que l'assemblée ne peut que relever.

— Quelques anecdotes.

Gordon n'avait pas voulu prononcer ces mots à voix haute : c'était uniquement pour se remémorer certaines des choses qu'il avait l'intention de dire, des évocations de son père en des temps meilleurs. Il pince les lèvres en un rictus tandis qu'il essaie de se rappeler ce qu'il voulait ajouter. Jamais les mots ne lui avaient ainsi manqué.

— Dernièrement, j'ai vécu un événement qui m'a amené à douter de mes facultés cérébrales, dont je n'avais jamais douté jusqu'alors.

Là, Gordon pense qu'il sait exactement ce qu'il vient de déclarer ; malheureusement, il est clair qu'il est bien le seul.

— Imaginez, si vous le pouvez, une rencontre par laquelle tout ce que vous croyiez connaître est chamboulé en l'espace de quelques minutes.

Gordon attend que son auditoire se représente ce qu'il vient de décrire, puis oublie où il souhaitait aller avec cette pensée, dans la mesure où elle n'a rien à voir avec son papa.

— Oh, oui… bon, pour être franc, le truc c'est que je croyais avoir perdu la raison.

Jean écarquille les yeux. Voilà qui était nouveau.

Gordon marque des pauses entre ses phrases, maintenant – suffisamment longues pour qu'il apparaisse évident que son speech n'était pas préparé.

— Peut-être était-ce le cas, mais peut-être n'est-ce pas la catastrophe que j'avais imaginée au début. Peut-être est-ce une bénédiction. Peut-être devrions-nous tous de temps à autre perdre la raison pour en avoir une nouvelle.

Gordon approuve d'un hochement de tête ses propres réflexions. Celle-ci lui plaît bien.

— Je ne suis pas particulièrement porté sur la religion, mais j'espère de tout cœur que mon père a rejoint ma mère, Laura, et que son esprit connaît le repos.

Encore une pause. Cela ne lui semble pas être une note de fin satisfaisante. Nous si, mais pas lui.

— Il y a quelques années de cela, mon père aimait citer cette phrase : « La preuve d'un esprit bien formé est que ce qui est bon le réjouit, mais que ce qui ne l'est pas l'afflige. »

C'est peut-être le moment choisi pour préciser que Gordon n'a toujours pas versé une larme et que, visiblement, il ne va pas le faire de sitôt. Il s'interrompt longuement, baisse les yeux. Il donne l'impression d'être sur le point de développer en expliquant la pertinence de cette citation le jour de l'enterrement de son père, mais il a donné tout ce qu'il avait aujourd'hui. Il regarde les visages pleins d'attente, dodeline de la tête, puis quitte l'estrade.

QUARANTE-CINQ

Pendant toute la semaine qui a suivi les obsèques de Theodore, Jean a songé à retourner à l'église. Elle avait trouvé les gens chaleureux et sympathiques, et puis une contrariété la taraude depuis la dernière réunion du groupe d'entraide. *Il te sera révélé plus. Plus de quoi ? Plus de merde ? Plus de ceci ? Plus de quoi ? Plus de quoi me sera révélé ?* Se pouvait-il finalement que la crise qu'elle traverse soit d'ordre spirituel ? que la confession ou je ne sais quoi d'autre parvienne à réparer ce qui était brisé chez elle depuis la mort de James ? Elle n'a nulle intention d'épouser la religion, elle veut principalement être guérie d'une manière ou d'une autre, peut-être recevoir une bénédiction. Elle imagine l'une de ces séances de guérison par la foi, où un pasteur à l'accent du Sud vous assène des coups sur la tête ou bien vous immerge dans la rivière pour un bon vieux baptême à l'ancienne, afin de tout laver et de repartir sur de nouvelles bases. Elle aimerait croire que ce genre de pratiques avait un fondement dans la réalité. Elle aurait bien besoin d'un bon coup sur la tête, en ce moment.

Jean découvre que les membres de cette église se considèrent progressistes. Dans la pratique, les fidèles se relaient à tour de rôle d'une semaine sur l'autre pour prononcer le sermon, sauf qu'ils n'appellent pas cela un sermon, ils appellent cela un « influx ». Le service commence par une courte prière et se poursuit par de la musique. Jean remarque que le groupe est plutôt débraillé. La fille qui joue du tambourin porte une jupe longue et un bonnet aux couleurs vives qui lui glisse sur l'arrière du crâne, tandis que le guitariste a un jean déchiré et est pieds nus. Jean avait pensé tenter d'autres églises, car elle n'avait de toute façon pas espéré accrocher au premier essai, mais elle ne s'attendait toutefois pas au Grateful Dead, ce qui est plus ou moins le type de musique qu'ils jouent, le tout saupoudré d'« anges » et de « seigneur » en veux-tu en voilà. Néanmoins, ce n'est pas déplaisant et l'esprit de Jean se met à vagabonder un peu. Le guitariste lui évoque James, tel qu'elle se le figure vingt ans plus tôt ; quant au chanteur, il ressemble beaucoup à Gordon plus jeune, ou a l'allure qu'il aurait pu avoir s'il avait été hirsute, très mignon, les traits plus doux – euh, ce dont Jean ne s'est pas aperçue, nous le savons, c'est que Gordon a en fait bien besoin d'une coupe de cheveux actuellement, qu'il a négligé cela tout comme nombre d'autres choses ces derniers temps et que, si elle regardait son mari en lui accordant ne serait-ce que le temps qu'elle consacre au type qui chante, elle s'adoucirait sans doute elle aussi et il pourrait alors s'ouvrir une petite fenêtre pour eux, mais cela ne s'est pas encore produit. Cet instant ne sert qu'à laisser s'insinuer l'ébauche d'un sentiment que Jean n'a pas encore affronté, accaparée qu'elle était par sa colère au sujet de James, par la tristesse qu'il lui inspirait et que Theodore lui inspirait aussi à présent, par tout le reste : la culpabilité. Non qu'elle n'ait jamais été consciente de tromper son époux. C'est juste qu'en cet instant, en voyant cette version jeune et craquante d'un Gordon hirsute, elle perçoit une pointe de remords s'enfoncer comme un coin dans le bois de son chagrin.

L'orateur de la semaine est un monsieur prénommé Bob. *Il a l'apparence d'un Bob*, se dit Jean, il a la stature requise pour un Bob, grand, une poitrine large, des cheveux poivre et sel, une tête plutôt grosse. Bob a vécu une expérience intéressante avec Juliet, la chienne qu'il a adoptée, et il explique comment son rapport avec cet animal l'a transformé au niveau spirituel. Jean n'a aucun mal à le croire, beaucoup moins de mal que de croire en quelque divinité tireuse-de-ficelles qui vous donne des places de stationnement (mais qui se débrouille pour disparaître de la circulation au moment où certains sont d'humeur à se pendre) ; cela lui semble presque concret, réel. Elle a grandi avec des chiens : d'abord un labrador qui s'appelait Cotton, puis un corniaud, une espèce de croisement de teckel baptisé Doug, et maintenant Mott, qui dort à côté d'elle depuis son arrivée à la maison. Elle n'avait pas ressenti d'aspect spirituel dans sa relation avec eux, pas même avec Mott, mais il est incontestable que le lien entre elle et eux avait été intense. Depuis qu'elle l'a ramené chez eux, elle est sûre que Mott est aussi triste qu'elle pour James, qu'il *sait*.

— Je voulais vous parler de Juliet aujourd'hui, parce que j'ai le sentiment qu'elle m'a sauvé, de la même manière que certaines personnes croient que Jésus peut les sauver.

— Mmm-hmm.

Jean voulait dire cela discrètement, mais elle a parlé fort. Elle ne croit pas spécialement au Christ, mais elle est d'accord avec ce point de vue.

Bob lance un PowerPoint de photos de Juliet. C'est un beau pitbull croisé brun et blanc, avec des yeux jaune-vert, effectivement expressifs.

— Mon rapport avec cette chienne m'a transformé. Lorsqu'elle est entrée dans ma vie, j'étais un homme qui savait comment bousiller les choses, mais pas comment les réparer. Et j'étais terriblement seul et triste.

— Amen ! s'écrie Jean.

— Quand je regarde les yeux de Juliet, je sens que nous partageons une véritable complicité. Qu'il n'y a pas d'erreurs de communication, entre nous, comme il peut y en avoir avec des partenaires humains. Qu'elle voit en moi, qu'elle me voit tel qu'on devrait me voir, tel que dieu m'a créé. Parfait.

— Alléluia !

Jean baisse la tête en un hochement profondément approbateur ; elle lève les bras au ciel.

— Grâce à l'amour divin de ma belle Juliet, j'ai l'impression d'avoir été libéré. D'être sorti de l'ombre. Et que cette liberté m'offre le pouvoir de faire tout ce que je veux. Enfin, presque. Je ne peux pas voler.

Bob glousse ; l'assemblée glousse de concert.

Jean se met debout d'un bond.

— Vas-y, mon frère ! s'exclame-t-elle.

La femme assise à côté d'elle se glisse un peu plus loin sur le banc, mais Jean ne s'en aperçoit pas.

Bob poursuit son influx dans la même veine et Jean continue ses louanges. Elle est dans sa bulle. Il n'y aura pas d'autre église.

— Alors voici le message que je voulais vous transmettre aujourd'hui : l'amour de Juliet est l'amour miséricordieux de dieu et l'amour de dieu est pour nous tous.

Bob quitte la chaire pour saluer les membres de l'assemblée et l'organiste enchaîne. C'est une mélodie sombre, presque un chant funèbre, ce qui est dommage. Jean a envie de se mettre à danser dans l'allée centrale. Elle rejoint la queue des fidèles pour se présenter à Bob. Elle lui explique que c'est la première fois qu'elle vient, qu'elle a été vraiment émue par son sermon, qu'elle aimerait se confesser, lui demande s'ils peuvent s'asseoir pour bavarder un moment. Bob lâche un petit rire.

— On peut discuter, si tu veux, mais je ne suis pas un prêtre ni même un pasteur. On pourrait dire que tout le monde est pasteur, ici. Tu devrais prononcer l'influx, la semaine prochaine. Nous trouvons que c'est une façon formidable de faire connaissance avec les nouveaux fidèles.

Jean n'hésite pas une seule seconde.

— Oh ! Eh bien ! Ma foi, oui, oui, bien sûr ! Merci !

Jean est à deux doigts de griller un feu rouge dans sa hâte à rentrer à la maison, où elle file aussitôt à l'étage pour commencer à écrire son influx. En vérité, elle n'a aucune idée de ce qu'elle veut dire, mais l'honnêteté du discours de Bob sur son chien l'a réellement inspirée. Elle trouve un fil conducteur. Elle s'assoit avec un carnet et entreprend de griffonner des notes, déchire des pages, griffonne d'autres notes. Rien de ce qu'elle a couché sur le papier n'est bon, mais elle sait que ça va venir : elle sent le message bouillonner en elle.

Mais la semaine s'écoule jusqu'au samedi sans qu'elle ait rédigé quoi que ce soit de consistant. Le dimanche matin, deux événements se produisent :

1. Elle va dans le jardin avec son café, laisse sortir Mott, et se souvient d'un beau rêve qu'elle a fait sur James.
2. Un écureuil, qui est en train d'escalader un arbre en courant avec une petite noisette dans la gueule, entend Jean ouvrir la porte, s'immobilise à mi-tronc, tourne la tête et croise son regard. C'est un véritable moment, deux secondes intenses durant lesquelles les yeux inexpressifs de cet animal convainquent Jean du lien suprême qui existe entre toutes les créatures vivantes. Nonobstant la réalité – à savoir que cet écureuil, s'il possède une quelconque faculté de penser au sens où nous entendons le terme, pense probablement un truc du genre *C'est* ma *noisette* –, Jean ne perçoit que ce qu'elle à envie de croire : que l'essence de James s'est concentrée dans les yeux de cet écureuil et que le message qu'il lui adresse est *Oui, Jean, tes rêves se concrétisent.*

Elle décide d'improviser.

QUARANTE-SIX

Tandis qu'elle sort pour aller faire une course, Priscilla aperçoit au passage sa vieille maison de poupée dans le garage. Comme elle le gênait, Gordon l'avait déplacée de quelques mètres lorsqu'il s'était lancé dans la peinture, pour la remiser dans un endroit qui se trouve dans la ligne de mire de Priscilla au moment où elle pénètre dans le garage. Voilà plusieurs années désormais que la poussière s'accumule dessus, ainsi que sur le carton où sont rangés les meubles. Priscilla éprouve soudain l'envie d'y jeter de nouveau un coup d'œil. *Merde, alors,* songe-t-elle. *C'est dingue.* Priscilla ouvre les portes des petits placards, voit les rayons à chaussures à l'intérieur de ceux-ci. Theodore lui avait fabriqué un putain de miroir à trois faces. La salle à manger et deux des chambres sont tapissées avec du vrai papier peint, motif cachemire crème ton sur ton dans la salle à manger, fleurs microscopiques dans les chambres. Les murs de la chambre de Barbie sont encore décorés de leurs posters miniatures, qu'il avait photocopiés et réduits, à l'effigie des acteurs de *Dawson* et de *Buffy*, ses séries favorites (oui, elle avait été trop jeune pour regarder ces feuilletons ; qui est-ce que ça surprend ?). Theodore avait même poussé jusqu'à prévoir un panorama derrière les vitres, où il avait aménagé une fente dans laquelle glisser des clichés qu'il avait faits du jardin à diverses heures de la journée. « Ou, si tu préfères, on peut en mettre des différentes, des toits d'immeubles ou autre chose, si tu veux qu'elle soit une fille de la ville », avait ajouté son grand-père. Aux fenêtres étaient toujours accrochés les rideaux cousus par sa maman, dans ses couleurs préférées de l'époque : des bleus vifs et des vert-de-gris. Priscilla ouvre la boîte posée à côté et en sort des pièces confectionnées par sa mère, minuscules oreillers au petit point en fil de soie, tentures brodées à peu près de la même manière, couvertures et serviettes, le tapis crocheté ; le tout coordonné, le tout réalisé avec grand soin, même le cadre d'environ deux centimètres sur quatre qui abrite une vieille photo de vacances de la famille, prise chez *Sears*. Elle écrase quelques larmes. Elle n'arrive pas à croire que sa maman ait fait tout cela pour elle. Elle ne va pas pleurer.

Priscilla est désespérée, si désespérée que, lorsque sa mère frappe à sa porte un peu plus tard pour – d'une voix chantante qu'elle ne lui avait jamais entendue auparavant – « voir ce qu'il y a », eh bien elle lui ouvre.

— Ce qu'il y a, c'est que je n'ai rien que je sois fière d'avoir accompli, m'man. Je n'ai rien dont je puisse être fière, à part peut-être, genre, mes cheveux. Je pourrais devenir, genre, mannequin coiffure.

Il y a, dans sa voix, un ton accusateur qui n'a sans doute rien de nouveau et que ne manque pas de remarquer Jean, même si elle scrute en même temps la chambre pour y déceler d'éventuels indices révélateurs de tendances suicidaires chez sa fille. Pas de longueurs de cordes traînant sur le sol, un placard encore rempli de vêtements griffés toujours pas payés, rien que de très habituel.

— Qu'est-ce que tu regardes, m'man ?

— Rien, mon chou.

— Tu crois qu'il y a des trucs pour lesquels je suis bonne ?

Il n'y a probablement pas de réponse satisfaisante à cette question, Priscilla n'ayant jamais vraiment essayé de faire quoi que ce soit pour quiconque qui permettrait de savoir si elle était bonne dans tel ou tel domaine.

— Ma chérie, je suis sûre que oui. Tout le monde est bon en quelque chose.

— Oh, super. Mais, genre, tu ne vois pas en quoi.

— Non, mon cœur, je ne le sais pas. C'est toi qui dois le savoir. Et toi, qu'est-ce que tu serais fière de faire ?

Priscilla explique qu'elle voulait plus que tout faire de la télé-réalité, qu'elle était tellement sûre que c'était, genre, sa « vocation ».

— C'est comme si dieu m'avait fait une sale blague en m'offrant sur un plateau ma seule chance de connaître le bonheur avant de me la retirer.

Pour la première fois depuis des années, la mère de Priscilla plante ses yeux dans les siens. Jean n'a plus cure des conneries des autres. Elle a dieu. Ou quelque chose.

— Dieu ne t'a pas fait une sale blague, ma fille. La vie est ce que tu en fais. Personne ne le sait mieux que moi. Il n'est pas là pour offrir des émissions de télé-réalité. Il apparaît dans les rêves, dans les yeux des écureuils.

Priscilla pense que sa maman s'exprime de façon métaphorique, du moins l'espère-t-elle, n'a jamais compris pourquoi les gens ne peuvent pas juste dire les choses, genre, *normalement*, mais pense aussi que sa maman pète un câble, qu'il y a beaucoup de pétages de câbles dans cette baraque ces derniers temps. Sérieux, c'est comme s'il y avait un effondrement général à l'échelle de la famille et qu'elle était soudain, genre, le cerveau de l'opération.

— Et tu sais quoi ? Ce serait peut-être bien que tu arrêtes de te comporter comme une garce.

Est-ce que sa mère vient vraiment de la traiter sans détour de garce ? Rare moment de silence de Priscilla, bouche bée.

Jean hausse les épaules.

— Je ne dis pas que je ne t'aime pas.

Priscilla est littéralement frappée de stupeur.

— Construis-toi ta propre réalité.

Jean dépose un baiser sur la tête de sa fille avant de quitter la chambre.

QUARANTE-SEPT

Otis travaille sur la grille de mots croisés en forme de cœur qu'il destine à Caterina. Il reste une semaine avant son anniversaire ; jusqu'alors, il lui fallait entre quatre jours et trois semaines pour en achever une. La faire symétrique est exclu – ce qui est dommage, mais entre une asymétrique et une symétrique, le temps nécessaire à sa conception équivaudrait à la différence entre aujourd'hui et l'éternité. Il commence en dressant une liste des éléments qu'il désire inclure, en prenant beaucoup de temps à réfléchir à l'opinion supposée de Caterina sur (à quelques exceptions près) : les bonbons à la gelée (grenade, gâteau d'anniversaire, jalapeño), les pommes, l'orthographe, Bethany, *Speed*, les camarades, les robots, un chéri, l'amour, le rose, les couettes, le caca, poil au cul, les rubans, les insectes, l'art, la lecture, les maths, les vers/les taches. Pour les cases vides, il utilise des couleurs plutôt que du noir. Il commet de petites erreurs dans la numérotation et, au dernier moment, il lui faudra se résoudre à avoir quelques « moitiés ». C'est moins bien, mais s'il continue à gommer, il va se retrouver avec des trous dans le papier. Doit-il imaginer des définitions dures ou faciles ? À vrai dire, Otis n'a pas la moindre idée de ce qui pourrait être dur ou facile pour Caterina. Il veut qu'elle réussisse à la remplir, car il est crucial qu'elle voie les réponses. Mais il ne veut pas qu'elle pense qu'il la croit bête. Il demande un peu d'aide à son père – il a rempli certaines cases avec des lettres qui semblent former un mot, mais il n'en est pas certain. Son père lui explique des termes comme FRET et ZUP, OBI et RAFT et lui fait effacer ERBE (Otis soutient qu'il a entendu sa maman le dire, mais Gordon précise que le H est muet).

Otis terminera la grille le matin de l'anniversaire de Caterina. Bien qu'asymétrique, c'est son chef-d'œuvre.

DÉFINITIONS :

HORIZONTALEMENT

1. Matière avec des chiffres qui me plaît
3. Couleur que tu aimes (je crois)
5. La bourse __ la vie
7. Nom d'un chien (pas le nôtre)
9. ~~Aujourd'hui, qu'est-ce que c'est ?~~ Le jour de ta naissance
12. Fee-fi-__-fum (comme dans *Jack et le haricot magique*)
13. Fille assise derrière moi en classe
15. Chiffre avant deux
16. Pouah
19. Toi + moi =
20. Parle beaucoup (fille)
23. __ et Gros Minet
24. 1/2. Très longtemps
25. Quand tu sautes dans une piscine avec les mains devant toi

27. De l'essence, mais aussi quelque chose de bien
28. Pas bon dans une pomme
30. Maman
32. Quand c'est bien propre
33. __dio (on écoute des chansons avec)
34. Ma sœur le fait souvent
35. Quelque chose avec des pieds sur lequel on s'assoit (pas une chaise)
37. On en a ramassé ensemble !
40. Ma sœur m'appelle comme ça, mais c'est elle, en réalité
41. Moi !
43. Certains le font dans la cour de récréation
44. Animaux qu'on monte
46. Transport de marchandises
47. Pas toi
48. Les superhéros en ont un s'ils peuvent voler ou des trucs comme ça
50. Ça colle sur les choses
52. Ça fait de la musique
54. La cour de récréation se trouve là
56. Elles piquent
58. Pas haut
59. Quand on ferme un œil
60. Vrai __ faux
61. J'en ferai un pour toi (avec une épée)
63. Un rire
64. Certains petits la font quand ils ont sommeil (pas moi)
65. Une montée
67. (Trop difficile à expliquer, tu peux sauter celle-ci)
70. Une matière que tu aimes avec des lettres
72. Une autre façon de dire oui

73. On y voit les gens célèbres
75. Un enfant garçon

VERTICALEMENT
1. Un magazine que lit maman
2. Matière avec de la peinture et des crayons que tu aimes
3. Mauvais bonbons à la gelée
4. Sabre __ (jouet bruyant que ma sœur déteste)
6. (avec 9 horizontal) Bon dans les fêtes, mauvais dans les bonbons à la gelée
7. Rox __ Rouky
8. Partie de la fourchette
9. Endroit qui sent mauvais
10. Ce qu'on dit avant « cul » pour être drôle
11. Chanson mexicaine Ai __ __ __ (répété)
12. Tu en as quand tu es malade et que ton front est chaud
13. Ce qu'on dit quand on retrouve quelque chose
14. Quand quelque chose est super
17. Animal qui aboie (pas un chien)
18. Espèce de canot gonflable
19. Si tu ne perds pas
21. __boum (un jeu qu'on a à la maison, et toi ?)
22. On le dit quand on est content
24. Je suis le tien
26. Comme les M&M's
29. La mienne s'appelle Jean, la tienne Mrs Belknap
30. La fin de la semaine
31. Toi !
35. Je t'__ (+ S)
36. On peut en faire aux pommes
38. Sort du derrière
39. Ce qu'on fait avec la nourriture

42. Film qui fait peur
43. Parfois dans tes jolis cheveux
45. Ceinture japonaise
49. Lettres qu'utilise ma sœur (je ne sais pas ce que ça veut dire)
50 1/2. Ce qu'on fait quand on a une question
53. Quand on le dit deux fois : jouet qui monte et qui descend
55. Première note de musique
57. Très très longtemps
62. Une partie de la bouche
66. Sonne quand la classe est finie
67. Gros animal avec des cornes
68. Pas dehors
69. Il __ une fois
71. Fruit jaune acide
74. À la poursuite de Carmen Sandiego __ le monde

SOLUTIONS :

HORIZONTALEMENT

1. Maths
3. Rose
52. Ou
72. Spot
9. Anniversaire
12. Fo
13. Ari
15. Un
16. Bise
19. Nous
20. Bethany
23. Titi

24 1/2. Bail
25. Plongeon
27. Super
28. Ver
30. Triste
32. Net
33. Ra
34. Crier
35. Genoux
37. Pommes
40. Morveux
41. Otis
43. Courir
44. Chevaux
46. Fret
47. Moi
48. Pouvoir
50. Scotch
52. Son
54. Dehors
56. Guêpes
58. Bas
59. Clin
60. Ou
61. Duel
63. Ha
64. Sieste
65. Côte
67. ZUP
70. Orthographe
72. Si
73. Télé
75. Fils

VERTICALEMENT

1. More
2. Art
3. Grenade
4. Laser
6. Gâteau
7. Et
8. Dent
9. WC
10. Poilau
11. Yi
12. Fièvre
13. Ah
14. Top
17. Phoque
18. Raft
19. Gagne
21. Bada
22. Youpi
24. Chéri
26. Treets
29. Mère
30. Weekend
31. Caterina
35. Aimes
36. Tarte
38. Caca
39. Manger
42. Speed
43. Rubans
45. Obi
49. WTF
50 1/2. Demander
53. Yo
55. Do

57. Éternité
62. Lèvre
66. Cloche
67. Bison
68. Dedans
69. Était
71. Citron
74. Dans

QUARANTE-HUIT

Priscilla est à son travail chez *Express*, dans le centre commercial. Elle a toujours trouvé *Express* assez nul, mais comme elle n'avait le choix qu'entre ça et *Hot Topic*, il n'y avait vraiment pas photo. Elle avait postulé chez *J. Crew*, mais s'était entendu répondre qu'ils ne cherchaient personne. (Faux : juste après, ils ont embauché cette garce bêcheuse d'Olivia, une fille qu'elle connaissait de l'école. Ce que P ignore, c'est que si sa candidature a été rejetée, c'est parce que lors de l'entretien elle avait décrit son précédent patron comme une espèce d'abruti et qu'elle avait en plus répondu à un SMS de Taylor au beau milieu de la discussion. Ce qui ne l'a pas aidée non plus, c'est qu'après une question sur ses ambitions à long terme, il s'en soit suivi un long silence, indication claire de son absence totale d'idée sur le sujet, et lorsqu'elle mentit enfin pour déclarer « Responsable des achats, je suppose », c'était en fait le premier intitulé de poste ressemblant à quelque chose qui lui avait traversé la tête, mais à vrai dire, tout ce qu'elle savait sur la question des *achats*, c'était que ça ressemblait grosso modo à du *shopping*.)

Ce que Priscilla déteste plus que tout, c'est plier les vêtements. Elle aimerait avoir à manipuler ces saloperies en textiles mélangés le moins possible ; elle a consommé plus de lotion pour les mains que jamais depuis qu'elle a commencé ce boulot. Les modèles ne sont pas si mal que ça, ici, mais les coupes et les tissus, la façon, beeuuuh. Elle est sûre que si on tire sur le mauvais fil, tout va tomber en pièces, comme lorsqu'ils viennent d'être taillés. Par moments, elle préfère encore rester dans l'étuve de l'arrière-boutique, où elle n'est pas obligée de trop les toucher. Mais Priscilla estime qu'elle est bien plus efficace au magasin, avec les clientes.

Ce n'est que partiellement vrai. Elle a le chic pour flairer ce qui va mettre les fringues en valeur, mais, selon la personne à qui vous demandez, son doigté avec les gens laisse à désirer. On répète régulièrement aux vendeuses qu'elles doivent chaque fois qu'elles le peuvent se contenter de dire que telle ou telle pièce est avantageuse. Le principe, c'est de les vendre. *Non, sans déc' ?* Mais Priscilla sait qu'elle est capable de vendre sans avoir à débiter toutes ces conneries. Parfois, cette attitude est appréciée, d'autres fois non. Aujourd'hui, par exemple, elle a eu affaire à une dame qui a essayé un jean slim alors qu'elle faisait du 44 et à une quadragénaire qui s'imaginait associer un kilt d'écolière avec des collants et les chaussures en plastique style Doc Martens qu'elle portait. Taille 44 n'a goûté ni le regard dédaigneux de Priscilla ni le commentaire qui l'accompagnait – « Ouais, ça va pas le faire » –, mais, trop blessée pour se plaindre auprès de la gérante, elle est heureusement repartie la figure cramoisie. Ce qui était dommage, a songé Priscilla, car elle aurait pu lui montrer quelque chose qui aurait été à la fois flatteur, moderne *et* de son âge – comme elle l'a fait pour la femme aux Doc, qui avait juste besoin d'une jupe au genou et de ballerines plates, ou alors de bottes montantes. En plus, elle lui avait aussi fourgué trois paires de collants et un cardigan à pans très seyant qu'elle n'avait pas prévu d'acheter. Et c'est comme ça que Priscilla gardait son travail : elle vendait.

Mais depuis que ses rêves de célébrité télévisuelle sont tombés à l'eau, elle trouve son boulot de plus en plus, genre, giga glauque. Elle n'a pas envie de gravir les échelons chez *Express*. Elle n'a pas vraiment envie d'être où que ce soit sur l'échelle d'*Express*, merci. Mais aujourd'hui la dame aux Doc s'était enthousiasmée : « Vous êtes un génie ! » Priscilla aimait la sonorité de ce mot.

— Vous êtes comme cette femme à la télé ; comment dit-elle, déjà ? « Ça tue » ?

— Rachel Zoe ? Vous trouvez que je suis comme Rachel Zoe ?

— Bien sûr ! Regardez-moi ! Regardez-vous !

La femme est à son avantage et Priscilla porte effectivement une super toilette ce jour-là – et elle en est consciente. Une paire de bottes griffées Anna Sui avec une robe en tricot Agnès B. et, autour du cou, un foulard fait à la main. Les seuls articles de chez *Express* sont un caraco en coton et un shorty qu'on ne voit même pas sous sa robe ; cela non plus ne joue pas en sa faveur, au travail.

— Vous avez raison !

Rare sourire non sarcastique de Priscilla.

Les rouages du cerveau de P commencent à se mettre en branle. Comment ne s'en est-elle pas rendu compte plus tôt ? *Construis-toi ta propre réalité.* Peut-être que ce n'était finalement pas la chose la plus dingue qu'elle ait jamais entendue. Cette phrase lui a trotté dans la tête depuis que sa mère l'avait prononcée. Elle savait que Rachel Zoe avait le meilleur boulot à la télé ; pas grave, elle allait faire ce boulot *en dehors* de la télé, et fuck. Elle serait presque disposée à l'exercer gratuitement, si cela lui permettait d'habiller des célébrités. Elle avait toujours rêvé de relooker Taylor Momsen. Une si jolie fille, un si monstrueux fatras de saloperies goth. Pourquoi ne pas en faire un travail ? Comment n'y avait-elle pas pensé avant ? Comment décroche-t-on ce genre de boulot ? Priscilla n'en a aucune idée.

Pour ne rien arranger, elle habite au beau milieu de Nazeland, USA. Elle pourrait se tirer à L.A. Et ensuite quoi ? Elle pourrait se tirer à L.A. et poser sa candidature pour bosser avec Rachel Zoe. Elle pourrait être embauchée par Rachel Zoe et aller chez Cameron Diaz pour lui donner un look qui tue, l'habiller avec des trucs auxquels même Rachel Zoe n'aurait pas songé, et alors tout le monde serait, genre, *Priscilla Copeland est carrément un milliard de fois meilleure que même Rachel Zoe*, et après elle aurait sa propre émission et deviendrait super copine avec Gwen Stefani et Gavin Rosdale, et elle repousserait des mecs comme Robert Pattinson ou même cet Asiatique hyper sexy de *Glee* (Priscilla s'est masturbée plus d'une fois en pensant à ce type, mais n'a jamais retenu son nom) lorsqu'ils essaieraient de l'inviter – lorsqu'ils l'imploreraient de sortir avec eux. (Priscilla a toujours adoré le fantasme repousser-un-mec-sexy, qui s'accorde tellement bien avec son fantasme je-devrais-être-une-styliste-superstar.) Jusqu'à une date récente, elle aurait sérieusement cru tout cela possible, avant que des gens de la télé ne se fourvoient en lui préférant

Taylor. La confiance de Priscilla s'était écroulée. Mais cette dame, la femme aux Doc, l'avait légèrement relevée aujourd'hui. Priscilla était un génie. Elle bouillonnait d'idées top mortelles. Comment arriver à mettre tout ça en mouvement, elle n'en savait queud' pour l'instant, mais elle s'en inquiéterait plus tard. Construis-toi ta propre putain de réalité.

QUARANTE-NEUF

Dans la famille, personne n'a manqué de remarquer que Gordon n'avait pas versé une larme depuis la mort de son père. Non que ce comportement soit inhabituel chez lui, mais ses efforts pour paraître inébranlable aux yeux de la famille sont singulièrement curieux. En règle générale, Gordon est un gars plutôt enjoué, mais la jovialité qu'il démontre en ce moment est clairement forcée et plus bizarre que jamais à observer. Tous aimeraient qu'il pleure un bon coup pour qu'on en finisse.

Jusqu'au jour où cela arrive.

Voici les faits : une fois les formalités réglées, Gordon a enfin une après-midi de libre et il va au garage pour voir où il en est avec ses peintures. Il reste encore pas mal de travail pour les amener là où il le désire. Il retire la bâche protégeant le portrait de son père, mélange des rouges et des marrons, regarde de nouveau le tableau, donne des petits coups de pinceau de-ci de-là et, quelques minutes plus tard, tombe à genoux pour se mettre à sangloter comme si les sanglots venaient d'être inventés – l'eau coule à flots de ses yeux, d'étranges gémissements d'animal sortent spontanément de sa poitrine. Si Gordon permet à ce phénomène de se produire, c'est en grande partie parce qu'il semble à présent incapable de le contrôler et, de manière assez incompréhensible, c'est bon de laisser jaillir de ses entrailles ce colossal machin à la fois sonore et humide : il a l'impression d'avoir libéré une entité dont il ignorait l'existence et qui aurait été enfermée en lui durant la totalité de ces quarante-sept années. Après plusieurs minutes sur le sol froid, les sanglots se muent en pleurs plus contrôlables, suffisamment en tout cas pour que Gordon se déplace jusqu'au fauteuil inclinable miteux que Jean avait exilé au garage voilà des lustres et dans lequel il pleure pendant un certain temps avant de s'endormir. Jean, qui vient l'appeler pour le dîner, le découvre endormi, le visage mouillé, alors elle essuie les larmes de ses joues, puis lui apporte le plaid du canapé et décide de ne pas le réveiller. Jean n'a pas vu Gordon pleurer depuis leur mariage ; avait à l'époque pensé, espéré, qu'il avait peut-être eu les yeux un peu embués en prononçant ses vœux, mais il avait été tellement maître de lui qu'elle avait attribué son imperceptible reniflement au moment de « pour le meilleur et pour le pire » à une allergie (supposition correcte). Mais voilà qui était prometteur, se dit Jean. Voilà qui s'était fait attendre.

Peut-être un peu trop. Parce que lorsque Gordon finit par s'arracher au sommeil pour se remettre à la peinture, se sentant étrangement frais et dispos, mais pleurant toujours, ce qu'il ignore – ce que tout le monde ignore encore –, c'est qu'à présent que le robinet est ouvert, il ne va pas se refermer de sitôt. Gordon comprend vite que ces larmes ne vont pas s'arrêter spontanément et il choisit de ne pas les retenir. *C'est naturel*, se dit-il. Pourquoi a-t-il donc si longtemps refoulé ce sentiment ? C'est effectivement merveilleux. Revigoré, il ramasse le pinceau par terre.

CINQUANTE

Après la sortie, Otis suit les décisions de Caterina. Il ignore ce qui est attendu de lui dans son tout nouveau rôle de chéri, mais il est disposé à aller loin. À vrai dire, Caterina ne le sait pas vraiment non plus. « Chéri » est juste un mot, en quelque sorte, une chose que l'on a, une chose qui a le pouvoir de tout arranger de par son statut de mot. Donc, Otis passe le plus clair de leur premier jour officiel en tant que chéri et chérie à rester discrètement dans l'ombre de Caterina, prenant soin d'éviter toute initiative intempestive. Ils s'assoient ensemble dans la cour de récréation ; elle partage avec lui ses bonbons à la gelée, même les bons parfums. Il la regarde manger. Une nouvelle fois, il n'aurait pas pu imaginer, il y a encore peu, que sa façon de les déguster puisse être plus fascinante encore, mais voir Caterina-en-tant-que-chérie croquer ses bonbons à la gelée en trois coups de dent est réellement plus miraculeux qu'auparavant. Il meurt d'envie de lui demander pourquoi elle procède ainsi, mais craint soudain que la question paraisse bizarre, et il ne veut pas rompre l'équilibre. Il a constaté ce qui s'était passé avec des chéris et des chéries de CE2. Il n'y a pas beaucoup d'exemples, bien sûr, vu que la plupart des garçons n'aiment pas encore les filles ou ne veulent pas l'admettre publiquement, mais de ceux qu'il a vus, le couple qui a tenu le plus longtemps a duré environ un mois. Soi-disant que ces deux-là s'étaient embrassés *et tout*, le *et tout* étant suffisamment nébuleux pour être alarmant, mais il s'en faut encore de beaucoup pour qu'il soit prêt à embrasser et encore plus à faire les choses que sa mère lui a décrites. C'est une extrémité jusqu'à laquelle Otis n'est pas certain d'être disposé à aller. Ce qui est sûr, c'est que ce n'est pas lui qui prendra des initiatives intempestives ; peut-être, peut-être, peut-être qu'il ne repousserait pas Caterina si elle essayait de l'embrasser, mais cela ne se produira pas. Ce n'est pas pour cette raison qu'elle veut un chéri. Bethany et cet imbécile de Tanner ont été chéri et chérie deux jours entiers, avant qu'il lui crie de la fermer devant tout le monde, à la cantine. Otis veut croire que c'était à cause de Bethany, ce qui est en grande partie le cas, évidemment, mais quand même, il va juste lever un petit peu le pied sur le bavardage au début, on ne sait jamais.

Otis et Caterina s'assoient ensemble dans la cour de récréation, regardent pendant un moment les autres gosses s'amuser. Heureusement, Bethany est occupée avec une autre fille ce jour-là, sinon elle serait à côté d'eux à jacasser. Ils demeurent pour l'essentiel muets, jusqu'à ce que Caterina finisse par rompre le silence. Ils ont convenu de se retrouver pour jouer l'après-midi même.

— Qu'est-ce que nous allons faire, après l'école ?

Le mot le plus étonnant de cette phrase ? Nous. *Caterina et moi sommes « nous ».*

— Je pourrais te montrer ma chambre et mes affaires et tout ça.

— Je préférerais regarder la télé.

Franchement, Caterina aurait pu dire « Je préférerais regarder le ventilateur du plafond » que ce n'aurait pas été moins parfait.

— Bien sûr ! Nous pouvons regarder la télé !

C'est Priscilla qui vient chercher Otis, ce jour-là, car Jean est allée assister à… *un truc dans une église ?* Priscilla n'a pas vraiment envie de savoir. Otis a sa petite copine avec lui ; elle est extrêmement mignonne.

— Priscilla, je te présente ma chérie, Caterina ! Caterina, je te présente ma sœur, Priscilla ! Priscilla, Caterina vient à la maison aujourd'hui pour regarder la télé avec moi !

— Ouais, je sais.

Elle se retient juste à temps ; elle était sur le point de l'appeler Bébé taré, mais se ravise, comme sa « chérie » est là. *Hum, voilà qui est nouveau.*

— M'man me l'a dit, reprend-elle.

Une fois à la maison, Priscilla prépare un goûter aux petits, puis les installe devant la télé au salon, supposant qu'ils allaient regarder *Dora l'exploratrice* ou peut-être une rediffusion de *La Petite Maison dans la prairie*, et monte dans sa chambre.

Mott rejoint les mômes sur le canapé et pose sa grosse tête sur les genoux d'Otis. Il renifle Caterina, lui lèche la main. Oh-oh. Voilà qui pourrait être malvenu. Il n'avait pas pensé à lui demander sa position sur la question des chiens. Cependant, Caterina se contente de glousser, avant de retirer sa main et de l'essuyer sur sa jupe.

Otis prend la télécommande.

— Je crois qu'il y a *Bob l'éponge*.

Il n'est pas particulièrement fan de *Bob l'éponge*, ne regarde pas tant que ça la télé.

— *Bob l'éponge*, c'est un peu bébé, en fait. Tu peux me passer la télécommande ?

Otis la lui donne et elle passe d'une chaîne à l'autre, ne trouve rien de mieux que des émissions pour gamins idiotes. Jette un œil sur TiVo.

— Oh ! J'aime cette série. Tu l'as vue ?

Caterina appuie sur « Play ». C'est *Nip/Tuck*.

— Il me semble que ma sœur la regarde.

Otis sait qu'il n'est pas autorisé à regarder ce feuilleton et n'a jamais désiré le faire avant ce jour, mais Priscilla est à l'étage.

Rien que la séquence d'ouverture a déjà de quoi rendre Otis un peu mal à l'aise, mais il tient bon.

La première scène montre en hyper gros plan le cul d'un homme qui monte et qui descend. Au début, Otis rit – les fesses, c'est marrant –, mais il ne comprend pas ce qui se passe. Enfin, l'action est révélée au spectateur : il rentre dans une dame couchée sur un lit. Voilà qui n'augure rien de bon. Voilà qui n'augure absolument rien de bon.

Otis ne peut retenir un hoquet de surprise. On dirait qu'il lui fait mal, et puis il est tout nu, en plus.

— Qu'est-ce qu'il lui fait ?

— Ils font l'amour.

Otis n'a jamais entendu le terme « faire l'amour » auparavant, mais se souvient qu'un jour sa mère avait employé l'expression « allongés tous les deux ». Mais ça n'a pas l'air spécial, pas du tout.

Vous pouvez sans doute aisément imaginer vous-mêmes où cette pensée va entraîner Otis, pas vrai ? Dans un flash-back, son esprit le ramène à *délicieux, onctueux, moelleux*, ce qui ne décrit en rien la vision qui s'offre à lui en ce moment. *Délicieux, onctueux, moelleux* ne lui disait déjà rien qui vaille, mais *ça*, c'est carrément autre chose. Jamais il ne prendra part à quelque activité de ce genre, jamais de la vie. Promis, juré. Il veut regarder une autre émission, n'importe quelle émission. Mais c'est Caterina. Elle aime cette série. Il va juste contempler un moment le bol de pop-corn, caresser Mott en attendant que ce soit fini. Hélas, la scène suivante est presque pire encore. C'est encore un gros plan, cette fois d'une femme qui se fait refaire les nibards, encore qu'Otis ignore ce que cela signifie ; il voit simplement des nichons et du sang. Otis doit vraiment se faire violence pour ne pas crier.

— Tu vois, c'est une « augmentation ». Ils sont docteurs.

Caterina n'est pas du tout impressionnable ; elle suit *Nip/Tuck* avec une grande attention, pense qu'elle aimerait peut-être devenir docteur un jour. Ou maman.

Cela ne correspond pas à l'expérience qu'a eue Otis de ses visites chez le médecin. Il n'y a pas de nichons et il n'y a pas de sang.

— Est-ce que tu as envie qu'on fasse un jeu ? Ou que je te montre ma chambre ?

— Chuuut, dit Caterina sans quitter l'écran des yeux.

Otis sait qu'elle veut devenir docteur et le fait qu'elle ne soit pas facilement dégoûtée, alors que lui l'est, est incontestablement une autre caractéristique qui distingue Caterina – la plupart des filles poussent des cris aigus dès qu'une abeille les frôle –, mais il ne veut pas être présent avec elle dans la salle d'opération. Alors, il se contente pour l'heure de clore les paupières tant que la scène n'est pas terminée. Otis fera tout ce qu'il doit faire pour l'amour de Caterina. Il restera avec elle coûte que coûte jusqu'à la fin des temps.

Pendant le reste de leur relation en tant que chéri et chérie, Otis et Caterina se retrouvent presque tous les jours après l'école. À la suite de cette première journée, ils vont en général chez Caterina. Otis endure un ou deux épisodes de *Nip/Tuck* et un épisode de *Bienvenue à Jersey Shore*, qui, après *Nip/Tuck*, lui semble être une grosse farce. Alors que le week-end approche, Caterina signale à Otis que c'est bientôt l'anniversaire de leurs deux semaines. Otis ne sait pas ce qu'il est censé faire à cette occasion, ne sait pas qu'il est censé faire quelque chose à cette occasion.

— J'aimerais que tu m'emmènes chez *Applebee's*.

Otis aimerait emmener Caterina chez *Applebee's*.

— D'accord, consent Otis.

Lorsque Jean vient le chercher chez les parents de Caterina, il lui parle de l'anniversaire.

— Oh ! C'est trop adorable, Otis.

— Elle veut aller chez *Applebee's*.

— Eh bien, dans ce cas, nous irons chez *Applebee's*.

Otis n'est pas sûr d'être vraiment excité par le « nous », ici, ignore qui est inclus dans ce « nous », préfère nettement le « nous » Otis-et-Caterina, mais il faut être réaliste : il a neuf ans, ne conduit pas et n'a pas d'argent.

CINQUANTE ET UN

Le tête-à-tête d'Otis chez *Applebee's* ne se déroule pas tout à fait comme il l'avait imaginé, vu que sa famille au grand complet est présente. Otis aime sa famille, mais il espérait un tête-à-tête plus *tête-à-tête*. Dans son esprit, ce devait être assez proche de son fantasme avec le pommier, mais avec des tables et des bâtonnets de mozzarella panée et peut-être un violoniste, comme il l'avait vu à la télé. Avoir la chance d'être simplement déposé devant le restaurant avec Caterina était peut-être trop demander, mais il s'était figuré qu'ils seraient au moins installés à une table séparée.

Il ne se passe pas grand-chose ce soir-là que nous n'ayons déjà vu lors d'un repas de la famille Copeland, sauf qu'il se passe beaucoup de choses que Caterina n'a pas vues. Non qu'ils soient plus bizarres que sa propre famille ; leur bizarrerie est juste différente. Et vous savez comment c'est. Caterina n'a même pas vraiment conscience, ne se rendra pas compte avant quelques années, que sa propre famille est bizarre. Elle ignore que ce n'est pas bien de regarder *Nip/Tuck* quand vous avez neuf ans. Elle ignore qu'il n'est pas normal que votre maman boive du vin avec son petit déjeuner ni qu'il n'est pas courant, quand vous vous levez au milieu de la nuit pour prendre un verre de lait, de trouver votre papa et son meilleur ami en train de s'embrasser sur le canapé. Deux personnes qui s'embrassent, ce n'est rien, comparé à ce qu'ils font dans *Nip/Tuck*, dont on ne peut pas dire que ça la décontenance. Une bizarrerie différente reste juste de la pure bizarrerie. Toutefois, le niveau de bizarrerie chez *Applebee's* ce soir-là atteint des sommets.

Nous avons peut-être parlé trop vite, quand nous avons expliqué qu'il n'y avait rien que nous n'ayons déjà vu. Les Copeland se montrent assez chaleureux avec Caterina, du moins Mr et Mrs Copeland, qui lui posent des questions sur sa famille (encore que Mrs Copeland ait tendance à poser trop de questions au goût de Caterina) ; Priscilla quitte la table pour répondre à un appel ; Vivian raconte l'anecdote sur son premier *bon ami*, alors qu'elle avait à peu près l'âge d'Otis. Otis ne sait pas vraiment quoi faire. Il est aux anges d'avoir pu passer du temps presque tous les jours avec Caterina, mais redoute que ce dîner ne cause la perte de leur couple.

Gordon examine le menu et interroge la tablée pour savoir qui avait envie de partager un assortiment d'amuse-gueules, attend les réponses, mais n'obtient pour l'essentiel que des regards sans expression et des haussements d'épaules, en dehors de Caterina qui veut savoir s'ils sont accompagnés de chips maison. Gordon se replonge dans le menu. « Apparemment non, mais on va tout simplement en commander aussi ! » Jean, Priscilla et Vivian ont l'habitude que Gordon commande des amuse-gueules sans leur demander leur avis, ce qui constitue l'élément numéro un de la bizarrerie du soir. Il n'y a là rien de très agaçant, c'est plutôt bien, n'est-ce pas ?

Mais c'est quand même une attitude dont ils ont du mal à s'accommoder. L'élément numéro deux est leur présence même chez *Applebee's*. Jusqu'alors, Gordon avait maintes fois fait comprendre que son palais était beaucoup trop raffiné pour des chaînes de restaurants de moyenne gamme comme celle-ci.

Élément numéro trois : une fois les boissons servies, Gordon lève son verre.

— J'aimerais porter un toast, dit-il. Tout d'abord à Otis et Caterina.

Priscilla ferme les yeux. Est-ce que son père compte sérieusement porter un toast pour célébrer la relation de deux enfants de neuf ans ? Elle tente de capter son regard en lui adressant un discret signe de tête négatif, mais en vain. A-t-il oublié ce que c'était, que d'avoir neuf ans ? A-t-il jamais *eu* neuf ans ? Bien sûr que non. Ou alors il devait en avoir déjà quarante dans sa tête. S'il avait un jour eu neuf ans, il saurait que l'on n'attire pas l'attention sur ces choses-là. C'était déjà assez nul qu'ils aient tous été embarqués dans cette expédition. Pauvre petit frère !

Mais comme Otis et Caterina aiment tous les deux trinquer, ni l'un ni l'autre ne sont particulièrement mal à l'aise au début de ce toast.

— Nous sommes enchantés que tu sois ici avec nous, Caterina, poursuit Gordon. Je vous souhaite tous les deux une longue et belle amitié.

Priscilla expire, soulagée. *Cucul, p'pa, mais bien vu pour l'« amitié ».*

— J'aimerais également porter un toast à ma ravissante épouse, continue-t-il.

C'est là que l'émotion commence à s'emparer de Gordon ; ces derniers temps, il n'est jamais à plus de deux mots des larmes, mais personne ne s'y est encore accoutumé. Tous sont certains que ce n'est qu'une phase : son père est mort il n'y a pas si longtemps que cela, après tout, mais si une telle attitude est probablement normale pour n'importe qui d'autre, n'ayant jamais vu une seule fois pleurer Gordon, personne dans la famille ne sait comment réagir face à cette situation. Et Vivian encore moins que les autres. Ces embarrassants débordements ont pour elle un goût de déjà-vu extrêmement déplaisant, car elle n'a pas oublié la période qu'avait connue son fils au cours des dernières années de sa vie, et la manie qu'il avait de se mettre debout à chaque repas, lui semblait-il, pour exprimer, les yeux embués, son amour et sa gratitude envers son épouse et sa famille. *Il y a un temps pour tout*, songeait-elle ; ne lui avait-elle pas inculqué ce principe ? Et voilà qu'à présent son petit-fils adopte exactement le même comportement. Franchement. Vivian n'a pas besoin que l'on vienne lui rappeler encore ce qui s'est produit.

— La perte de mon père a mis en lumière pour moi certaines choses que je n'avais jusqu'alors pas vues clairement. Jean, je crois que je n'ai pas été un très bon mari pour toi.

Oh, non. Oh, non. Oh, non, pense Jean. Je veux dire, c'est vrai, depuis combien de temps attendait-elle de l'entendre enfin l'avouer ? Mais maintenant ? Chez *Applebee's* ? Et pourtant, nul mot ne s'échappe de ses lèvres pour l'arrêter.

— Certes, je subviens aux besoins de la famille au sens classique du terme, mais j'ai à présent conscience que je ne me suis pas rendu disponible pour chacun d'entre vous comme je l'aurais dû. Jean, tu as travaillé d'arrache-pied pour prendre soin de moi et de notre famille, et je ne t'ai pas exprimé ma reconnaissance. Tu es une mère aimante et tu as largement dépassé tes vœux de mariage en acceptant que mon père et ma grand-mère puissent rester dans leur maison, où tu t'es occupée d'eux ainsi que tu l'as fait. Grand-mère, je compatis de tout cœur avec toi pour l'atroce épreuve qui vient de t'accabler.

Vivian n'apprécie pas du tout l'emploi par Gordon du mot « atroce », ici.

— Quel que soit son âge, un parent ne devrait pas avoir à être témoin de son vivant de la mort de son enfant.

Son petit-fils ne sous-entend tout de même pas que c'est *elle*, qui devrait être morte, non ? Parce que c'est ce qu'en retire Vivian.

C'est désormais un flot continu de larmes qui s'écoule sur les joues de Gordon et, entre deux phrases, il émet des bruits que nous nous accorderons tous à qualifier de non humains, disons.

— Tu as élevé un fils et un père merveilleux, ajoute Gordon qui, à cet instant, est contraint de s'interrompre un long moment avant de reprendre.

Il ne se rend absolument pas compte qu'il est en train d'afficher une moue de petit garçon, avec sa lèvre inférieure tremblante, mais tout le monde la voit parfaitement.

— Priscilla, je t'ai négligée et je vois pourtant ta personnalité se révéler en dépit de ma négligence. Je lève mon verre à ta santé aussi.

Jean inspire profondément ; quant à Priscilla, elle n'a tout simplement rien compris à ce que vient de dire son père, en dehors de *négligée*, mais elle perçoit confusément qu'il tente de lui faire un compliment.

— Otis, tu es un garçon merveilleux, qui a hérité du bon cœur de ta mère. Je ne sais pas ce que je t'ai légué – si tant est que je t'aie transmis quelque chose –, mais je suis convaincu que le monde a de la chance de t'avoir. Caterina, mon fils m'a confié les sentiments forts qu'il a pour toi et je fais confiance à la sagesse de son jugement ; visiblement, il a été aussi heureux dans le choix de sa compagne que je l'ai moi-même été, sans que j'y sois pour grand-chose.

À la fin de son discours, Otis est tellement dérouté qu'il chuchote à sa sœur :

— Priscilla, qu'est-ce qu'il raconte, papa ? Pourquoi est-ce qu'il pleure autant ?

Priscilla n'a guère plus de réponses à ces questions qu'Otis, mais elle sent monter en elle ses qualités de grande sœur.

— Les vieux finissent par claquer et c'est moche, donc on est censé être triste.

— Alors, pourquoi maman et papa sont si bizarres ?

— Ils sont toujours bizarres, Otis. Sérieux, ils sont, genre, nés comme ça. Ne t'en fais pas pour ça.

Ce que retient principalement Otis de cet échange : *Ma sœur m'a appelé Otis.*

CINQUANTE-DEUX

Construis-toi ta propre réalité. Voilà des jours maintenant que cette phrase trotte dans la tête de Priscilla, et beaucoup plus souvent, même, que le souvenir de sa mère la traitant de garce. Priscilla a traité sa mère de noms bien pires dans son dos – ce n'est pas si grave que ça, en fait. Mais *Construis-toi ta propre réalité*, c'est, genre, métaphysique. Sérieux : qu'est-ce que ça peut même vouloir signifier ? À quelques mots près, ce pouvait être « Bousille ta réalité ». C'est un manuel de débrouillardise. Pas vrai ? Quelle blague ! Mais. Elle veut devenir, pourrait sans aucun doute être, la prochaine superstar des stylistes de célébrités. Les gens oublieront même que Rachel Zoe avait un jour existé.

Priscilla ouvre son ordinateur portable, allume la webcam et entreprend de s'épancher. C'est un truc qu'elle avait déjà fait une ou deux fois, lorsqu'elle s'était essayée, à l'époque de ses quinze ans, à un journal vidéo auquel elle ne s'était finalement pas tenue. Jusqu'alors, elle n'avait pas eu grand-chose à dire et, en revoyant les images, elle avait presque eu envie de gerber. Mais là, elle se sent le vent en poupe. Elle est censée être à la télé, putain. Elle referme brutalement le portable, va jusqu'au placard, en sort des fringues plus classe, arrange rapidement son maquillage et sa coiffure, puis recommence.

— Bienvenue dans *Construis-toi ta putain de réalité*, les bitches. Épisode un : « Ma famille est complètement chtarbée. »

« OK, bon, il y a quelques semaines, mes copines et moi on mangeait des Cinnabon au centre commercial, quand ces mecs se pointent et nous sortent, genre, "Salut, ça vous dirait de participer à une émission de télé-réalité ?", et nous on répond, genre, "Euh, ouais", et donc on va faire une audition et apparemment j'ai dû dire tout ce qu'il ne fallait pas dire et ma copine Taylor tout ce qu'il fallait dire, parce qu'ils l'ont rappelée, genre, seize fois et pas moi. À la fin, elle a été refusée elle aussi, autrement je crois que j'aurais vraiment eu du mal à ne pas lui montrer que j'étais dévastée, sans parler que je ne comprenais pas qu'elle ne me laisse pas la place, sachant que c'était vachement plus important pour moi que ça ne l'a jamais été pour elle, mais bon. Comme vous pouvez l'imaginer, après ça je suis devenue, genre, totalement désespérée, avec l'impression que je foirais royalement ma vie, vous connaissez ce sentiment ? C'est un sentiment merdique. Genre, après avoir réalisé que j'ai failli être une star de la télé-réalité, j'ai sérieusement commencé à penser : *Qu'est-ce que je fous de ma vie ? Pourquoi est-ce que je suis toujours ici, dans cette ville où il ne se passe carrément rien, où le meilleur job, c'est de bosser chez* Target *– et même ça, c'est dans la ville d'à côté –, où il n'y a même pas un mec génial qui pourrait m'emmener loin de là, une ville peuplée de têtes de nœuds comme Kyle Woolrich* – oui, j'ai bien dit son nom – et, putain, ne commencez pas à me brancher sur Kyle Woolrich, mais juste au cas où ça vous intéresserait : sa bite ? Riquiqui, riquiqui.

« Donc, vous savez, quand je mets tout ça bout à bout, je me dis juste que si c'est ça mon destin, eh bien il craint à mort, mon destin. Et puis voilà que ma mère s'amène et me dit que je suis une garce, ce qui est giga choquant – vous imaginez un peu ? qui peut faire ça à son gosse ? –, et même si elle a raison, putain quoi ? tout le monde se comporterait comme une garce, à ma place.

« Je ne vous ai même pas encore parlé de ma famille. Voyons voir, par où commencer ? OK, bon, p'pa est devenu tout d'un coup une espèce de Picasso allumé qui chiale tout le temps ; m'man cause avec Jésus ou des conneries de ce genre et elle a débarqué un beau jour à la maison sans crier gare avec une sorte d'énorme clebs errant baveux ; mon adorable papy a clamsé alors que personne n'était là pour s'occuper de lui ; mon arrière-grand-mère me prend le chou parce qu'on voit mes putains de genoux. Et elle veut m'emmener au salon de coiffure !

Priscilla fait une grimace, éclate presque de rire.

— Hé, les gens ! Elle a les cheveux violets, merde ! Et puis si elle me sort une fois de plus l'histoire de mon cousin au vingt-huitième degré et de sa putain d'université prestigieuse, je crois que je vais sauter d'un pont, sérieux. Genre, c'est mon petit frère qui a l'air d'être le plus normal, en ce moment. Voilà ma réalité, les bitches.

Putain. De. Ta. Mère. Elle a carrément trouvé une accroche.

Priscilla aura parlé pendant huit minutes et quarante-six secondes en tout. Elle poste le résultat sur YouTube et ajoute un lien vers sa page sur le réseau social. Elle pensait trouver le temps de causer mode, mais ça sera pour l'épisode deux. Elle avait besoin de vider son sac, aujourd'hui. Elle ignore ce qui va se passer après, mais elle sait que ce sera juste mortel.

CINQUANTE-TROIS

Caterina et Otis ne termineront pas en coulant des jours heureux dans le pommier. Ils passent ensemble deux semaines et demie mi-étranges, mi-géniales. Mais elle rompra avec lui avant même la fin de sa fête d'anniversaire. Il glisse la grille de mots croisés dans une enveloppe en papier kraft, qu'il entoure d'emballage cadeau à l'effigie d'Ariel la petite sirène, accroche le crayon à la pomme avec le ruban, sur lequel il écrit au feutre rouge À CATERINA DE LA PART D'OTIS, ce qui ne ressort pas très bien sur le motif.

Voici ce qu'il advient : elle se voit offrir un plus joli présent par un autre garçon. C'est tout. Une poupée American Girl. Comme Caterina, elle a des rubans dans les cheveux, mais les siens sont rassemblés en tresses, alors que Caterina ne porte jamais de tresses, et puis ses cheveux ne sont même pas de la même couleur. *Ce gars ne la connaît pas du tout*, songe Otis. « C'est mon chéri, maintenant, désolée. » Voilà ce que dit Caterina à Otis. Non, c'est vrai, c'est tout. Vous ne vous souvenez pas comment vous étiez à neuf ans ? Pas de grande explication. Pas de conseiller conjugal. Et peu importe même que ces deux-là se séparent deux semaines plus tard jour pour jour, ni même qu'Otis soit témoin de cet événement lorsqu'il se produira dans la cour de récréation. Voir Caterina pleurer parce qu'un garçon lui aura fait ce qu'elle lui avait fait ne lui apportera ni réconfort ni plaisir. Au contraire. Néanmoins, Otis réfléchira beaucoup à tout cela, c'est sûr – la grille de mots croisés, la poupée. Sa mère avait suggéré un autre cadeau, mais il fallait qu'Otis *conçoive* le sien, une grille de mots croisés uniquement sur Caterina. La vie d'Otis est-elle ruinée ? C'est ce que l'on pourrait penser, hein ? Il n'est pas heureux. En rentrant chez lui, son premier geste est de croquer le bonbon à la gelée parfum jalapeño. Il le mange en une seule bouchée ; la pastille se colle sur ses dents du fond. Jamais Otis ne sera aussi près de dire : « Va te faire foutre » à Caterina ou à quiconque que par cet acte-là. Et ce bonbon est tellement mauvais. Une chenille aurait été meilleure, il en est certain. Comme on pouvait s'y attendre, le goût est épouvantable, une bouillie épicée et collante, une saveur qui n'aurait jamais dû être imaginée en association avec le sucre, et il éprouve des sentiments mélangés – qu'il mérite ce supplice gustatif et aussi qu'il mérite de jeter le précieux présent que Caterina lui avait offert. Mais voilà : pendant deux semaines et demie, pendant dix-sept merveilleuses journées, véritables dons du ciel, Caterina a été la chérie d'Otis. Le pouvoir que lui avait conféré Caterina ce jour-là par le noble mot de « chéri » est de l'étoffe dont sont bâties les légendes, dont est tissée la cape qui lui a été donnée et qui lui permettra de bondir par-dessus les buildings, de combattre le crime. Cet héritage lui restera jusqu'à sa prochaine chérie, neuf ans plus tard.

CINQUANTE-QUATRE

Construis-toi ta propre réalité réussit à rassembler un certain nombre de spectateurs – 10 471 la dernière fois où Priscilla a vérifié, voici dix minutes. La série n'est pas tout à fait virale, mais Priscilla a quelques milliers d'amis en ligne, maintenant, dont un grand nombre a « aimé » et partagé ses vidéos. Priscilla a réalisé trois autres webisodes depuis le premier. Même si elle est encore incapable de ne pas évoquer sa famille ou sa vie personnelle, l'objet principal de ses interventions est désormais la mode. C'est un mélange de thèmes des plus curieux, mais ça marche. C'est d'ailleurs la raison pour laquelle ça marche.

En vue du cinquième épisode, Priscilla rédige en majuscules, sur un écriteau qu'elle placarde à la porte de sa chambre : ENREGISTREMENT EN COURS. Mais heureusement, il n'y a personne à la maison en ce moment. Ashley est avec elle, vêtue d'une toilette qu'elles ont conçue dans l'intention de montrer comment l'améliorer. Priscilla positionne son ordinateur de façon qu'Ashley et elle soient dans le cadre, colle un petit bout de Scotch sur le bureau pour repérer l'endroit, puis se rassoit et retourne le portable vers elle. Devant elle sont posées quelques fiches aide-mémoire où elle a noté des choses dont elle veut parler.

— Salut, c'est encore moi, Priscilla, pour un nouvel épisode de *Construis-toi ta propre réalité.* Aujourd'hui, je vais arrêter de déblatérer sur ma famille et vous montrer comment améliorer une tenue qui craint un peu. Mais d'abord, je veux vous apprendre deux ou trois trucs sur ma philosophie générale en matière de mode, parce que j'ai réfléchi à la question. Pour moi, ça semble super facile de s'habiller classe, mais vous savez, c'est vrai que quand on sort de chez soi, on s'aperçoit que ça ne l'est pas pour tout le monde. Et il y a, genre, tellement de manières différentes de mal se fringuer. Comme ces gens dont les placards sont remplis de T-shirts au nom des endroits où ils sont allés et aussi de bermudas et de Crocs.

Priscilla secoue la tête comme si la simple mention du mot « Crocs » lui donnait la nausée.

— Ou alors, à l'extrême inverse, ces gens qui s'efforcent tellement d'être différents, qu'ils associent des trucs zarb' ou vont peut-être se couvrir de tatouages, mais qui restent malgré tout assez nazes. Et, hum, aussi : vous voulez que je vous dise un truc très évident ? Avoir le fric pour s'offrir des fringues de prix ne signifie pas forcément savoir ce que vous allez acheter ou comment vous allez le porter une fois rentrées à la maison. Je n'ai pas beaucoup d'argent et j'ai un budget mode serré, c'est sûr.

Signalons ici que, bien que cette assertion semble vraie aux yeux de Priscilla, qui sait qu'elle ne peut pas s'offrir les pièces haut de gamme dont elle rêve, elle dépense quand même au-dessus de ses moyens – et bien qu'il soit également vrai qu'elle porte tout ce qu'elle achète, si elle devait réellement respecter les limites de son budget, son shopping se limiterait à peu près à écumer *Express* ou *Target*.

— Bon, mais voilà ce que je pense, poursuit-elle en jetant un bref coup d'œil à la première fiche. Voici mon b.a.-ba pour s'habiller comme une personne normale : (a) C'est *bien plus* important d'avoir quelques beaux vêtements, que d'en avoir tout un tas.

Priscilla soulève son portable pour le placer face à sa penderie.

— Regardez, je vais vous montrer. Ashley, ouvre la porte du placard.

Ashley s'exécute. À l'intérieur, les souliers et les vêtements de Priscilla sont soigneusement alignés sur des rayons et suspendus sur des cintres, mais la penderie est loin d'être pleine à craquer. À cet effet, elle a acheté puis rapporté aux magasins un certain nombre d'habits et d'accessoires, mais a cependant veillé à en conserver suffisamment pour ne pas être embêtée par les boutiques en question.

— Vous voyez ? Il y a de la place entre les cintres. Voilà ce que je dis. Vous remarquerez aussi que je ne suis pas fan des couleurs vives, mais je ne dis pas que ce n'est pas bien pour vous. Avec modération, s'il vous plaît.

Priscilla se rassoit pour conclure.

— OK, bref (a) quelques belles pièces, (b) tout le truc, c'est de savoir les associer, et (c) si vous devez mettre du fric dans quelque chose, mettez-le dans les accessoires. Vous pouvez composer des tenues entières autour d'une super paire de bottes ou de chaussures.

Elle se met debout, fait pivoter l'ordinateur jusqu'à l'endroit marqué par le bout de Scotch.

Ashley porte un legging noir, une paire de ballerines et un T-shirt.

— OK, voici donc Ashley dans ce qui est à l'évidence une tenue assez nulle. Je ne vais pas vous mentir : dans la réalité, Ashley ne s'habille pas aussi mal et, si elle le faisait, je ne la laisserais jamais sortir comme ça, parce que c'est à ça que servent les amies – alors, au passage, si vous vous habillez bien, mais que vous voyez votre copine mal fringuée, vous rendrez service au monde entier en le lui disant, s'il vous plaît. Bref, je bosse dans une boutique de fringues, alors vous pouvez me croire : je sais qu'il y en a beaucoup parmi vous qui s'habillent comme ça tous les jours, mais il ne faut pas.

« Ici, il y a deux zones à problèmes, le haut et le bas, et les deux réunies forment une seule et énorme zone à problèmes. Peut-être, *peut-être* que le T-shirt tout seul serait bien, même s'il a un vague côté mode, avec cette sorte de motif cachemire qui descend en tourbillon sur le côté, ici, mais je ne suis pas trop fan de ce look – oh, ça me fait penser qu'il faudra que je vous explique une autre fois comment porter des articles à la mode sans avoir l'air, vous savez, ridicule. Bon, le gros souci, ici, c'est que ce pantalon… n'est pas un pantalon ? est un legging ? se porte sous d'autres trucs ? Vous pouvez bien avoir le cul le plus ferme qui soit, je m'en fiche ; je vous en supplie, non, de grâce. Écoutez, Ashley a un très chouette cul, mais non.

Ashley sourit, puis fait un peu saillir ses fesses en direction de la caméra et toutes les deux se tordent de rire.

— Je ne suis pas trop fan des leggings, de toute façon, reprend-elle, mais si vous l'êtes, n'oubliez surtout pas qu'on les porte sous d'autres trucs, je vous en prie.

Priscilla s'approche de la webcam en arborant une fausse mine sévère ; puis le coin d'une de ses lèvres se relève en un sourire. Elle éclate de rire.

— Aujourd'hui, donc, je vais en fait résoudre deux problèmes. Très bien, à présent, Ashley va se changer, alors pendant qu'elle fait ça, je vais vous parler une minute.

« OK, la dernière fois, j'étais un peu flippée, c'est clair, mais depuis que mon papy est mort, j'ai beaucoup pensé à lui et j'ai vu à quel point il me manque. Ou plutôt, c'est la personne qu'il était qui me manque. Quand j'étais petite et que j'ai commencé à m'intéresser aux fringues, il me photographiait, et moi je lisais déjà les magazines et je choisissais des tenues et je posais comme les mannequins et après je gardais les photos pour moi dans un classeur spécial mode.

Réfléchissant un instant à ce qu'elle vient de raconter, elle a enfin conscience que ce n'est pas ce que font la plupart des mômes pour s'amuser, que d'une certaine façon elle est différente, qu'elle l'a toujours été. Mmm.

— Bon, bref, voici une de ces photos.

Priscilla présente le cliché à l'objectif ; non seulement elle porte une toilette sophistiquée pour une enfant – une jupe plissée grise, avec un chemisier rose pâle en tissu ajouré, des collants gris et une paire de babies grises (Jean s'était donné un mal de chien pour les lui dénicher) –, mais elle affiche une expression que seul son grand-père avait été capable de saisir en photo, à l'époque. Adorable. Priscilla sent une larme se former au coin de son œil, n'est pas vraiment disposée à partager autant de son intimité avec le reste du monde, se redresse sur sa chaise, réoriente la suite de son propos.

— Je vous ai expliqué ce qui s'était produit, hein ? qu'il était sorti se balader et qu'il est mort sur la véranda alors que personne n'était là pour s'occuper de lui ? Bon, mais je veux dire, moi non plus, je n'étais pas là, alors…

Priscilla détourne les yeux, pince les lèvres en une moue presque identique à celle de sa mère, puis, jetant un regard de côté, constate qu'Ashley est prête et qu'elle attend.

— OK, bien, alors voici Ashley, maintenant, dans la nouvelle tenue améliorée.

Ashley porte toujours le legging, mais a mis par-dessus un haut long en tissu imprimé.

— J'ai dégotté cette robe chez *H&M*, poursuit-elle. Pas cher, genre dix-neuf quatre-vingt-dix-neuf ou quelque chose comme ça. Sauf qu'il faut que je vous dise un truc. Cette robe ? *Ce n'est pas une robe !* Hé, les gens ! C'est une *chemise.* On s'en rend compte parce qu'elle lui couvre à peine le cul. C'est pas parce que Jessica Simpson ou je ne sais qui d'autre se fringue comme ça que vous êtes obligées de faire pareil. Elle ne le devrait pas elle non plus, d'ailleurs. Encore que, à titre d'information, sa ligne de chaussures n'est pas mal du tout, si vous êtes un peu fauchées. Bref. Sauf si vous mesurez un mètre cinquante, ce n'est pas une robe. C'est une chemise.

Priscilla attrape une ceinture double tour qu'elle avait à portée de main et la met sur la robe, faisant légèrement blouser le haut du vêtement sur la ceinture.

— Vous voyez ? Super sympa. Un million de fois mieux.

Ashley sourit et prend la pose, les mains sur les hanches, pour montrer à quel point c'est mieux à présent.

— Les chaussures vont bien, mais si vous avez envie d'un ensemble un peu plus chic, vous pouvez peut-être essayer de mettre des sandales à semelles compensées, quelque chose de ce genre.

Jean frappe à la porte, mais entre sans même attendre une réponse.

— Ma-*man*, j'ai mis un écriteau ! On est en train d'enregistrer.

Priscilla, qui ne sait pas encore comment faire un montage, réalise tout en une seule prise, pour le meilleur ou pour le pire.

— Je suis désolée, Priscilla, je ne l'ai pas vu.

Priscilla incline la tête sur le côté et s'approche de nouveau de la caméra en écarquillant les yeux.

— Vous voyez ce que je voulais dire ?

— Je voulais juste savoir si tu dînais à la maison, ce soir.

— Oui, m'man.

— OK.

Jean pivote sur ses talons pour repartir, mais Priscilla remarque alors la tenue de sa mère – un pantalon de toile à pli avec un chemisier rentré à l'intérieur.

— Attends, viens là une minute, m'man. Tu veux être dans mon émission ?

Que Jean soit ainsi invitée à pénétrer dans la chambre, voilà qui est pratiquement une première. La durée des conversations entre elle et Priscilla dans cette pièce n'excède en général pas le temps que Jean est disposée à y passer sur le seuil ou celui qu'il faut à Priscilla avant de faire comprendre d'une voix forte qu'elle est occupée. Mais Priscilla voit là une aubaine.

— Oh, je ne sais pas.

— Allez, je peux arranger ton look.

Jean n'avait pas l'impression que son look avait besoin d'être arrangé.

— Allez, ça va être fun. Mets-toi là.

D'un geste, Priscilla indique à Ashley de céder la place à sa mère, qu'elle positionne dans le champ de la caméra.

— OK, alors regardez, rien de super dramatique, là, juste quelques petites erreurs, encore que, eh bien, ce fute, il faut le dégager. Ashley, tu peux m'attraper le J. Crew en toile que je t'avais montré l'autre jour ? Il y a deux trucs de base qui clochent, ici : un pantalon à pli de, genre, 1984, et le haut rentré dedans.

Priscilla sort le chemisier du pantalon, après quoi la tenue est rapidement améliorée.

— Mets ce pantalon.

Priscilla tourne la caméra pour permettre à sa mère de se changer, puis plonge de nouveau les yeux dans l'objectif.

— Oui, ils nous ressortent les pantalons à pli, mais écoutez, vous savez à qui ça va bien ? Aux top models à taille de guêpe et jambes de girafe. Êtes-vous un top model ? ou une girafe ? Alors, vous ne pouvez pas mettre ça. Et l'autre truc, c'est… ne rentrez jamais le haut dans un fute. Si vous êtes un homme qui doit porter le costard au boulot, vous pouvez. Autrement, non. Il faut que j'écrive une liste de règles, elles sont si simples.

Jean finit de s'habiller ; Priscilla fait pivoter la webcam vers elle. Jean se contemple dans le miroir de Priscilla. Elle ne s'est absolument jamais souciée de ses vêtements, mais elle constate la différence.

— Tu vois, dit Priscilla, satisfaite. C'est déjà mieux, hein ?

Ashley avait déjà reçu comme instruction d'opiner vigoureusement du chef à de telles affirmations. Pas Jean.

— C'est vrai, convient Jean, qui observe alors sa fille un instant.

Elle note que le comportement de Priscilla est totalement différent, dans ce domaine-là. Elle est comme pétillante, et encore plus face à l'objectif. Elle l'ignore, mais c'est pour cette raison qu'elle avait été rappelée pour l'émission de télé-réalité.

— Mais ces pompes sont atroces, m'man.

Jean considère ses claquettes éraflées. Priscilla se rassoit devant la caméra.

— Voici un très bon tuyau : si vous vous regardez dans la glace et que vous vous demandez « De quoi aura l'air cette toilette dans dix ans, si je la vois en photo ? », réfléchissez bien, et si la réponse est « Oh, wow, ce T-shirt court ou je ne sais quoi d'autre n'est peut-être pas aussi intemporel que ça, après tout », il est encore temps de changer, vous savez, explique-t-elle en brandissant la photo d'elle petite. Genre, ça, ça n'a pas vieilli.

« Au programme de la semaine prochaine : "Comment être soi-même, mais sans trop en faire", et "Déconstruisons quelques mythes de la mode". Pour vous donner un avant-goût, je dirai juste que ce truc qu'on lit dans tous les magazines, comme quoi le trench est un must, vous voyez ? Nimp'. Un trench ? On n'est pas des espions dans un vieux film. Vous n'avez pas besoin d'un trench.

« Merci à Ashley et à m'man de m'avoir aidée pour l'émission d'aujourd'hui. À plus, tout le monde !

Priscilla fait une grimace à l'objectif, puis referme son portable.

Les spectateurs l'encouragent malgré eux, en quelque sorte. Ce n'est pas qu'ils aiment la haïr. C'est une forme d'amour. Et elle le leur rend. Il y a trois cent soixante-huit commentaires sur le fil de discussion, la plupart de préadolescentes affublées de pseudonymes comme JoDiLaBombe et LoveScilla : *Trop cool ! C'est moi à mort ! Kiffe ton style ! C'est trop chez* moi *! Génial ton top à jabot, y sort d'où ? Ouais, bitch !* (Il y a également quelques messages de mecs en rut. *Sexyyyy. Ma keu jkl pr twa.*) Sa websérie déborde un peu le cercle des filles de seize-vingt ans pour attirer l'attention de bloggeurs de mode plus connus. Certains lui trouvent un don inné, d'autres ne marchent pas. Une conversation s'établit. On voit fleurir le mot « hoax ». Quelques-uns avancent qu'elle est la jeune Américaine inepte type, qui raconte le monde tel qu'elle le perçoit et qu'elle n'est peut-être pas super sagace, pas encore en tout cas, mais qu'il y a des moments fugitifs, oui, de brefs moments où Priscilla incline la tête d'un micron à gauche ou à droite, ou bien détourne le regard de la caméra pour de fugaces instants de méditation qui sont incontestablement authentiques, pour le meilleur ou pour le pire. Comme nous l'avons dit, Priscilla n'est pas bête, mais elle n'est pas assez rusée pour concocter un hoax. C'est néanmoins l'objet d'un débat. Il existe des précédents d'impostures en ligne. P se fait une joie de répondre directement à ces critiques, affirmant avec énergie qu'elle est juste elle-même, qu'elle est *sincère*, venez donc lui demander en face si elle l'est ou si elle ne l'est pas. « Facile de taper des conneries et de cliquer sur Envoyer, et de signer Anonyme », lance-t-elle, avec une expression qui dit « Même pas cap' ! ». Mais elle ne se préoccupe guère des médisants. Elle a capté leurs yeux et leurs oreilles. Qu'ils médisent. QVC vient de l'appeler. Tout comme TVLand. Putain ! ils ont regardé ses vidéos et lui ont passé un coup de fil. Elle va prendre l'avion pour L.A. la semaine prochaine afin de les rencontrer, mais aussi pour des rendez-vous avec des agents. QVC démarre une nouvelle chaîne qui cible un public plus jeune et recherche des animateurs. TVLand lui a demandé de leur soumettre le pitch d'une émission. Il convient de préciser que, parmi ces appels, il y en a au moins un où on lui explique être intéressé par l'idée d'une émission de télé-réalité qui tournerait autour de la famille de Priscilla. À notre avis, ce ne sera pas son choix prioritaire, si tant est qu'elle choisisse, mais, ayant raté ce qu'elle considérait comme sa première chance, elle est désormais disposée à étudier toutes les possibilités.

Priscilla n'a aucune idée de ce qui sortira de tout cela, mais elle ne se fait pas de souci ; il est évident que le destin est réellement de son côté, en fin de compte. Elle a réussi quelque chose dont elle peut être vraiment fière.

CINQUANTE-CINQ

C'est une journée fertile en péripéties, pour Vivian.

Elle commence lorsque Vivian sort pour récupérer le journal. D'habitude, quelqu'un l'avait déjà pris, à cette heure-ci ; pendant longtemps, ce fut Theodore. Vivian se demande brièvement pourquoi son fils ne l'a pas ramassé aujourd'hui, avant de se rappeler ; alors elle écarte toute pensée sur Theodore. Tandis qu'elle se penche pour récupérer le quotidien, Vivian découvre, sous la balancelle de la véranda, le courrier que Theodore avait eu l'intention de poster le jour de sa mort. Dans un premier temps, elle ne reconnaît pas l'écriture, qui pourrait être celle d'un gosse, peut-être Otis. Mais l'adresse de l'expéditeur indique clairement « Theodore Copeland ». En lisant ces mots, Vivian se sent prise d'un léger vertige et elle s'assoit un instant sur la balancelle. Elle examine de nouveau l'enveloppe. Cette fois, l'écriture lui paraît familière. Elle retrouve presque la calligraphie de Theodore quand il avait commencé à apprendre à écrire en cursive : soignée et exagérément arrondie ; la main mal assurée, mais lente, d'un enfant en phase d'apprentissage. Vivian relève la tête et détourne le regard, serrant l'enveloppe entre ses deux mains comme en une prière. Quelques larmes lui montent aux yeux, qu'elle tamponne avec un mouchoir avant d'inspirer profondément, de glisser la missive dans sa poche et de rentrer.

Ce midi, Vivian déjeune avec ses amies dans leur restaurant favori, *Les Iris*. Elles prennent une tarte au citron vert, sur laquelle elles ne tarissent jamais d'éloges. « Des vrais citrons verts des Keys ! » s'exclame toujours l'une d'elles, une assertion que personne n'est en mesure d'étayer avec certitude. Elle passe un agréable moment, comme toujours, mais est un peu plus impatiente aujourd'hui qu'à l'accoutumée, un état sans doute accentué par la découverte de la lettre et par le fait que ses amies lui ont encore exprimé leurs condoléances. Passe encore si ces manifestations de compassion avaient été brèves. Vivian avait toujours eu la sensation que ses amies et elle partageaient un certain sens de la bienséance sur de telles questions, pensait qu'il existait un accord tacite sur le temps qu'il convient de consacrer à ces choses-là – et qui, dans l'esprit de Vivian, devrait se restreindre à un ou deux commentaires par personne. Aujourd'hui, cependant, ses amies évoquent leurs propres expériences de deuil, nombreuses pour chacune d'entre elles. Cela met Vivian un peu dans l'embarras : bien qu'il existe des limites connues, vous n'avez pas envie d'être celle qui va interrompre une femme en train de confesser combien son époux lui manque, même si vous pouvez être sûr que Vivian y songe et espère de tout cœur qu'une autre le fera à sa place. Cette conversation s'éternise pendant huit ou neuf minutes, interminables, jusqu'à ce que Florence glisse une remarque sur son arrière-petit-fils, à laquelle Vivian s'accroche comme une boulette de chewing-gum aux cheveux d'un élève de CE1. Jamais avant cet instant Vivian n'avait semblé autant se passionner pour une personne, un endroit, une chose, autre qu'elle-même.

Comme à son habitude, Vivian rentre à pied à la maison. Les *Iris* ne sont qu'à quelques rues de là et c'est une magnifique journée. Au premier carrefour après le restaurant, Vivian aperçoit une décapotable sur le parking du drugstore. Oh, c'est une beauté rutilante ! Elle n'a aucune idée du modèle, détail dont elle ne se soucie guère. Ce qui attire son regard, c'est la superbe couleur turquoise, les reflets du soleil sur les garnitures argentées, les sièges tapissés de cuir blanc. Oh, mon dieu ! Elle n'a jamais vu une telle merveille. Pour ceux d'entre vous que le sujet intéresse, c'est une Thunderbird 1956. Il y a une exposition de vieilles voitures, en ville. Cette semaine, on a observé dans les rues des véhicules de toutes époques. Mais Vivian est presque incapable de dire si oui ou non c'est une vieille voiture. Elle n'a jamais prêté attention aux nouvelles autos que l'on mettait sur le marché, sait tout juste distinguer un break d'une fourgonnette, mais en revanche, elle reconnaît immanquablement une décapotable quand elle en voit une et, à ses yeux, celle-ci a l'air flambant neuve.

Ma foi, il n'y a sans doute aucun mal à toucher l'un de ces sièges. Vivian passe une main gantée sur le cuir, retire le gant pour le toucher de nouveau. Oh, Seigneur. N'est-ce pas fantastique ? Oh, c'est vraiment agréable. Ma foi, il n'y a certainement aucun mal à simplement s'asseoir un moment derrière le volant. Qui irait s'inquiéter d'une dame de quatre-vingt-dix-huit ans vêtue d'un élégant tailleur ? Vivian se glisse sur le siège, passe une nouvelle fois la main sur le cuir, contemple le tableau de bord, le chrome argenté des compteurs, pose les paumes sur le volant d'un blanc brillant, sur les clés enfoncées dans le contact ! Oh, qui le remarquerait si elle tournait juste cette petite clé… ?

Oh, le ronronnement de ce moteur ! Comment se pouvait-il qu'elle n'ait jamais ressenti pareille sensation jusqu'alors ? jamais ressenti ce formidable grondement dans la poitrine ? Peut-être un petit tour du pâté de maisons… qui le saurait ? Osera-t-elle ?

Vivian jette un coup d'œil circulaire. Personne en vue. Elle se met en marche arrière, reproduisant le geste qu'elle avait vu son mari exécuter mille fois, tire le levier jusqu'à ce que le R se mette en place, recule lentement pour sortir de la place de stationnement, puis enclenche la marche avant et *roule*. Elle descend la rue principale jusqu'aux quartiers riches de la ville. Oh, ne serait-ce pas sensationnel, si ses amies pouvaient l'admirer ? si toutes les personnes qu'elle connaissait pouvaient l'admirer en cet instant ? Elle sait qu'elle doit donner l'impression d'être née pour conduire cette voiture, là, sur la route qui à présent monte en serpentant entre les luxueuses demeures pour s'enfoncer ensuite dans les bois. Le vent ramène ses boucles en arrière – elle fera sans doute peur à voir, à son retour, mais elle aura bien le temps de s'occuper de cela plus tard. Vivian continue d'avancer, dépasse la dernière propriété, traverse les bois, laissant derrière elle des fermes, des villes, des paysages urbains, laissant derrière elle des montagnes et des océans jusqu'à ce que l'auto quitte le sol pour s'élever au-dessus des arbres et filer directement au cœur des étoiles.

CINQUANTE-SIX

Le matin du sermon, Jean retourne dans la maison pour s'habiller, regarde le contenu de son armoire et est soudain consternée par la quantité de pantalons kaki et de cardigans noirs qui s'offre à sa vue. Ces habits lui avaient-ils paru différents lorsqu'elle les avait achetés ? Elle sait que cette église n'est pas le genre d'endroit chic où les femmes portent des chapeaux recherchés, se demande si l'on se met encore sur son trente et un pour aller à l'église, mais quand même : elle va prendre la parole en public, aujourd'hui, elle veut être à son avantage. Peut-être Priscilla aura-t-elle quelque chose. Elle se faufile dans la chambre de sa fille, qui dort encore, et fouine dans le placard. Beaucoup d'articles griffés ; où Priscilla trouve-t-elle l'argent pour s'offrir de telles pièces ?

Elle ne voit rien d'entièrement satisfaisant. Elle pousse des piles de-ci de-là, sort un pantalon en laine gris, un long cardigan couleur lavande, une paire d'escarpins en daim encore dans leur boîte. Jean emporte le tout dans sa chambre pour se vêtir, puis descend préparer le petit déjeuner. Lorsque Priscilla descend à son tour pour se servir du café, il lui faut une minute pour percuter.

— Est-ce que ce sont mes fringues ?

— Mmm, non. Les miennes, se contente de répliquer Jean.

— Non, ce n'est pas vrai, ce sont les miennes. Tu es allée dans ma chambre ?

— Il faut croire.

Priscilla n'est pas assez réveillée, sinon elle piquerait une giga crise d'intrusion-dans-ma-vie-privée. Et puis, sa mère a l'air tellement allumée, ce matin, qu'on ne peut pas deviner comment ça tournerait.

— Et tu vas où, au fait ?

— À l'église.

Priscilla ne veut pas en savoir davantage. C'est déjà assez pénible en ce moment, avec son père qui sanglote à longueur de journée. Elle pensait que les choses redeviendraient peut-être un peu plus normales à la maison après le décès de son grand-père – bon, c'est peut-être dur, ce n'est pas qu'elle souhaitait sa mort, mais Theodore était de moins en moins lui-même et il était de plus en plus difficile de s'occuper de lui, et ça c'est la stricte vérité. Mais son père est plus barré que jamais, ce qu'elle aurait pourtant cru impossible avant cela, et elle ne s'est pas encore complètement remise d'avoir entendu sa mère la traiter de garce, même si, au final, cette méthode semble avoir fonctionné, mais ça, elle ne l'admettra certainement pas de sitôt. La dernière chose dont cette famille ait besoin maintenant, c'est de Jésus ou de conneries de ce genre. Mais même si sa mère porte ses plus chouettes fringues, elle ne ressemble malgré cela toujours à rien. « OK, bon, au moins… mais tu as mal mis le pull. » Priscilla entreprend de le rajuster un peu ; elle a du mal à se retenir de ne pas arranger l'ensemble à sa façon, mais pendant qu'elle est occupée à rectifier sa toilette, elle remarque un je-ne-sais-quoi dans les yeux de sa mère, voit les coins de ses lèvres se relever très légèrement et reconnaît là un moment qui s'installe entre elles. Elle se recule. « OK, c'est mieux comme ça, je pense. » Elle secoue la tête et monte dans sa chambre avec son café.

Jean n'a même pas encore mis les souliers. Elle n'a pas l'intention de les chausser avant d'être devant l'église – impossible de conduire avec –, alors elle part pieds nus, puis enfile les escarpins en arrivant, parcourt quelques mètres d'une démarche gauche, ne se rappelle pas la dernière fois où elle a porté des talons hauts, pour son mariage, peut-être ? Cependant, elle trouve rapidement son équilibre et gravit l'escalier avant de descendre l'allée centrale pour rejoindre le premier rang. Elle est prête.

Jean monte sur l'estrade quand la musique s'arrête. Les vêtements de sa fille lui paraissent étrangers ; il se peut que son choix ait été hasardeux, mais les chaussures font la différence. Avec elles, Jean a un autre maintien, plus droit ; elle a l'impression que sa personne s'accorde avec son corps. *J'aurais dû être aussi grande que ça*, songe-t-elle. *Si j'avais été aussi grande que ça, les choses auraient pu prendre un autre tour dès le départ.* Attendez, a-t-elle prononcé ces mots à voix haute ? Oui : les gens rient. C'est bien, non ? Elle commence en évoquant brièvement les circonstances dans lesquelles elle a découvert cette église, éprouve au début quelques difficultés à regarder l'assemblée, mais explique avoir apprécié la qualité de l'accueil qu'elle a reçu ici après la mort de son beau-père, puis enchaîne rapidement pour affirmer sa certitude que le paradis est un bal de lycée qui réunit une pléthore de stars de cinéma, d'astrophysiciens et de dinosaures, d'animaux domestiques disparus, de grands noms de la littérature et d'êtres chers, tous ceux que vous pouvez imaginer ; elle lève les yeux assez longtemps pour observer quelques hochements de tête approbateurs au premier rang, suffisamment pour l'encourager à poursuivre, même s'il y a autant de personnes qui ne sont pas sûres de voir où elle veut en venir et un certain nombre pour qui le bal du lycée est l'idée qu'ils se font de l'enfer, mais d'un autre côté, tous ont entendu ici des choses plus étranges encore. Jean garde le regard rivé sur le visage serein de Bob et ne baisse plus les yeux.

— Et au paradis, quand vous danserez avec votre amour défunt, vous n'aurez plus besoin de lui demander « Mais pourquoi, bordel ? », vous n'aurez plus dans votre esprit cette horrible image indélébile de son corps sans vie, qui pend tristement à l'endroit où vous faisiez magnifiquement l'amour auparavant, vous ne vous poserez plus des millions de questions auxquelles il n'existe pas de réponse : et si vous n'aviez pas pris une deuxième tasse de café ce jour-là ? comment avez-vous fait pour passer à côté de tout ça, bon sang ? quelle sorte de store occultant avez-vous pu abaisser sur votre vie pour passer à côté de tout ça, bon sang ? comment avez-vous pu être assez stupide pour ne pas voir un seul indice de l'état profondément dépressif de votre amour, qui allait l'amener à se pendre ? quelle histoire vous êtes-vous racontée sur ce qu'il y avait entre vous, sur la personne qu'il était ? Vous ne vous demanderez plus s'il ne vous aurait pas piégée dès le début, sachant qu'il vivait ses derniers jours et qu'au lieu d'infliger cette souffrance à sa famille, il préférait vous l'infliger à vous. Vous cesserez de vous demander si votre relation n'était rien d'autre que du vent, une coquille vide créée dans l'unique but d'amener une personne choisie au hasard à vous trouver pendu, plutôt que de laisser un membre de votre famille faire cette découverte, parce que j'aime autant vous dire que j'ai passé vraiment beaucoup de temps à remâcher cette question-là. Pendant longtemps, ça ne m'a pas semblé plus idiot qu'autre chose. C'est dur de trouver une raison valable pour expliquer que quelqu'un ait pu faire une chose pareille à la personne qu'il aimait – sauf si ce qu'il éprouvait n'était pas du tout de l'amour, mais plus une espèce de froideur, voire de haine. Mais ce sont là les questions. On peut aussi voir ça sous un autre angle : Qui êtes-vous donc, ma petite dame, pour avoir fait une telle chose, d'abord ? pour avoir débité ce mensonge homérique à votre famille et à vos amis ? pour avoir passé outre à votre famille en vous disant que ce grand amour que vous pensiez connaître absolvait tout ? C'est un mensonge de star de cinéma.

« J'ai entendu dire que quand on se suicide, on va directement en enfer. Je sais désormais que ce n'est qu'un mythe. Je dis juste qu'il n'existe pas d'enfer. Qui que soit dieu, si tant est qu'il y en ait un, il/elle/ça aime et pardonne à tout le monde. Tout le monde. Voilà mon opinion. Et probablement même à un psychopathe ; voilà le genre d'amour dont je parle – que dieu peut aimer un psychopathe, l'aimer au point que le pardon n'entre même pas en ligne de compte, car c'est juste de l'amour pur. Comprenez-moi bien : je pense que dieu ne peut évidemment pas arrêter un psychopathe, qu'il n'a même pas le pouvoir de vous empêcher de commettre n'importe quelle connerie que vous vous êtes mis en tête de faire. Il n'a pas non plus le pouvoir de vous donner des places de stationnement, pas même si un chiot coincé en haut d'un arbre en flammes a besoin de votre aide. Et pourtant je m'aperçois à présent qu'en réalité, il ne peut être question que de dieu. Tout cela a lieu dans le monde de dieu, pas vrai ? Les psychopathes et les places de stationnement, les arcs-en-ciel et les sucettes. Il y a quelque part un grand je-ne-sais-quoi qui aime et qui pardonne, même s'il ne pousse pas les choses dans le sens où nous aimerions les voir aller. C'est ma conviction.

« Je ne dis pas que c'est bien de se suicider. N'en faites rien, je vous en supplie. Sans blague, ne vous suicidez pas, s'il vous plaît. Si vous avez de telles pensées morbides, de grâce, parlez-en à quelqu'un – à n'importe qui. Personne ne trouvera préférable que vous vous supprimiez. Je veux dire, si vous êtes un pédophile ou quelque chose de ce genre, l'espace d'une seconde, oui, je serais peut-être contente que vous vous soyez supprimé – inutile de vous mentir, je suis une mère –, mais malgré tout, quelqu'un vous aime. Il y a toujours quelqu'un qui vous aime. Livrez-vous à la police, c'est tout, et que votre sœur ou votre neveu vous rende visite en prison. Ne vous suicidez pas, putain ! Nous entrons dans ce monde purs et sans taches. Nous sommes des êtres célestes de corps, d'âme et d'esprit. Dans ce rêve, j'ai été témoin d'un miracle, et être témoin d'un miracle, c'est se savoir plein de vie, brillant et céleste.

Nous hésitons à interrompre le flot intarissable de Jean, ici, mais il convient peut-être de souligner qu'elle n'a fait que citer l'étiquette du pot de crème anti-âge qui l'avait tant troublée il y a peu.

— Hier, j'ai regardé un écureuil dans les yeux et j'ai vu James, mon amour défunt, qui m'a déclaré :

« Oui, c'est vrai ce qu'on dit à propos du paradis. » Je suis convaincue à présent que James, mon amour, devait savoir, pour le paradis, parce que j'ai essayé maintes et maintes fois de comprendre ce qui a pu le pousser à me priver de sa vie et, jusqu'à ce rêve, je n'y arrivais pas. Je n'arrivais pas à comprendre. Je sais maintenant que, par ce rêve, c'était James qui entrait en contact avec moi pour me dire : « Regarde, ma bien-aimée, je suis ici et je danse avec Rita Hayworth, tout est magnifique. »

CINQUANTE-SEPT

Gordon organise dans le garage un « vernissage » à l'intention de sa famille. Il a achevé sa série de portraits. Il a recouvert un établi d'une nappe en papier, sur laquelle sont disposés de l'eau de Seltz, une assiette de fromages et un cubi de vin (détail indiquant à Jean et à Priscilla que Gordon n'est pas lui-même, quand on songe au nombre de cours d'œnologie qu'il leur a infligés au fil des années). Gordon est littéralement radieux, toujours larmoyant, mais radieux et, pour une fois dans son existence, il ne parle guère. Il aimerait que son travail parle pour lui. Quant aux mérites artistiques de son œuvre, nous ne sommes peut-être pas les plus à même de les juger et nous ignorons également si celle-ci sera un jour vue en dehors de ce garage. Gordon ne s'est pas projeté aussi loin.

La famille contemple les tableaux. Pour l'essentiel, les réactions initiales sont perplexes. Chacun reste silencieux. Le portrait de Priscilla la représente à l'intérieur d'un téléviseur ; le bord de la toile est le cadre de l'appareil (les proportions étant ici complètement inversées, vu qu'il s'agit d'un rectangle vertical). Elle a les bras croisés sur la poitrine, mais il se dégage d'elle une élégance nouvelle, une subtile différence dans sa posture, une pointe d'intelligence particulière dans le regard, une détermination. Celui d'Otis le montre avec un crayon dans la bouche, tenant une main qui est vraisemblablement celle de Caterina, laquelle ne figure pas dans la peinture. Il arbore une mine à la fois béate et inquiète, ainsi que le trahit son front plissé. Vivian est debout dans sa roseraie. Elle a la tête couronnée. Gordon a ajouté ce détail à la dernière minute. Il avait si bien croqué son maintien royal, qu'il avait jugé évident de la coiffer d'une couronne. Mais en observant de plus près, on perçoit un flottement dans ses yeux, une touche sous-jacente d'incertitude. En arrière-plan, derrière les rosiers, se trouve un chemin de terre au bout duquel une toute petite tache turquoise floue semble s'élever pour disparaître dans les nuages. Avec ce que nous connaissons des talents de peintre de Gordon, nous ne pouvons interpréter le sens qu'il a voulu donner à cet élément, ni savoir si cette trace turquoise est juste une erreur qu'il aurait tenté de dissimuler avec des nuages. Nous nous contenterons de préciser que Vivian n'est pas présente et ne dirons rien de plus sur le sujet.

Le portrait de Theodore est basé sur l'une de ses photographies accidentelles, celle de la moitié supérieure de son visage ; dans ce garage, en tout cas, il paraît aussi gigantesque qu'un Chuck Close : les yeux brillants du père de Gordon y ont la taille de balles de softball et le haut de sa tête occupe le reste de la toile. Gordon a orienté la peinture dans le sens vertical, contrairement à la photo dont il s'est inspiré. Le fond est constitué d'herbe et un cardinal rouge vif est perché sur le sommet du crâne de Theodore.

La collection inclut aussi l'autoportrait que Gordon avait montré précédemment à Priscilla, sauf que la montre est maintenant d'un marron légèrement plus sombre, pour mieux trancher sur la peau. Et l'expression de ses yeux a également été un peu modifiée. L'intention de Gordon était de créer l'illusion qu'il vous regardait directement, de l'intérieur du tableau. Il nous est difficile de dire s'il a effectivement réussi dans son entreprise.

Même Mott a droit à une toile. Il est pelotonné à sa place, près de la tête de lit, entre les dos de Jean et de Gordon, tandis que le reste de leur corps est hors du cadre, mais il a la tête redressée pour vous contempler. Le portrait de Jean est un nu. Elle a un regard pénétrant et elle se tient debout, les jambes à peine écartées, les bras aux hanches, parés à tirer, tel un professionnel de la gâchette entièrement nu. C'est son tableau favori.

Tout le monde a des pensées sur ces peintures : des pensées sur sa propre représentation, des pensées sur la représentation des autres et des pensées sur l'ensemble de la série. Sont-ils stupéfaits ? Peut-être. Se reconnaissent-ils eux-mêmes – ou n'importe quelle partie d'eux-mêmes – ainsi que Gordon se les est finalement figurés, ou chacun songe-t-il que Gordon a bien appréhendé les particularités des autres, mais pas les siennes, ou alors est-ce un mélange des deux ? Y a-t-il une chance pour que, d'une certaine façon, ils entrent en communication les uns avec les autres, pour qu'ils se voient tels que Gordon les voit, ou est-ce qu'ils ne saisissent pas ? Pour une fois, nous n'en avons aucune idée. Nous ne pouvons pas tout savoir. Qu'en pensez-vous ?

REMERCIEMENTS

Reconnaissance éternelle à tous mes super amis géniaux, qui ont lu divers et/ou maints brouillons de ce livre : Nina Solomon, Kirk Walsh, Jami Attenberg, Jamie Quatro, Anne Hutchison Hensley et Ike Turner – vous êtes incroyables.

Cal Morgan : mince ! je ne soulignerai jamais assez l'importance de ta contribution dans ce qui a fait de ce livre ce qu'il est. Tu es trop fort.

Les personnes formidables de l'agence JVNLA, et notamment Alice Tasman, mais aussi toute l'équipe (Tara, Jessica, Jean, Jennifer) qui a travaillé dur – et longtemps ! – pour moi.

The Corporation of Yaddo, dans cet endroit merveilleux et inspirant qu'est Yaddo, où a démarré cette aventure. Je suis venue là sans projet particulier d'écrire un roman et vous m'avez donné cet adorable petit chalet ainsi que le thermos de Sylvia Plath, j'en suis sûre, et voilà le résultat.

Mes collègues de l'UCR, que j'admire tant et qui sont toujours une source d'inspiration et d'amusement.

Mon groupe d'écrivains de Chicago : Gina Frangello, Megan Stielstra, Emily Gray Tedrowe, Patrick Somerville, Thea Goodman, Billy Lombardo, qui ont toujours été mes moteurs et parmi lesquels je suis honorée d'avoir pu m'asseoir pour m'imprégner de leur folle sagesse.

Également, chapeau à tous ceux d'entre vous qui ont lu l'ébauche du truc que j'ai mis en attente de façon plus ou moins permanente pour me consacrer à ce livre : Nina, Ben, Alice, Kirk, Gina, Peter Birkenhead, Deanne Stillman et Donny Ward. Votre investissement, votre discernement et vos encouragements n'ont pas de prix.

Et à Ben – bon, tu sais, quoi…

P.-S. ÉCLAIRAGES, ENTRETIENS ET AUTRES…

À PROPOS DE L'AUTEUR

Lettre d'Elizabeth Crane

À PROPOS DU LIVRE

De la nouvelle au roman :
*la genèse d'*Une famille heureuse

SUGGESTIONS DE LECTURES

Choix de l'auteur

À PROPOS DE L'AUTEUR

Lettre d'Elizabeth Crane

Chère personne qui tenez en ce moment ce livre entre vos mains,

En général, lorsque je raconte comment je suis devenue écrivain, j'explique que la lecture de *Harriet l'espionne* à l'âge de huit ans a changé ma vie, ce qui est assez proche de la vérité. À New York, une drôle de petite fille décalée qui prend des notes sur tout ce qui l'entoure ? *C'est pour moi.* Je me suis aussitôt mise à écrire et n'ai jamais cessé depuis.

Comment je suis devenue un bon écrivain (si je peux prétendre à ce titre), ça c'est une autre histoire, advenue de façon plus ou moins fortuite.

Quand j'étais môme, l'un de nos principaux moyens de communication était le courrier – et non le courriel. Le téléphone existait (je ne suis *quand même* pas si vieille que ça), mais les appels longue distance étaient chers et mon père vivait à plus de mille cinq cents kilomètres de moi, dans un pays magique appelé Iowa (où, quand elles vous emmenaient au supermarché, les belles-mères vous laissaient remplir le Caddie *de biscuits fourrés*

Pop-Tarts et de sodas au raisin et de tout ce dont vous aviez envie). Alors nous entretenions une correspondance. Mes demi-frères et moi avions monté une organisation qui s'était consacrée, des années durant, à espionner mon papa : la SSSF – Société secrète de surveillance de Fred –, dont l'activité exclusive était la production de lettres anonymes dactylographiées formulant des exigences extrêmement ridicules pour les choses que nous désirions, au prix de périls absurdes au cas où nos requêtes ne seraient pas exaucées. Les étés, j'écrivais à ma meilleure amie, Nina (un autre futur écrivain). Et à un moment donné, j'ai commencé à rédiger des brouillons. *De mes lettres*.

À ce stade, je n'en étais pas encore à inventer des histoires, mais, rétrospectivement, il est indéniable que j'affinais ma voix. À cette époque, mon unique ambition était de divertir et, dans l'idéal, de faire rire le lecteur visé, ce par le truchement de mes gaffes incessantes et de mes déboires sentimentaux. (OK, bon, de qui est-ce que je me moque ? C'est toujours mon truc, aujourd'hui encore.) Quoi qu'il en soit, les gens affirmaient aimer mes lettres ; quant à moi, j'aimais les écrire, et ces gens me disaient toujours que je devrais devenir écrivain et moi je répondais que je l'*étais*, même si, pour gagner ma vie, j'ai exercé au fil des ans les métiers de serveuse, d'institutrice en maternelle ainsi qu'une quinzaine d'autres.

Il faut dire que les récits que j'imaginais en ce temps-là ne ressemblaient en rien à mes missives. J'ai passé de nombreuses années à me perdre dans des machins maniérés, à décrire des choses qu'il ne m'appartenait pas de décrire, à m'efforcer de pondre des intrigues bien ficelées. Est-ce que je savais comment pondre des intrigues bien ficelées ? Que nenni. J'ai toujours eu quelques auteurs que j'adorais, mais il s'est écoulé beaucoup de temps avant que je lise quelque chose qui bouleverse mon existence – assez en tout cas pour me montrer que ma manière de rédiger des lettres était ma *véritable* manière d'écrire. (J'ai déjà cité ces auteurs neuf cents fois, mais le premier a été David Foster Wallace, après quoi j'ai fini par découvrir des gens comme Rick Moody, Lorrie Moore, George Saunders ou Lydia Davis, et mon univers a alors explosé, ou presque.) Et c'est ainsi qu'après – combien, au juste ? –, disons, vingt-cinq ans à écrire, après que me sont tombés entre les mains ces auteurs, mon style a commencé à progresser pour se mettre à vraiment *me* ressembler. Il s'est avéré que mes instincts d'écrivain avaient toujours été assez bons ; c'est juste que je les avais ignorés.

Peut-être que je suis un peu dure à la détente. (Voir également : mes amours. Mais les choses ont fini par trouver une issue heureuse, dans ce domaine.)

Votre amie,
E. CRANE

À PROPOS DU LIVRE

*De la nouvelle au roman : la genèse d'*Une famille heureuse

Tiens, voilà qui a été intéressant.

Je n'avais pas réellement prévu d'écrire un roman. Après trois recueils de nouvelles, j'étais persuadée que c'était ma voie, ce qui n'était pas pour me déplaire. J'adore les nouvelles : j'adore en lire et j'adore en écrire. Le truc des romans m'échappait et quelques faux départs par-ci par-là n'ont fait que me confirmer que je n'avais aucune idée sur la façon de m'y prendre.

Et alors, au cours de l'été 2010, j'ai eu la chance de passer un mois à la colonie d'artistes de Yaddo, dans un adorable petit bungalow au cœur des bois[1], où je me suis attelée à l'écriture d'une nouvelle. J'avais quelques personnages en tête – lesquels allaient finir par devenir les quatre membres les plus jeunes de la famille Copeland –, mais c'était à peu près tout. En fait, je pensais au départ qu'ils seraient chacun au centre de leur propre histoire, sans lien les uns avec les autres. Il y avait des questions qui

1. Un bungalow similaire apparaît dans ce livre.

me travaillaient : que peut-on ressentir si sa fille est une garce ? Que peut-on ressentir si une personne vous aborde en vous affirmant que vous étiez sorti avec elle pendant un an – et que vous n'ayez pas le moindre souvenir de cette personne[1] ? Que peut-on ressentir en perdant quelqu'un qui a choisi de se suicider ?

Je me suis donc mise à ébaucher un portrait rapide de ces gens, mais, rapidement, ils ont formé une famille. En peu de temps, j'avais déjà trente pages, mais j'étais bien loin d'avoir fini cette « nouvelle ». Au bout de soixante pages – et en m'amusant comme une folle, ajouterais-je, mais toujours aussi loin d'en avoir terminé avec l'histoire de cette famille –, j'ai songé : « Eh bien, je suis dans la merde, maintenant ! » Parce que, dans mon esprit, c'était encore une nouvelle, et c'était d'ailleurs ce qui me plaisait dans ce projet, mais il n'existe pas beaucoup de maisons qui publient des nouvelles de soixante pages. Ce n'est qu'en arrivant aux quatre-vingt-dix pages que j'ai commencé à prendre conscience – « accepter » serait peut-être un meilleur terme – que j'étais probablement, possiblement, en train d'écrire un roman.

Le premier jet (inachevé) du livre était très court, dans les cent cinquante pages ou quarante-six mille mots. Après l'avoir lu et aimé, mon agent m'a plus

1. Il m'est arrivé exactement l'inverse. Je suis tombée sur un ex qui était totalement incapable de se souvenir de moi. Dans la réalité, le mec en question s'est pour l'essentiel montré imperturbable (et en retour, le connaissant, je me suis montrée imperturbable), une réaction complètement opposée à celle de Gordon. Mais l'incident m'a poussée à imaginer comment une personne relativement saine d'esprit réagirait dans les mêmes circonstances.

ou moins dit « Continue » et à ce moment-là une inspiration subite m'est venue : que si Gordon avait à s'occuper d'un père atteint de la maladie de Parkinson – lequel devait affronter une *véritable* baisse de ses fonctions cognitives (par opposition au déclin imaginaire de celles de Gordon) –, cela permettrait d'exacerber la crainte qu'avait Gordon de perdre lui-même la tête et d'apporter ainsi de la profondeur au récit. Malgré son caractère soudain, cette idée n'était pas tout à fait le fruit du hasard. Mon père était atteint de cette maladie et, même s'il avait dans une large mesure sa lucidité, il avait, ces dernières années, souffert non seulement de problèmes physiques, mais aussi cognitifs. J'ai donc inclus une version de lui dans le mélange des ingrédients, puis ai ajouté sa mère (ma grand-mère) pour faire bonne mesure.

Dans la réalité, mon père s'était occupé de ses parents pendant leurs vieux jours et ma grand-mère, pour sa part, était un personnage plutôt haut en couleur. Mais comme je m'apprêtais à greffer deux individus réels sur une famille entièrement fictive, je ne savais pas du tout si, au final, l'ensemble serait crédible. Je décidai néanmoins de développer ces deux nouveaux personnages et les installai dans la maison des Copeland. Je leur attribuai chacun des problèmes spécifiques, puis insérai les chapitres concernés là où cela me semblait pertinent – bien que l'un de mes soucis ait toujours été l'agencement des chapitres, sachant que ceux-ci n'avaient pas été écrits totalement dans l'ordre. Et vu que je n'avais jamais fait de roman avant cela, c'était l'une de mes multiples préoccupations quant à la structure globale.

Au départ, j'étais opposée à la segmentation traditionnelle par chapitres. Je tenais vraiment beaucoup à conserver l'ambiance d'une nouvelle, à garder le ton et la voix « cranesques » de mes textes courts, et je pensais que, si ce roman était dépourvu de coupures, il aurait la dynamique d'une nouvelle, que l'on lit sans s'arrêter. Je savais qu'il existait des romans construits ainsi, en particulier lorsqu'ils étaient brefs comme le mien. Et comme dans de nombreux cas je n'étais pas certaine de l'endroit où placer les coupures en question, j'ai maintenu cette ligne de conduite presque jusqu'à la dernière minute. Finalement, je me suis assise à mon bureau en me forçant à choisir les passages appropriés pour cela et, peu avant que j'aille soumettre le livre aux éditeurs – la veille, en fait, me semble-t-il –, j'ai procédé à la subdivision du texte en chapitres, que j'ai ensuite numérotés. (Ce que je trouve très bien à présent.)

Je ne souhaitais pas non plus *nécessairement* que les personnages changent trop, volonté qui paraîtra peut-être problématique (voire désopilante) à ceux d'entre vous qui connaissent la manière dont un roman est censé fonctionner. Mais, encore une fois, je voulais que ce texte fasse penser à une nouvelle, qu'il fasse penser à *mon* travail, et je voulais que les changements susceptibles d'affecter les personnages soient subtils.

Entre-temps, mon agent[1] avait soulevé un autre point fondé, mais qui me posait problème : elle pensait qu'il devrait y avoir plus d'interaction entre les personnages. Dans un premier temps, je demeurai attachée à l'idée que le nœud du récit était ce qui se passait dans la tête de chacun, individuellement,

1. Oui, elle a un prénom, Alice, un joli prénom, à mon sens, alors je l'appellerai ainsi dorénavant.

que tout devrait se situer au niveau interne (ou intérieur, comme aime à dire mon confrère David Ulin), que les uns et les autres communiqueraient avec des personnes *extérieures* à la famille, mais que le peu de rapports qu'ils auraient entre eux serait gangrené par quelque chose qui tiendrait d'une forme d'incommunicabilité, d'un manque d'à-propos ou d'une hostilité latente. (Ce qui est toujours plus ou moins le cas.) Mais il semblerait que cela ne soit pas terriblement « roman-compatible » – comprenne qui pourra –, alors Alice m'a encouragée à écrire plus de dialogues entre les membres de la famille, ne doutant pas que je pourrais y parvenir sans altérer ma (« brillante ») vision d'artiste dans laquelle, échanges ou pas, tous restaient enfermés dans leur petit univers mental personnel, incapables, même lorsqu'ils se trouvaient dans la même pièce, de communiquer sans friture sur la ligne.

OK. J'ai donc un peu approfondi mon travail puis nous avons envoyé le manuscrit à l'immense et génial Cal Morgan, de chez Harper Perennial, qui m'a fait une offre que je ne pouvais refuser. Avant que nous ayons réglé les derniers détails de l'affaire, il m'a téléphoné longuement pour me dire combien il aimait le livre et me soumettre en passant deux suggestions auxquelles il aurait aimé que je réfléchisse. L'une d'elles rejoignait celle d'Alice – qu'il devrait y avoir plus de scènes d'échanges entre les membres de la famille –, mais l'autre était que, à son avis, il fallait à la famille un élément qui « change la donne ». Il pensait en particulier – mais il n'y avait là pas la moindre intransigeance de sa part – que si le grand-père mourait, cela donnerait à la famille une occasion de communiquer (ou pas), que cela permettrait de lier leurs histoires individuelles, tout en offrant à certains, voire à tous, une chance de changer.

Soupir. Bon. Au départ, j'étais très, très, *très* réticente à cette idée. Je ne suis nullement superstitieuse, cependant je me sentais extrêmement mal à l'aise à la pensée de tuer un personnage inspiré de l'un de mes proches. (Il convient de préciser que Cal ignorait *tout* de l'état de santé de mon père lorsqu'il m'a fait cette proposition.) Je n'ai aucun scrupule à créer des personnages basés sur de vraies personnes qui sont mortes et/ou même qui sont encore vivantes. Mais là, c'était quelque chose à quoi j'avais déjà réfléchi et que je me refusais tout simplement à faire. Je saisissais parfaitement en quoi la survenue de cet événement était logique dans le cadre du récit et, comme je tenais à ce que le livre soit le meilleur possible, j'ai ruminé la question un long moment, l'évoquant même avec ma belle-mère.

Mon père savait que j'étais en train d'écrire mon quatrième livre et je subodore même qu'il se doutait d'en être l'un des personnages, mais nous étions l'un et l'autre conscients que, quel que soit le stade d'avancement de mon histoire, le temps où il pouvait encore lire était révolu. Il croyait qu'il le lirait et était, comme toujours, excité à cette perspective, mais nous savions qu'en réalité il n'en ferait rien, car il avait laissé tomber la lecture depuis au moins un an ou deux déjà. Ma belle-mère m'a répondu qu'elle comprenait tout à fait et que cela ne lui posait aucune difficulté, m'assurant que si je choisissais d'inclure cet élément à l'intrigue, elle n'y voyait absolument aucun inconvénient. Bon, c'est peut-être un dilemme éditorial très particulier et, si vous êtes écrivain, il y a peu de chances que l'on vous demande de tuer des membres de votre famille. Il vous arrivera toutefois de vous entendre demander d'effectuer des modifications qui vous seront tout aussi difficiles à envisager, bien que moins personnelles. Mais je me suis efforcée de garder à l'esprit que c'était une œuvre de fiction et que l'auteur d'un tel ouvrage se devait de rester ouvert à tout ce qui était susceptible d'améliorer l'histoire et donc son travail.

Cal a aussi suggéré qu'à un moment donné Gordon découvre l'infidélité de Jean, idée à laquelle j'étais également très, très réticente. Ce n'était pas là le point principal du livre pour moi ; je voulais qu'elle gère cet événement toute seule, et pas spécialement bien, en plus, et puis je ne voulais pas qu'ils aient une conversation tous les deux à ce sujet : a) parce que Gordon est depuis bien longtemps censé ne prêter presque aucune attention à sa femme, et maintenant plus que jamais du fait de son obsession avec sa mémoire, mais aussi b) parce que je craignais que la révélation de cette relation ne transforme le texte en un récit sur l'infidélité. Cela peut paraître étrange, mais, à mes yeux, la question de l'infidélité appartient uniquement à Jean, alors que le thème général du livre est l'incapacité de cette famille à communiquer.

Mais en définitive, sur les conseils maniaquement détaillés de Cal – qui m'a transmis *vingt-deux pages de notes en interligne simple* –, j'ai réussi à intégrer ces deux modifications fondamentales sans pour autant compromettre la vision que j'avais en tête, et je crois qu'au final ces changements ont considérablement amélioré le texte. (Parenthèse : dans le cas particulier de ce livre, une partie du travail éditorial a consisté à *développer* l'existant. Il y a eu très peu de coupures dans le récit que j'avais envoyé à l'origine – quelques phrases, peut-être, ou de courts passages de-ci de-là – et, au bout du compte, nous avons ajouté une cinquantaine de pages.)

Le hasard a voulu que mon père décède alors que j'étais en train de réviser le manuscrit. C'était moche, mais il avait quatre-vingt-quatre ans et il était absolument évident qu'il partirait à un âge moins avancé que ses parents, lesquels étaient morts à plus de cent ans. (Oui, j'ai effectivement rajeuni Vivian par rapport à ma vraie grand-mère !) Mais comme mon père était mon plus grand fan, je suis certaine que cela ne l'aurait nullement dérangé d'être ainsi immortalisé. Pour ce qui est de ma grand-mère, ça aurait été une autre paire de manches. Elle aurait peut-être trouvé une ou deux choses à redire, mais vu qu'elle est morte à cent quatre ans, elle n'est plus là pour en débattre. J'espère en tout cas avoir fini par faire quelque chose de mieux de ma vie qu'à cette époque lointaine où j'étais allongée sur une couverture de bébé, parfaitement sage.

SUGGESTIONS DE LECTURES

Choix de l'auteur

D'habitude, je n'ai pas tendance à rechercher des lectures particulières lorsque je démarre un nouveau projet. Cela dit, certaines choses s'insinuent en moi de manière inconsciente. En règle générale, mes goûts en la matière sont un peu éclectiques – je suis souvent attirée par ce qui est bizarre ou surréaliste ou, d'une certaine façon, non conventionnel, que ce soit par la structure ou par la singularité de la voix, qui doit résonner à mes oreilles comme si c'était une vraie personne qui s'adressait à moi.

Voici quelques-uns des écrivains qui m'ont inspirée alors que je travaillais sur ce livre.

Deb Olin Unferth : *Minor Robberies*. Ne serait-ce que pour la nouvelle « Deb Olin Unferth », mais tous les textes du recueil sans exception sont des petits bijoux.

Lydia Davis : Faites-vous plaisir en vous procurant *The Collected Stories*. Quand vous aurez lu une de ces nouvelles, vous aurez envie de continuer. Une énorme source d'inspiration. Voir aussi : *Ce qu'elle savait* (Phébus, 2006), *C'est fini* (Phébus, 2007) et *Kafka aux fourneaux* (Phébus, 2009).

Steven Millhauser : *Dangerous Laughter*. Troisième personne du pluriel, mondes étranges, images et langage étonnants – comment ne pas aimer ?

Donald Antrim : *Les Cent Frères* (Éd. de l'Olivier, 1999). Nom de dieu ! ce livre est hallucinant. C'est le genre de bouquin qui vous fait croire que vous pourriez être capable d'écrire un texte comme celui-ci, sauf que non. (Vous, ici = moi.)

Colum McCann : *Et que le vaste monde poursuive sa course folle* (Belfond, 2009). Encore un livre qui a bouleversé mon existence. Magnifiquement écrit, des intrigues qui s'imbriquent sans heurts les unes dans les autres, le tout dans ma ville natale et à mon époque : le New York bordélique et cracra des années soixante-dix, aux rues infestées de criminels ! Yeah !

Patrick Somerville : *The Universe in Miniature in Miniature*. Ce mec a le chic pour vous pondre des phrases à tomber par terre.

MIXTE
Papier issu de
sources responsables
FSC® C003309
FSC
www.fsc.org

10/18, une marque d'Univers Poche,
est un éditeur qui s'engage pour
la préservation de son environnement
et qui utilise du papier fabriqué à partir
de bois provenant de forêts gérées
de manière responsable.

Impression réalisée par

CPI
BRODARD & TAUPIN

La Flèche (Sarthe), 3004955
Dépôt légal : mai 2014
X06211/01

Imprimé en France